Beck-Wirtschaftsberater:
Professionelle Gesprächsführung

W0233075

**Beck-Wirtschaftsberater:**
**Professionelle Gesprächsführung**
Ein praxisnahes Lese- und Übungsbuch

Von Privatdozent Dr. habil. Christian-Rainer Weisbach

2., aktualisierte und erweiterte Auflage

Deutscher
Taschenbuch
Verlag

**Originalausgabe**

Dezember 1994
Redaktionelle Verantwortung: Verlag C. H. Beck, München
Umschlaggestaltung: Fuhr & Wolf Design-Agentur, Frankfurt a. M.
unter Verwendung einer Zeichnung von Ina Praetorius
Gesamtherstellung: C. H. Beck'sche Buchdruckerei, Nördlingen
ISBN 3 432 05845 5   (dtv)
ISBN 3 406 39113 3   (C. H. Beck)

## Vorwort zur 2. Auflage

Der Erfolg dieses Buches kam für mich völlig unerwartet. In noch nicht einmal zwei Jahren sind bereits 20000 Exemplare dieses Buches verkauft worden. Das überrascht insoweit, als zu diesem Thema eine bunte Palette von Veröffentlichungen vorliegt. Ich erkläre mir diese Resonanz aus dem gestiegenen Interesse an zwischenmenschlicher Kommunikation und dem Wunsch, aus der Lektüre nicht nur Erkenntnisse, sondern auch einen praktischen, anwendungsbezogenen Gewinn zu ziehen. Ich bin dem Verlag C. H. Beck dankbar für die Möglichkeit der Überarbeitung. Dies erlaubt mir, Anregungen und Wünsche von Lesern aufzugreifen und zu kurz geratene Stellen noch anschaulicher darzustellen.

Tübingen, im Juni 1994                    *Christian-Rainer Weisbach*

## Vorwort zur 1. Auflage

Einem Buch den Titel „Professionelle Gesprächsführung" zu geben, mag manchem hochtrabend, gar vermessen erscheinen. In seiner Grundbedeutung heißt „professionell" jedoch lediglich „berufsmäßig", was den etwas hölzernen Titel „berufsmäßige Gesprächsführung" ergäbe. Es gibt Berufe, in denen ausschließlich miteinander gesprochen wird, in denen die Sprache das Handwerkszeug darstellt. Von denen, die es dabei zu einer wahren Meisterschaft gebracht haben, konnte ich viel lernen. Dabei wurde ich weniger durch einzelne Kniffe bereichert, als durch eine neue Sichtweise. Wenn Menschen miteinander reden, führen sie noch lange kein Gespräch. Denn wer ein Gespräch **führt,** macht sich in aller Regel nicht bewußt, daß darin ein Anspruch auf Lenken und Steuern enthalten ist. Auch ohne sich des eigenen Führungsanspruchs bewußt zu sein, verfolgen Menschen im Gespräch ganz bestimmte Absichten. Dabei muß ich sogleich hinzufügen, daß sich die Menschen meist keine Rechenschaft darüber ablegen, welche Ziele sie mit einem Gespräch ganz konkret verfolgen. Wer Gespräche professionell führt, hat eine Vorstellung von seinen Zielen und kann gelassen prüfen, auf welchem Weg er diese erreichen möchte.

Auch jenseits aller hierarchischen Strukturen von oben und unten können wir führen. Mitarbeiter lenken ihre Vorgesetzten, Patienten leiten ihre Ärzte und obwohl der Kunde „König" ist, steuern Verkäufer ihre Kunden usw. Wer sich jedoch die Möglichkeiten zunutze macht, die in einer professionellen Gesprächsführung stecken, überläßt seine Erfolge nicht dem Zufall.

In diesem Buch werden Sie viele Beispiele finden, die Teilnehmer meiner Seminare beigesteuert haben. Es sind Alltagssituationen aus den unterschiedlichsten Lebensbereichen, die verdeutlichen, welche vielfältigen Einsatzmöglichkeiten einer professionellen Gesprächs**führung** gegeben sind.

Darüber hinaus sind in diesem Buch Beispiele und Aussagen verwendet worden, die ich bereits in zwei anderen, mittlerweile vergriffenen Büchern ausgeführt habe[1]. Vielen Lesern haben die beiden Figuren Murks und Schnipsel so gut gefallen, daß ich *Ina Praetorius*, die Schöpferin dieser Karikaturen, noch einmal gewinnen konnte, auch dieses dritte Buch zu illustrieren.

Die zwölf Kapitel dieses Buches sind mehr oder weniger willkürlich angeordnet. Die Reihenfolge der einzelnen Kapitel muß für Sie nicht verbindlich sein. Fangen Sie dort an zu lesen, wo Sie sich am ehesten eine Bereicherung vorstellen! Da die Abgrenzung der verschiedenen Kapitel nicht leicht war, werden Sie viele Überschneidungen finden. Den einen wird's stören, der andere wird dankbar dafür sein.

Mir wurde von manchem, der das Manuskript vorab gelesen hatte, vorgehalten, daß dieses Buch zu pragmatisch, ja geradezu technologisch sei und den gesellschaftlichen Bedingungen zu wenig Rechnung trage. Dieser Vorwurf trifft insoweit, als ich die professionelle Gesprächsführung tatsächlich von ihrer anwendungsbezogenen, also pragmatischen Seite angehe und mich nicht mit den Herrschaftsstrukturen auseinandersetze, die in jeder Kommunikation enthalten sind.

---

[1] *Christian Weisbach, Monika Eber-Götz, Simone Ehresmann:* Zuhören und Verstehen, Rowohlt 1979 (6. Auflage 1986) und *Christian-Rainer Weisbach, Simone Ehresmann:* Reden und Verstandenwerden, Fischer 1985 (3. Auflage 1987).

In der Auseinandersetzung mit dem einen oder anderen Kritiker bin ich den Verdacht nicht losgeworden, daß die Kritik an den bestehenden Herrschaftverhältnissen dazu dient, die persönliche Konfliktscheu in Verbindung mit Flucht vor Eigenverantwortung zu kaschieren. Es steht außer Frage, daß die gesellschaftlichen Rahmenbedingungen eine partnerschaftliche, wertschätzende Gesprächsführung erschweren und mancherorts sogar unmöglich machen. Doch hier halte ich mich an eine alte Seglerweisheit:

„Nicht wie der Wind weht, sondern wie ich die Segel setze, darauf kommt es an."

In diesem Zusammenhang möchte ich dem Vorwurf begegnen, daß die Protagonisten der Beispiele dieses Buches überwiegend männlich sind. Das trifft zu, stellt jedoch keine persönliche Willkür dar, sondern entspricht den Verhältnissen, die ich in den vergangenen zwanzig Jahren vorfand; während Mitarbeiterseminare durchaus paritätisch besetzt sein können, habe ich die weibliche Führungskraft immer noch als Ausnahme erlebt und dies um so mehr, je weiter die Teilnehmer der entsprechenden Weiterbildungsmaßnahme in der betrieblichen Hierarchie oben standen. Es wäre inkonsequent, wenn ich mich diesen Erfahrungen zum Trotz einer auf weibliche Endungen hin orientierten Sprechweise bedienen würde, die der Wirklichkeit nicht entspricht.

Mancher Hochschulkollege wird dieses Buch für unwissenschaftlich halten, weil ich auf die typische Vorsicht der wissenschaftlichen Darstellung verzichtet habe. Mein vorrangiges Ziel war eine plausible Darstellung. Denn wenn Ihnen eine Aussage verständlich und stichhaltig erscheint, benötigen Sie weder eine „vorsichtige Darstellung" noch einen zusätzlichen empirischen Beleg. Umgekehrt wird es Ihnen wenig helfen, wenn ich meine Aussagen auf die Ergebnisse zahlreicher Untersuchungen stütze, diese Ihnen jedoch für Ihren Erfahrungshintergrund nicht stimmig erscheinen. Dieses Buch setzt weder Wissen noch Wissenschaft voraus, sondern knüpft an das an, was jedem zur Verfügung steht: Alltagserfahrungen. Ich kann mir gut vorstellen, daß Sie manche Aussage überraschen wird, weil sie so ganz und gar nicht zu dem paßt, was Sie bislang für zutreffend gehalten haben. Wieweit Sie sich anregen lassen, neue Erfahrungen zu machen, hängt von Ihrer Neugier und Ihrer Risikobereitschaft ab.

Tübingen, im Januar 1992 *Christian-Rainer Weisbach*

# Inhaltsverzeichnis

# 1. Von der Effizienz zur Effektivität

Sie haben dieses Buch zur Hand genommen und bereits angefangen zu lesen. Ehe Sie ganz konkrete Tips und Anregungen zur professionellen Gesprächsführung erhalten, möchte ich Sie jedoch bitten, zunächst folgende Frage zu beantworten:

- Was erwarten Sie von dieser Lektüre? oder noch konkreter:
- Was muß dieses Buch enthalten, damit Sie nach dem Lesen sagen: „Das hat sich wirklich gelohnt, gut daß ich mir dafür die Zeit genommen habe."?

Vielleicht wollen Sie sich nicht nur zwei Minuten besinnen, sondern gleich zum Stift greifen. Die folgenden Leerzeilen ersparen Ihnen die Suche nach Papier.

Frage ich ähnlich in meinen Seminaren, lauten die Antworten:

Effizientere Gespräche zu führen.
Schneller zu überzeugen.
Argumente in Diskussionen nicht so ausufern zu lassen.
Andere so zu überzeugen, daß diese sich nicht überredet fühlen.
Andere zu beeinflussen, ohne daß es auffällt.
Keine unergiebigen Gespräche zu führen.
Besser zuhören zu lernen.
Erfolgreicher zu werden.

Mein Kommunikationsverhalten zu verbessern.
Eigene Fehler zu entdecken.

Die hier genannten Ziele sind nur äußerst schwer zu erreichen. Wobei das Medium Buch keine Schuld trägt. Um dies zu verstehen bedarf es eines kleinen Exkurses.

Bitte malen Sie in den folgenden Freiraum mit einigen Strichen eine Zeichnung deren zentrale Aussage lautet:

• Auf dieser Seite befindet sich kein Baum.

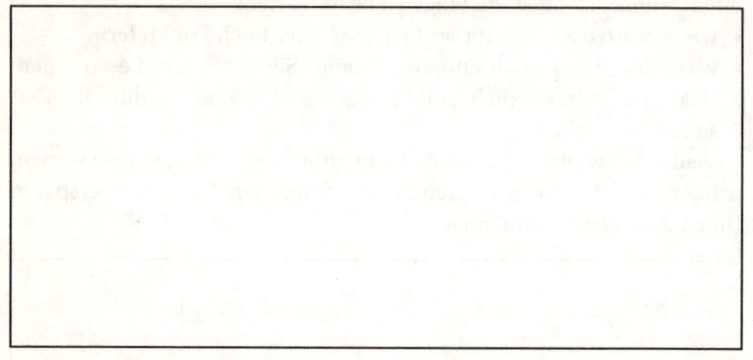

Wenn Sie Ihr Bild einem Kind zeigen, wie wird es Ihr Bild wohl benennen? Wird es tatsächlich sagen: Buchseite ohne Baum? oder lautet die Antwort womöglich: Auf dieser Seite befindet sich ein durchgestrichener Baum.

Die Schwierigkeit dieser Aufgabe liegt in dem Umstand begründet, daß unser Gehirn aus zwei Hälften besteht, die sich im Laufe der Entwicklung unterschiedlich spezialisiert haben. Während die linke Gehirnhälfte über das **Sprachzentrum** verfügt, wo also auch Logik und Vernunft verankert sind, ist die rechte Gehirnhälfte zuständig für das **bildliche Erfassen,** die Orientierung im Raum, aber auch die Intuition und das Empfinden. Zwar sind die beiden Gehirnhälften über einen Balken, das *Corpus callosum* miteinander verbunden, doch geht jede Hälfte bei der Lösung von Problemen eigene Wege, die der jeweiligen Spezialisierung entsprechen. Nun handelt es sich bei der Verneinung um eine logische Funktion, die nur in der Sprache, also in der linken Gehirnhälfte bearbeitet werden kann, während die rechte Gehirnhälfte mit der Negation und allen daraus abgeleiteten Wörtern wie

„nie", „kein", „nicht", „nirgends" nichts anzufangen weiß. Im Falle der kleinen Zeichenaufgabe hat sich Ihre rechte Gehirnhälfte sofort einen Baum vorgestellt, von dem es zwar hieß, daß er nicht auf der Seite zu sehen sein solle, doch in Ihrer Vorstellung war er nicht mehr zu löschen.

In der Komödie „Der Liebestrank" von *Frank Wedekind* macht sich der Hauslehrer Schwigerling dieses Phänomen zunutze und rettet so seine verloren zu gehende Freiheit. Fürst Rogoschin hält ihn für einen Zigeuner von dem er also erwarten darf, daß er sich auf die Kunst wirksamer Liebestränke verstände. Denn zu diesem letzten Mittel will der Fürst seine Zuflucht nehmen, nachdem alle seine Annäherungsversuche bei seinem Mündel Gräfin Trotzky fehlgeschlagen sind. Als Schwigerling eingesteht, daß er des Zauberns unkundig sei, läßt ihn der Fürst gewaltsam einsperren und droht ihm das Schlimmste an, falls er sich nicht zur Herstellung des begehrten Zaubertranks bereit fände. Nach geheimnisvollen Vorbereitungen bietet Schwigerling dem Fürsten den gewünschten Trank an. Die für die Wirksamkeit des Tranks unerläßliche Bedingung sei jedoch, daß der Fürst, während er ihn trinke, auf keinen Fall „an einen Bären denken" dürfe. Vor Erregung vermag der Liebestrankbedürftige jedoch seine Gedanken von dem ominösen Bären nicht abzuwenden, er stammelt wörtlich: „Bei mir wimmelt es nur so von Bären" wodurch er selbst die Wirkung aufgehoben hat.

Ein ganz ähnliches Problem wird Ihnen wahrscheinlich auch bei der folgenden Aufgabe entgegentreten, wo die Lösung davon abhängt, was Sie sich für ein Bild machen.
- Die Rheinüberquerung
  Zwei Männer wollten nahe Koblenz den Rhein überqueren. Das Boot, das am Ufer lag, bot nur für einen Platz, denn es war so klein, daß es nur einen Menschen tragen konnte. Beide überquerten den Rhein in diesem Boot und setzten anschließend ihre Reise fort.
  Wie konnten Sie das tun?
  Wer eine Weile nachgedacht hat, ohne die Lösung gefunden zu haben, neigt dazu, die Aufgabe für unlösbar zu halten. Sollten auch Sie noch auf der Suche nach einer Lösung sein, kann es Ihnen vielleicht helfen, sich zu verdeutlichen, welches Bild Sie sich gerade gemacht haben, um sich danach zu fragen, ob ein anderes Bild ebenfalls einen Sinn ergäbe. Kürzlich fragte ich in einem meiner Seminare nach den Teilnehmervorstellungen; es war beeindruckend, wie viele Bilddetails zusammenkamen: Auf meine Frage nach dem Wetter, kamen Antworten von „es ist Sommer", „so wie jetzt",

„Herbstnebel", „Winter mit Schnee und Eis" – das Rheinufer wurde mir beschrieben als „steinig", „grüne Wiese mit kleinem Buschwerk", „ein schmaler, langer Holzsteg mit Geländer" – und die Männer erschienen als „gekleidet wie zwei Wanderburschen mit Rucksack und Stock", „lange, hagere Gestalten in schwarzen Mänteln und tief in die Stirn gezogenen Hüten", „die sahen aus wie zwei Schäfer" usw.

Zugegeben, der erste Satz dieser kleinen Geschichte legt ein Bild nahe, in dem zwei Männer nebeneinander am Rheinufer vor einem kleinen Boot stehen. Doch mit diesem Bild im Kopf ist die Aufgabe nicht zu lösen. Bei wem jedoch ein Bild entstand, worin die beiden Männer von entgegengesetzten Seiten an den Rhein kommen, der läßt den einen von Norden nach Süden und anschließend den anderen umgekehrt den Fluß überqueren und fragt eher erstaunt: Wo ist eigentlich das Problem?

Ganz ähnlich kann es Ihnen bei folgender Denksportaufgabe ergehen: Verbinden Sie die 9 Punkte mit 4 geraden Linien, ohne daß Sie den Stift dabei absetzen.

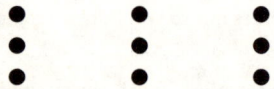

Unabhängig  davon, ob wir uns dessen bewußt sind oder nicht, macht sich unser Gehirn fortlaufend Bilder, ganz gleich, ob diese passen oder nicht. (Im 11. Kapitel, „Vom Überreden zum Überzeugen", gehe ich ausführlich auf diesen Aspekt ein; dort finden Sie auch die Auflösung dieser Aufgabe.)

Es scheint so zu sein, daß die rechte Gehirnhälfte mit ihren Bildern in Streßsituationen die Führung übernimmt. Und aller Vernunft und Logik zum Trotz wird zwischen den Bildern im Kopf und der im Moment entstehenden Wirklichkeit Deckung erzeugt.

Folgende Anekdote mag dies illustrieren:

Vor einem Referat vor großem Publikum beugt sich ein Kollege zu mir und flüstert: „Hoffentlich stolper' ich nicht über die vielen Kabel." Kurz darauf war er mit seinem Vortrag an der Reihe. Bereits auf der dritten Stufe rutschte er aus und lag zur allgemeinen Erheiterung der Länge nach auf dem Podium.

Was war geschehen? Seine rechte Gehirnhälfte hatte sich parallel zum geflüsterten Satz ein Bild gemacht. Mein Kollege sah sich bereits stolpern. In der dann folgenden Aufregung sorgte die rechte Gehirn-hälfte, die auch wesentlich für die Steuerung unserer Körperbewegungen zuständig ist, dafür, daß Bild und Wirklichkeit zur Deckung kamen.

So paradox es klingen mag, wenn wir Erfolg als die Übereinstimmung von Bild und Wirklichkeit definieren, dann war der stolpernde Kollege erfolgreich. So betrachtet erweist sich die zuvor prophezeite und somit ausgemalte Niederlage, sobald sie einmal eingetreten ist, als Erfolg. Ich will einräumen, daß ich mit diesem Gedanken einen heiklen Punkt anschneide, kommt doch der Eigenverantwortung hinsichtlich der ausgemalten Zukunft eine nicht zu unterschätzende Bedeutung zu.

Vielleicht kennen Sie ganz ähnliche Begebenheiten aus dem Sport. Für den Sportler gibt es kaum etwas Schlimmeres als sich vorzunehmen,

• nicht das Staffelholz zu verlieren,
• nicht die Hochsprunglatte zu reißen,
• nicht beim Weitsprung mit dem falschen Fuß abzuspringen usw.

Selbst beim Eierlaufen führt die Vorstellung vom Fallen meist unweigerlich zum vorzeitigen Ende des Laufs. Auch das bewußte Vermeiden, Kaffee auf die Untertasse schwappen zu lassen, stellt eine Visualisierung des Unerwünschten dar.

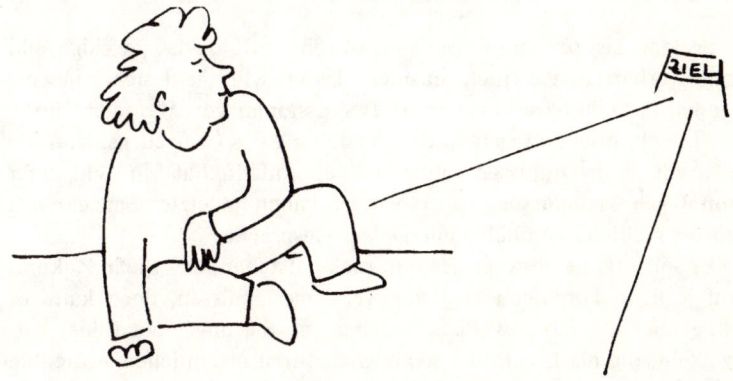

Aus einem anderen Bereich mag Ihnen die Ausführung des zu Vermeidenden vertraut sein. Bei Wegbeschreibungen wird häufig der Vollständigkeit wegen hinzugefügt, in welche Straße man nicht abbiegen soll. Im Eifer des Gefechts merken Sie womöglich erst nach dem Abbiegen, daß dies ja die falsche Straße war.

Zu Beginn dieses Kapitels waren Sie gefordert, Ihre Ziele zu formulieren. Im folgenden können Sie prüfen, wieweit Sie dabei Bilder entwickelt haben, die der Zielerreichung förderlich bzw. hinderlich sind.

Von den aufgeführten Äußerungen sind folgende aufgrund ihrer **Negation ungeeignet:**

Argumente in Diskussionen nicht so ausufern zu lassen.
Andere so zu überzeugen, daß diese sich nicht überredet fühlen.
Andere zu beeinflussen, ohne daß es auffällt.
Keine unergiebigen Gespräche zu führen.

So klar das Ziel zu sein scheint, so sehr verführt das jeweilige Bild zum Verharren. Wer nicht ausufern lassen will, stellt sich zunächst einmal ganz konkret ausufernde Diskussionen vor. Wer nicht überreden will, orientiert sich an der Vorstellung des **Überredens.** Und der Wunsch zu beeinflussen, ohne daß es auffällt, hat ein Bild einer **auffälligen Beeinflussung** vor Augen. Und auch im letzten Satz entwirft unsere rechte Gehirnhälfte **unergiebige Gespräche.**

Es soll jetzt keineswegs der Eindruck entstehen, daß Sie in Zukunft auf jegliche Form von Negation verzichten müssen, doch kann es Ihnen helfen, sich bewußt zu machen, ob Sie ungewollt Bilder entwickeln, die als Leit-Bilder womöglich Ihren eigentlichen Absichten zuwiderlaufen.

Bei den Zielformulierungen zu Beginn dieses Kapitels waren auch folgende Sätze enthalten:

Besser zuhören zu lernen.

Effizientere Gespräche zu führen.

Schneller zu überzeugen.

Erfolgreicher zu werden.

Mein Kommunikationsverhalten zu verbessern.

Wer will diesen Sätzen die hehre Absicht absprechen? „Besser", „schneller", „erfolgreicher" sind typische Vokabeln für wohlklingende Zielvorgaben. Für unsere rechte Gehirnhälfte sind sie jedoch ungeeignet. Wie stellen Sie sich jemanden vor, der sein Ziel, besser zuhören zu lernen, erreicht hat?

Der Komparativ dient dem Vergleich. Der Satz „besser zuhören zu lernen" enthält unausgesprochen den Zusatz: „ich möchte besser zuhören, als ich es z.B. heute kann oder als es mein Chef kann o.ä." So betrachtet enthalten auch diese Sätze alle eine unausgesprochene Negation. Wer beispielsweise „schneller überzeugen will", orientiert sich bereits an einem Tempo, das ihm nicht schnell genug geht, woraus der Wunsch resultiert, schneller werden zu wollen. In dem Bildungsslogan „mehr wissen, mehr wollen, mehr können" wird zwar die linke Gehirnhälfte aufgefordert, sich der Erweiterung des eigenen Wissens, Wollens und Könnens zu öffnen, doch gleichzeitig malt sich die rechte Gehirnhälfte den Ist-Zustand aus, der als **Leit-Bild** wohl kaum beabsichtigt ist.

---

**Wollen Sie Ihre Ziele für beide Gehirnhälften gleichermaßen tauglich formulieren, geben Sie an, wann Sie Ihr Ziel für erreicht halten, woran Sie also erkennen können, daß Sie angekommen sind.**

---

Der Wunsch, das eigene Zuhörverhalten zu trainieren, könnte beispielsweise so formuliert sein:

„Ich möchte gern lernen, so zuzuhören, daß ich ohne länger nachzudenken in der Lage bin, das Wesentliche einer Äußerung mit eigenen Worten wiederzugeben."

Der Wunsch nach den „effizienteren Gesprächen" ließe sich so fassen:

„Ich möchte lernen, in Gesprächen mein Anliegen an den Gesprächspartner während der ersten zwei, drei Sätze vorzutragen, um mit ihm zu einer Vereinbarung zu kommen, ob außer dem von mir vorgebrachten Anliegen seinerseits noch Wünsche bestehen und wie lange das Gespräch insgesamt dauern soll. Wenn ich das kann, möchte ich lernen, das Gespräch sowohl auf die vereinbarten Punkte, als auch auf die ausgemachte Zeit zu beschränken."

Derartige Zielformulierungen hören sich nicht mehr ganz so gefällig an und wirken in manchen Passagen geradezu barock. Doch **dieses detaillierte Umschreiben kommt unserer rechten Gehirnhälfte zugute.** Je konkreter und vorstellbarer wir unsere Ziele angeben, umso eher kann unser rechtes Gehirn darauf verzichten, sich selbst etwas auszumalen. Vielleicht haben Sie auch schon beobachtet, daß bei schwierigen Gesprächen die tatsächliche Zeit von der eigenen Vorstellung mit beeinflußt wird.

Lautet die Vorgabe: „Für dieses Gespräch nehme ich mir 30 Minuten", oder: „Ich will mich anstrengen, diese Verhandlung in höchstens (bzw. weniger als) 30 Minuten zu einer akzeptablen Vereinbarung zu führen", werden Sie aller Wahrscheinlichkeit nach Ihr Ziel erreichen (vorausgesetzt, Sie halten die Zeitvorgabe für realistisch).

Ganz anders bei folgenden Formulierungen: „Ich werde dieses Gespräch so schnell wie möglich erledigen" oder: „Ich will mich anstrengen, diese Verhandlung superschnell zu einem akzeptablen Ergebnis zu führen." – „Superschnell" oder „so schnell wie möglich" räumt der Phantasie, eben unserer rechten Gehirnhälfte, einen breiten Interpretationsspielraum ein, der bereits bei der ersten Hürde ausgeweitet wird. Wenn dann die Erledigung der anstehenden Punkte tatsächlich 40 oder gar 50 Minuten gedauert hat, war das immer noch „superschnell" bzw. „so schnell wie eben möglich", hat aber keine zeitliche Straffung ergeben. Bei Untersuchungen zum Zeit- und Selbstmanagement läßt sich immer wieder beobachten, daß sich eine Arbeit so lange hinzieht, wie Zeit zur Verfügung steht.

Im folgenden möchte ich Ihnen die Möglichkeit geben, typische „Ziele" in angemessene Ziele umzuformulieren. Sie können Ihre ausformulierten Sätze auf der nächsten Seite mit meinen Vorschlägen vergleichen.

| **Typische Ziele** | **Ihr Vorschlag für eine angemessene Zielformulierung** |
|---|---|
| 1. „ Ich will weniger arbeiten." | |
| 2. „Ich möchte gern entspannter werden und nicht so verkrampft an meine Arbeit gehen." | |
| 3. „Ich wünsche mir bei Diskussionen in der Arbeitsgruppe mehr Einfluß geltend zu machen und die Kollegen stärker zu überzeugen." | |
| 4. „Ich darf nicht so unkonzentriert sein. Ich muß unbedingt lernen, mich irgendwie mehr auf das Wesentliche zu beschränken." | |
| 5. „Ich möchte meine Scheu vor heiklen Personalgesprächen ablegen, insbesondere bei Kritikgesprächen beherzter zur Sache kommen." | |
| 6. „Ich möchte mich durch die laufenden Störungen während meiner Arbeit nicht aus dem Konzept bringen lassen und insgesamt meine Arbeitszufriedenheit erhöhen." | |

Auf den nächsten beiden Seiten finden Sie meine Vorschläge für Umformulierungen:

1. „Ich will weniger arbeiten."

Die Konzentration auf den unerwünschten Zustand der zu vielen Arbeit muß ersetzt werden durch ein Bild, das nicht nur vorstellbar ist, sondern auch sogleich Zustimmung auslöst, z. B.:

„Ich möchte gern an allen Arbeitstagen um 17 Uhr mein Büro verlassen und mich für den Rest des Tages wohlig entspannen, was mal durch Sport, mal durch Spazierengehen mit meiner Frau oder auch durch einen ausgedehnten Kneipenbummel geschehen kann."

2. „Ich möchte gern entspannter werden und nicht so verkrampft an meine Arbeit gehen."

Auch bei dieser Zielformulierung orientiert sich die rechte Gehirnhälfte am verkrampften Ist-Zustand; so wird folgender Satz eher zum gewünschten Ziel führen:

„Unabhängig von der Zahl meiner Aufgaben möchte ich gern an meinem Schreibtisch genauso entspannt sein, wie ich es morgens im Bett bin, kurz nachdem ich aufwache."

3. „Ich wünsche mir bei Diskussionen in der Arbeitsgruppe mehr Einfluß geltend zu machen und die Kollegen stärker zu überzeugen."

Die Formulierungen „mehr Einfluß" und „stärker überzeugen" legen ein Bild des geringen Einflusses und schwacher Überzeugungskraft nahe. Ein ganz anderes Bild entsteht durch folgende Formulierung:

„Wenn ich Ideen habe und diese in meiner Arbeitsgruppe vorstelle, dann möchte ich erreichen, daß mir meine Kollegen sowohl bis zum Ende meiner Äußerung konzentriert zuhören, als auch durch Nachfragen zu erkennen geben, daß sie sich mit meinen Gedanken auseinandersetzen. Dazu möchte ich meine Äußerung stets so gestalten, daß den Kollegen der jeweilige Nutzen auf Anhieb einleuchtet."

4. „Ich darf nicht so unkonzentriert sein. Ich muß unbedingt lernen, mich irgendwie mehr auf das Wesentliche zu beschränken."

Das Bild vom fahrigen, unkonzentrierten, möglicherweise sogar zerstreuten Menschen muß durch eine positive Vision ersetzt werden. Bei folgendem Wunsch wird dies eher der Fall sein:

„Die täglich anfallenden Arbeiten werde ich ab morgen früh in eine Rangfolge bringen. Dabei werde ich mit der Arbeit beginnen, die für mich die höchste

Priorität hat. Ich werde an dieser Arbeit so lange bleiben, bis diese erledigt ist, ganz gleich wie häufig ich zwischendrin von anderen unterbrochen werde. Bevor ich mich einer anderen Aufgabe zuwende, überprüfe ich, ob meine Rangfolge, die sowohl die Wichtigkeit als auch die Dringlichkeit von anstehenden Arbeiten berücksichtigt, unverändert beibehalten werden kann, um dann mit der Aufgabe 2 fortzufahren. Auch wenn ich auf diese Weise im Laufe meines Arbeitstages nur die Hälfte aller anstehenden Arbeiten erledigt haben sollte, werde ich doch stets mit dem guten Gefühl meinen Schreibtisch verlassen, daß die wichtigsten und dringlichsten Arbeiten ausgeführt worden sind."

5. „Ich möchte meine Scheu vor heiklen Personalgesprächen ablegen, insbesondere bei Kritikgesprächen beherzter zur Sache kommen."

Die Vorstellung von „heiklen Kritikgesprächen" legt das daraus folgende Bild von mangelnder Beherztheit nahe. Folglich benötigt die rechte Gehirnhälfte eine positive Instruktion, wie sie durch nachstehende Formulierung nahegelegt wird:

„Im Umgang mit meinen Mitarbeitern werde ich ab morgen früh das direkte Gespräch als beste Möglichkeit der Beeinflussung nutzen. Dazu werde ich sowohl meine Zufriedenheit mit der vollbrachten Arbeitsleistung zeigen als auch bei Mängeln mit dem jeweiligen Mitarbeiter sofort ein Gespräch herbeiführen. Gerade bei diesen Kritikgesprächen werde ich dem Mitarbeiter bereits zur Gesprächseröffnung mitteilen, wie ich mir künftig seine Arbeit vorstelle, damit er gleich erkennen kann, daß er sich vor mir nicht für den Fehler rechtfertigen, sondern alles daran setzen soll, aus diesem Fehler zu lernen, denn dann braucht er ihn kein zweites Mal zu wiederholen."

6. „Ich möchte mich durch die laufenden Störungen während meiner Arbeit nicht aus dem Konzept bringen lassen und insgesamt meine Arbeitszufriedenheit erhöhen."

Ob etwas als „Störung" oder als „Unterbrechung" bezeichnet wird, hängt von der persönlichen Bewertung ab. Doch in jedem Fall macht sich unser rechtes Hirn ein entsprechendes Bild. Wie jemand aussieht, der unzufrieden ist und fortwährend aus dem Konzept gerät, können Sie sich gut vorstellen. Doch wie soll die positive Vision aussehen? Folgende Formulierung ist genauso umständlich wie die vorangegangenen Vorschläge, doch bietet sie der rechten Hemisphäre mehr positive Anregungen:

„Zu meinem momentanen Arbeitsalltag gehört es, für Zwischenfragen ansprechbar zu sein. Damit ich komplizierte Dinge an einem Stück erledigen kann, werde ich künftig jeden Tag zwischen 10 und 11 Uhr in Klausur gehen. Dazu werde ich mein Telefon umschalten und mein Arbeitszimmer abschließen. Mein Ziel werde ich erreicht haben, wenn ich kleine und wenig anspruchsvolle Tätigkeiten grundsätzlich zu den Zeiten erledige, da ich am häufigsten für andere da sein muß und die großen und schweren Aufgaben so plaziere, daß ich an meinem Arbeitsplatz allein tätig bin und das Telefon zu diesen Zeiten auf meinen Kollegen Kurt umgeschaltet ist, wie ich auch umgekehrt bereit bin, seine Anrufe für zwei, drei Stunden am Tag zu übernehmen. Um dieses Ziel noch in diesem Jahr zu erreichen, werde ich bei der nächsten Abteilungsbesprechung eine entsprechende schriftliche Vorlage einbringen und mich dafür einsetzen, daß derartige „stille Stunden" generell eingeführt werden."

---

**Ein richtig formuliertes Ziel erkennen Sie daran, daß nicht nur formuliert ist, WAS erreicht werden soll, sondern das Ereichen meß- und/oder beobachtbar ist. Darüber hinaus wird ein Termin und ein Verantwortlicher genannt und Rahmenbedingungen, so sie bei der Zielverwirklichung eine Bedeutung haben, hinzugefügt.**

---

Vielleicht sind Sie am Ende dieses ersten Kapitels erstaunt, daß bislang über Tips zur „professionellen Gesprächsführung" so wenig ausgeführt wurde. Doch ehe in den nächsten Kapiteln konkrete Details erörtert werden, möchte ich noch genauer auf den Titel dieses Kapitels eingehen: Von der **Effizienz zur Effektivität**.

Diese beiden arg in Mode gekommenen Begriffe werden leider zunehmend sinngleich verwendet, obschon sie mitnichten dasselbe bedeuten. Während unter **Effizienz die Wirkkraft** verstanden wird, meint **Effektivität die tatsächlich erzielte Wirkung**. Mit anderen Worten: **Effizienz** ist ein **tätigkeitsorient**ierter Begriff, während sich die **Effektivität** auf das **Ziel hin orient**iert. An einem mechanischen Beispiel läßt sich dieser Unterschied verdeutlichen: Die Effizienz einer Maschine ist eine Angabe über deren Wirkungsgrad, beispielsweise das Drehmoment beim Motor. Damit ist jedoch noch keine Angabe darüber gemacht, wozu diese Maschine eingesetzt wird, welches Ziel damit erreicht werden soll. Übertragen auf die menschliche Arbeit meint Effizienz, die Dinge richtig zu machen. Es leuchtet jedoch ein, daß es nicht reicht, die Dinge lediglich richtig zu machen, ab und zu muß man auch mal die richtigen Dinge machen. Letzteres ist eine Frage der Effektivität.

Die verbreitete Orientierung an der Effizienz klingt bei *Mark Twain* so:

**„Nachdem wir unser Ziel endgültig aus den Augen verloren hatten, verdoppelten wir unsere Anstrengungen."**

Es reicht also nicht, effizient Gespräche zu führen, denn das meint nur, daß die Wirkkraft im Gespräch groß war. Gespräche werden ja in der Regel geführt, um Ziele zu erreichen (selbst Partygeplauder stellt mehr dar als unterhaltsamen Zeitvertreib).

Dieses Kapitel sollte verdeutlichen, daß auch die beste Gesprächsführung Stückwerk bleibt, wenn sie nicht ein konkretes, vorstellbares Ziel beinhaltet. Nichts anderes meint ein aufs erste Lesen lapidar klingender Satz *Martin Luthers*:

**„Ans Ziel kommt nur, wer eines hat."**

## 2. Vier Arten des Zuhörens

Mancher Leser wird womöglich ungeduldig, weil er in einem Buch über „Professionelle Gesprächsführung" nicht gerade ein Kapitel über das Zuhören sucht. Doch gekonntes Zuhören erweist sich, im Vergleich zu anderen Methoden der Beeinflussung im Gespräch (wie z. B. Fragen, Ratschläge, Kommentare etc.), als eine der besten Möglichkeiten, die **Führung im Gespräch** zu behalten. Es ist bezeichnend, daß in Untersuchungen über die Erfolgsmechanismen herausragender Führungspersönlichkeiten immer wieder das **professionelle Zuhörverhalten** betont wird.

Da Zuhören nicht gleich Zuhören ist, sollen im folgenden vier verschiedene Zuhörformen und ihre Wirkung auf den Gesprächspartner dargestellt werden:

### „Ich verstehe"-Zuhören

Hierbei handelt es sich im Grunde genommen um gar kein Zuhören, sondern um den **Auftakt zum eigenen Sprechen**. Weil es jedoch als unhöflich gilt, dem anderen direkt ins Wort zu fallen, hat es sich eingebürgert, ihn mit einer „netten Floskel" zum Schweigen zu bringen, wie das „Ich verstehe, ..." oder auch das „Ja, da haben Sie recht, aber ..." oder das beliebte „Ja, da bin ich ganz Deiner Meinung, weißt Du, ich ..." und ähnliche Formulierungen.

Vielleicht fallen Ihnen ähnliche Beispiele ein wie die folgende Szene, die sich in einem Elektrofachgeschäft zutrug:

**Kunde:** „Ich hab' bei Ihnen vor einiger Zeit, ich glaub' es ist jetzt sechs Wochen her, so eine Niedervolt-Installation gekauft und zwar eine große, gleich mit 200 Watt, also das sind gut sechs Meter quer durch den Raum, nicht wahr ..."
**Verkäufer:** „Ich verstehe, und nun wollen Sie noch weitere Einzelspots installieren. Kommen Sie doch gerade mal mit, da kann ich Sie auf ein besonders günstiges Angebot hinweisen, das haben wir ganz neu 'reinbekommen."
**Kunde:** „Ja, aber ich wollte eigentlich nur wissen, wie das mit dem Stromverbrauch ist, wenn ich ganz wenige Strahler dran hängen habe." Und so weiter.

Erinnert Sie folgende Szene, am Nachbartisch in der Kantine belauscht, an ähnliche Begebenheiten?

**Kollege A:** „Mensch das ist vielleicht eine Sauerei, jetzt haben die uns doch den Zeitplan zum dritten Mal geändert. Also ich weiß bald nicht mehr, wo mir der Kopf steht. Erst hieß es, wir haben für die Abwicklung sechs Wochen Zeit, dann wurden plötzlich fünf Wochen draus und gestern haben sie uns gesagt, bis zum Monatsende muß alles fertig sein. Und weißt Du, was das Schlimmste ist, Krämer hat sich doch an der Bandscheibe operieren lassen und fällt mindestens noch weitere vier Wochen aus."

**Kollege B:** „Oh wei, das kann ich gut verstehen, Mensch bin ich froh, daß ich damals noch die Kurve gekriegt hab', Euch zu verlassen, um ins Labor zu gehen. Sowas gibt es bei uns nicht, weißt Du, wir haben ..." Und so weiter.

Sie können übrigens beim „Ich verstehe"-Zuhören sehr schön beobachten, daß dem Sprechen als nichtverbaler Auftakt in der Regel ein Kopfnicken, sich leicht Vorbeugen oder Aufrichten und ein Luftholen vorangeht, alles Zeichen, nun selbst zum Zuge kommen zu wollen.

Nichts gegen echtes Verstehen, aber hinter der Formulierung „Das kann ich verstehen" oder „Ich verstehe das" kommt dann nichts Weiteres, sozusagen ein sprachlicher Punkt entweder in Form einer Pause oder in Form des aufmunternden Blickkontakts, mit dem der Gesprächspartner zum weiteren Sprechen angeregt werden soll.

Bei diesem **Pseudo-Zuhören** verwundert, wie unbekümmert die Beteiligten aneinander vorbeireden und sich mit konventionellen Redewendungen abspeisen bzw. ein pro forma Zuhören vorgaukeln lassen. Aber vielleicht stößt sich auch deswegen keiner daran, weil diese Floskeln allgemein verbreitet sind, so wie auch kaum einer über die Redewendung „mein Beileid" nachdenkt, es sei denn der Sprecher merkt im letzten Moment, wie wenig er ja tatsächlich leidet. Dann fällt ihm prompt „Mein tiefempfundenes, aufrichtiges Beileid" ein.

### Aufnehmendes Zuhören

Diese Form des Zuhörens ist zumeist gemeint, wenn von „zuhören" die Rede ist; so beispielsweise im *Duden*, wo es heißt: „Seine Aufmerksamkeit auf Worte oder Töne richten". Diese **Aufmerksamkeit gilt es, hör- und sichtbar zu zeigen**, damit der Gesprächspartner wahrnimmt, daß ihm aufnehmend zugehört wird. Dazu gehört zunächst einmal das Schweigen. Dabei muß zwischen „Schweigen" und „echtem Schweigen" unterschieden werden, denn auch ohne zu sprechen sind wir in der Lage

- einen Kommentar zum Gehörten abzugeben, z. B. durch hörbar lautes Ausatmen oder leichtes Kopfwiegen oder gar -schütteln,
- unsere Ungeduld zum Ausdruck zu bringen, z. B. durch rasches Luftholen und Nach-vorn-beugen,
- unser Desinteresse kundzutun, indem wir uns mit etwas anderem beschäftigen, sei es mit einem Akten- oder auch Bierdeckel bzw. interessiert woanders hinschauen.

Nein, dieses Schweigen ist beim aufnehmenden Zuhören nicht gemeint, sondern das „echte Schweigen", bei dem wir unsere ganze Aufmerksamkeit auf den Gesprächspartner richten. Wie stark diese Aufmerksamkeit tatsächlich gerichtet ist, wird an unserem Blickkontakt sichtbar. Dem Sprechenden in die Augen zu schauen, ohne ihn jedoch anzustarren, gekoppelt mit einem leichten Kopfnicken drückt unmißverständlich aus, daß wir aufnehmend zuhören. Das Kopfnicken hat dabei keinerlei zustimmenden Charakter, sondern drückt lediglich aus, daß wir gedanklich mitgehen.

Fehlt dieser Blickkontakt, wie dies beispielsweise am Telefon der Fall ist, bedarf es eines hörbaren Ausgleichs durch kleine Zuhörfloskeln wie „Mhm", „Aja", „So", „Ach", „Ja" bzw. „Nein" usw. Und jeder kennt die Situation vom Telefon: Wenn eine Weile das „Mhm" ausbleibt, kommt garantiert ein „Sind Sie noch dran?" vom anderen Ende der Leitung.

Sie können selbst einmal beob-achten, wie oft Menschen die Zu-hörfloskeln einsetzen, aber kaum Blickkontakt halten. Häufig treffen Sie derartiges Pseudo-Zuhören an, wenn Vorgesetzte einem Mitarbei-ter zuhören (sollen). Da wird schon die Post gesichtet, unter-schrieben oder abgezeichnet und gleichzeitig der Mitarbeiter durch „Mhm", „Nein, wie interessant", „So so" am Sprechen gehalten.

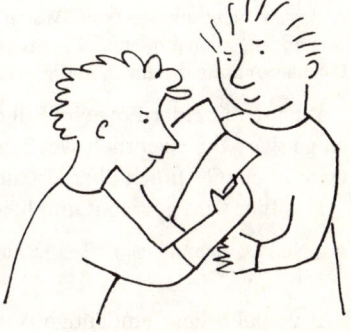

Machen wir uns nichts vor: **Ob wir tatsächlich aufnehmen,** d.h. gedanklich mitgehen, **drückt unser Körper sichtbar aus.** Nicht nur unsere Gestik, auch unsere Mimik verrät, wie aufmerksam wir bei der Sache sind. Sei es die Stirn, die wir runzeln, weil uns eine Äußerung gegen den Strich geht, seien es unsere Lippen, die wir zusammenpressen, weil wir genug haben, die hochgezogenen Augenbrauen, wenn wir erstaunt sind oder die gerümpfte Nase, wenn uns etwas mißfällt. Ob wir uns langweilen oder schon innerlich auf Kontra gehen und an einer Erwiderung basteln, immer drücken wir unserem Gesprächspartner gegenüber – meist unbewußt – aus, ob wir aufnehmend zuhören.

Folgendes Gespräch konnte ich am Nachbartisch meiner Stammkneipe mithören. Dabei fiel mir das aufnehmende Zuhören auf. Zur Verdeutlichung habe ich einmal mögliche Gesprächsreaktionen hinzugeschrieben, wie sie häufig formuliert werden.

A und B (bei diesem Gespräch spielt es keine Rolle, ob es sich um zwei Frauen oder zwei Männer oder um je einen von ihnen gehandelt hat) betreten gemeinsam das Lokal, setzen sich an einen Tisch über Eck und bestellen sogleich ein Bier. Nachdem die Bestellung aufgenommen worden war, begann

**A**: „Also, unser Urlaub war schon ganz gut."
**B**: „Mhm."

B hätte hier geschickt auf den eigenen Urlaub und den vielen Regen, die Sonne oder sonst etwas hinweisen können, beispielsweise: „Wir hatten mit dem Hotel unglaubliches Pech!"

**A**: „Also nicht nur so vom Wetter, auch sonst. Wir haben uns eigentlich verstanden, so im großen und ganzen."
**B** schaut A aufmerksam an und nickt.

B hätte mit einer Frage im Stil des: „Wo wart Ihr denn?", oder: „Wie lange wart Ihr eigentlich weg?" sein Interesse zeigen können und es wäre so ein Gespräch über Urlaub im allgemeinen entstanden.
Das Bier wird gebracht und beide prosten sich kurz zu. –

**A**: „Nun ja, Spannungen gibt's ja immer wieder. Krach kommt in den besten Familien vor. Oder?"

B verpaßt diese eindeutige Aufforderung zum Sprechen. Wie leicht wäre es gewesen, jetzt das Gespräch auf die eigenen Schwierigkeiten zu lenken, etwa: „Wem sagst Du das, was glaubst Du, was bei uns letzte Woche los war ...“

Stattdessen blickt B ernsthaft zu A, nickt und murmelt „mhm“.
**A**: „Ich weiß gar nicht so recht, ob's nun eigentlich schon im Urlaub angefangen hat oder erst wieder hier zu Hause.“ A dreht sein Glas hin und her und scheint nachzudenken.
**B** schweigt, bleibt jedoch A zugewandt.

Denkbar wäre hier eine Frage, z. B.: „Was denn?“ oder „Nun red' nicht um den heißen Brei rum, was ist passiert?“

**A**: „Ja, wahrscheinlich erst hier. Denn da oben waren wir noch ein Herz und eine Seele.“ A beginnt mit dem Bierdeckel zu spielen und schaut auf den Tisch.
**B** schweigt weiterhin.

Bei etwas Ungeduld wäre B wahrscheinlich ein: „Ich versteh' nur Bahnhof“ rausgerutscht o. ä.

**A**: „Weißt Du, wir haben da ganz aufregende Situationen miteinander erlebt, das hat uns ganz schön aneinander gebunden.“

Zu meinem großen Erstaunen befriedigt B am Nebentisch nicht seine Neugier z. B.: „Erzähl mal, was waren denn das für aufregende Situationen.“,

sondern B blickte A aufmerksam an und nickt.
**A**: „Und jetzt weiß ich eigentlich gar nicht, was ausschlaggebend war. Irgendwie ist das alles noch so unfaßbar.“

Ich gestehe, daß ich selbst langsam neugierig wurde und mich ertappte, wie ich innerlich ein „Wieso?“ formulierte, doch ganz anders die Reaktion von

**B**: „Mhm“ und ruhiger Blickkontakt zu A.
**A**: „Weißt Du, wir haben uns nämlich getrennt. Vorgestern. Ganz plötzlich. Für mich kam das echt aus heiterem Himmel.“
**B**: „Oh je!“

Wenn B Spaß gehabt hätte, seine Menschenkenntnis zu zeigen, hätte er vielleicht erwidert: „So etwas deutet sich aber vorher an, da gibt es unzählige Anzeichen, die man beobachten kann, wenn man nicht plötzlich mit leeren Händen dastehen will."

A: „Du kannst Dir wahrscheinlich gar nicht vorstellen, wie mir zumute ist. Ich hab schon seit zwei Tagen nichts mehr gegessen, mir ist speiübel, und an Schlaf ist schon gar nicht zu denken. Da werfe ich mich nur von einer Seite auf die andere."

Mich erstaunte am Nebentisch, daß B keinerlei Anstalten machte, sich ob seines mangelnden Vorstellungsvermögens zu verteidigen, in Form von: „Und ob ich mir das vorstellen kann, weißt Du nicht, daß ich letzten Herbst ..."

Tatsächlich schaute B seinen Gesprächspartner nur an, nickt langsam und sagt: „Ja."
A: „Am liebsten möchte ich gar nicht mehr leben."

Üblicherweise wird nun dem Gesprächspartner dieser Gedanke ganz schnell ausgeredet, entweder „Komm, komm, Du wirst Dich doch nicht wegen Liebeskummer gleich umbringen wollen, denk doch mal an ..." oder „Oh das kenn ich, das ging mir damals auch so, als ..."

Doch B sagt gar nichts, sondern schaut A nur ernst an.
A: „Verdammt noch mal, mir ist zum Heulen."

Statt des gut gemeinten „Na, na, wird schon werden, das passiert uns allen einmal!"

sagte B tatsächlich: „Oh ja."
A: „Weißt Du, eigentlich komisch, wir kennen uns gar nicht so gut, aber Du bist tatsächlich der erste, dem ich das jetzt erzählt habe."
B nickt

und verzichtet auf die naheliegende Frage: „Und warum hast Du mir das nun doch erzählt?"

A: „Aber, weißt Du, worüber ich mir am meisten Sorgen mache, das ist der Besuch meiner Eltern nächste Woche. Wie soll ich denen nun erklären, daß es keine Hochzeit im Oktober geben wird? Ich weiß überhaupt noch nicht, wie ich mich da verhalten soll."
B: „Mhm"

Auch hier erfolgte nicht der zu erwartender Ratschlag in der Art von: „Lade Deine Eltern unter irgendeinem Vorwand doch einfach wieder aus."

Nach Erscheinen der ersten Auflage überraschten mich immer wieder Kommentare von Seminarteilnehmern, in denen das Verhalten von **B** für abwegig gehalten wurde, nach dem Motto: „So verhält sich doch kein normaler Mensch!" Oder ihm wurde unterstellt: „Den interessiert das doch überhaupt nicht." – „Der hat wahrscheinlich selbst was mit der Freundin angefangen." – „Auf jeden Fall hört er die Story schon zum x-ten Mal." – „Der denkt mt Sicherheit an seine eigenen Probleme und ist ganz woanders."

Bis zu dieser Stelle dauerte das Gespräch keine fünf Minuten. Tatsächlich hat sich B im weiteren Verlauf des Gesprächs keineswegs als einsilbiger „Mhm"-Sager erwiesen, sondern sehr anteilnehmend das „Eltern-Problem" vertieft. Nur dank seiner Geduld konnte über das gesprochen werden, was A wohl zutiefst beschäftigte, ohne daß er sich übrigens dessen hätte bewußt sein müssen. Vermieden wurde durch ein derartiges aufnehmendes Zuhören, daß sich ein Gespräch über Urlaub und spannende Situationen, über Partnersorgen und Liebeskummer oder über Körperbeschwerden und Selbstmordabsichten entwickeln konnte.

## Umschreibendes Zuhören

Im Gegensatz zum wörtlichen Wiederholen wird beim Umschreiben das soeben Gehörte **mit eigenen Worten wiedergegeben**. Das klingt sehr viel einfacher, als es tatsächlich ist. Vielleicht haben Sie selbst schon festgestellt, daß wir in der Lage sind, ohne weitere Übung ganze Sätze wörtlich zu wiederholen. Dabei müssen wir den Inhalt nicht einmal verstanden haben, wichtig ist lediglich, daß wir unsere wörtliche Wiederholung im direkten Anschluß formulieren dürfen. Sollen wir jedoch mit eigenen Worten sagen, was wir verstanden haben, was bei uns angekommen ist, kommen wir ohne Übung in der Regel nicht sehr weit.

Umschreibendes Zuhören ist die einfachste und sicherste Möglichkeit, **Mißverständnisse** bereits von Anfang an zu **vermeiden**. Manch einer mag einwenden, daß eine derartige Erwiderung ja nichts Neues ins Gespräch bringt und darum weitgehend überflüssig sei. Wer jedoch einmal als Betroffener erlebt hat, wie wohltuend umschreibendes Zuhören sein kann, läßt diesen Einwand nicht mehr gelten. Wenn Sie das Gehörte mit eigenen Worten wiederholen, fördern Sie das Ge-

spräch aktiv. Durch Ihr Umschreiben geben Sie zu verstehen,
daß Sie nicht nur zugehört,
sondern auch das Wesentliche der
Aussage erfaßt haben und bereit
sind, weiterhin über das begonnene Thema zu sprechen. Folgende     Einstiegsformulierungen
eignen sich für das umschreibende
Zuhören:

„Ihnen ist wichtig, daß ...“
„Verstehe ich Dich richtig, daß ...“
„Du meinst, wenn ...“
„Ich habe jetzt verstanden, daß Sie ...“
„Was Du sagst, fasse ich so auf ...“
„Wenn ich das richtig erfaßt habe, dann geht es Ihnen um ...“

Diese umschreibenden Formulierungen sind Äußerungen, die sich
ganz und gar auf das beziehen, was Ihr Gesprächspartner bislang
gesagt hat.

Die größte Schwierigkeit beim umschreibenden Zuhören liegt wohl
darin, für einen Moment die eigene Meinung, Ansicht, Bewertung
oder Fragen und Ratschläge zurückzuhalten. Diese große
Schwierigkeit mag erklärbar sein mit der Tatsache, daß wir fähig sind,
ca. 400 Wörter in der Minute geistig zu verarbeiten. Dies entspricht
der Lesegeschwindigkeit eines untrainierten Erwachsenen. Nun
sprechen Menschen aber üblicherweise wesentlich langsamer. Eine
mittlere Sprechgeschwindigkeit von 200 Wörtern in der Minute (das
ist schon flott gesprochen!) lastet unsere Aufnahmekapazität aber bei
weitem nicht aus. Rein rechnerisch sind wir gewissermaßen nur zu
50% gefordert. Die verbleibende Hälfte liegt jedoch nicht brach, sondern erfährt eine Eigendynamik in Form der persönlichen Stellungnahme, des Vorformulierens der eigenen Antwort oder des Nachden-
kens über etwas gänzlich anderes. Würden wir nun konsequent mit
der einen Hälfte unseres Aufnahmevermögens zuhören und mit der
anderen Hälfte unseren eigenen Gedanken anhängen, dann wäre dies
wohl kein Verlust. In der Regel werden jedoch unsere eigenen Gedanken schon nach wenigen Sekunden so viel interessanter als das, was

wir gerade hören, so daß wir mehr als die verbleibenden 50% unserer Kapazität benötigen und mit entsprechend nachlassender Aufmerksamkeit dem anderen zuhören. Im Extremfall bekommen wir gerade noch mit, daß der andere (endlich) aufgehört hat zu sprechen und wir mit unserer Erwiderung loslegen können.

Eine bekannte Möglichkeit, dies zu vertiefen, ist der sogenannte *„kontrollierte Dialog"*, wie er schon im ausgehenden Mittelalter unter den Mönchen geübt wurde. Zwei Gesprächspartner vereinbaren ein Thema, zu dem sie kontroverse Standpunkte haben und diskutieren miteinander nach folgender Regel: Es darf erst entgegnet werden, nachdem mit eigenen Worten wiedergegeben wurde, was der Partner mit seiner letzten Äußerung gesagt hat und wenn dieser durch ein klares „Ja" zu verstehen gab, daß er richtig umschrieben wurde. Wer mit dieser Spielregel noch unvertraut ist, wird dankbar sein, wenn ein dritter sich als „Schiedsrichter" zur Verfügung stellt. Zum einen kann ein neutraler Außenstehender leichter als die Beteiligten auf die Einhaltung der Spielregel achten, die in der Hitze einer echten Auseinandersetzung immer wieder mißachtet zu werden droht, zum anderen kann er helfen zu klären, ob nun die Wiedergabe korrekt war oder nicht.

Folgender Dialog trug sich in einem Seminar zu:

**A**: „Ich würde es begrüßen, wenn wir auf allen deutschen Autobahnen Tempo 100, höchstens jedoch Tempo 120 einführen würden. Hier könnten wir uns aus der ehemaligen DDR wirklich eine Scheibe abschneiden, denn deren Unfallzahlen konnten sich sehen lassen. Aber ganz abgesehen von den geringeren Unfallzahlen würde ein derartiges Tempolimit zu geringerem Schadstoffausstoß führen, die Autos müßten nicht mehr so hochgezüchtet werden und wir könnten eine Menge Geld sparen, das jetzt im Straßenbau verpulvert wird."

**B**: „Also wenn ich Sie richtig verstehe, dann wollen Sie DDR-Verhältnisse einführen und dem Autofahrer auch noch den letzten Spaß am Fahren nehmen ..."

**C**: „Ich unterbreche gerade mal, zuerst sollen Sie sinngemäß wiederholen, ehe Sie ihren Kommentar abgeben."

**B**: „Wieso, daß war doch eigentlich wiederholt. – Na schön, also Sie behaupten, daß man mit Geschwindigkeitsbegrenzung – – – verflixt, jetzt ist es weg, können Sie bitte noch mal wiederholen."

**A** wiederholt seinen Standpunkt fast wörtlich.

**B**: „Also noch einmal: Sie wollen also Tempo 100 auf den Autobahnen einführen, weil es in der DDR auch so war und weil die damals deswegen, so glauben Sie, weniger Unfälle hatten. Aber da will ich Ihnen gleich mal sagen, daß das so nicht stimmt, denn die hatten ja viel weniger Verkehr ..."

**C**: „Das war noch kein umschreibendes Zuhören."

**A**: „Ja, also da hat noch einiges gefehlt."

**B**: „Was, noch mehr? Also bitte noch einmal."

**A** wiederholt ein weiteres Mal seine Position.

**B**: „Also, Sie sind für Tempo 100 oder auch 120, weil man damit die Unfallquote senken könnte und außerdem würde der Schadstoffausstoß dann geringer sein. Desweiteren glauben Sie, daß unsere Fahrzeuge dann weniger aufwendig konstruiert sein müßten und – – – den Rest hab ich vergessen."

**A**: „Wir könnten Geld sparen, was unnötig im Straßenbau versickert."

**B**: „Ach ja, also ich sehe das ganz anders. Erstens ist unsere Wirtschaft auf die Automobilindustrie ausgerichtet und im Falle eines Tempolimits würden wir nicht nur Tausende von Arbeitsplätzen verlieren, sondern auch international nicht mehr konkurrenzfähig sein. Außerdem stimmt das mit der Unfallstatistik überhaupt nicht, denn die meisten Unfälle passieren im Stadtverkehr, wo nur 50 gefahren wird und die Leute eben unaufmerksam sind und entsprechend häufig Unfälle verursachen."

**A**: „Sie sind gegen Tempolimit, weil Sie befürchten, daß unsere Wirtschaft darunter leiden könnte, sowohl arbeitsplatz- als auch wettbewerbsmäßig. Darüber hinaus bezweifeln Sie, daß langsameres Fahren zu weniger Unfällen führt, weil dabei die Konzentration nachläßt und die Unfälle dann eher zunehmen."

In dieser Art dauerte das Gespräch noch weitere 15 Minuten.

---

**Während Sie beim aufnehmenden Zuhören zu erkennen geben, daß Sie zuhören, bringen Sie durch umschreibendes Zuhören zum Ausdruck, wie Sie die Äußerungen Ihres Gesprächspartners verstanden haben.**

---

### Aktives Zuhören

Die besondere Kunst des Zuhörens bildet das aktive Zuhören. Hierbei wird nicht nur auf das geachtet, **was** der andere sagt, sondern **wie** der andere spricht und sich verhält. Gefühle, Hoffnungen und Wünsche werden meist nicht direkt formuliert, doch schwingen sie in fast jeder Äußerung mehr oder minder deutlich mit.

Beim aktiven Zuhören fragen Sie sich im Stillen:

„Was empfindet mein Gesprächspartner?"

„Was ist ihm an dem, was er gerade äußert, so wichtig?"

„Was beschäftigt ihn daran so
sehr?"
„Welches Interesse will er damit
verfolgen?"
„Wie ist ihm zumute?"

Um Antwort auf diese Fragen zu
erhalten, werden Sie bemüht sein,
sich in den anderen hineinzu-
denken, ja hineinzufühlen.

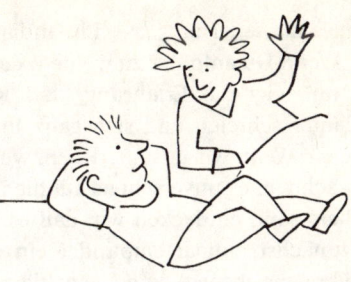

Anders als beim umschreibenden Zuhören geben Sie beim aktiven
Zuhören nicht die ganze Aussage wieder, sondern versuchen knapp,
das **in Worte zu fassen, was gefühlsmäßig mitschwingt.** Durch Ihr
aktives Zuhören signalisieren Sie, daß Sie die Empfindungen Ihres
Gesprächspartners mitbekommen haben. Mit derartigen Formulierungen zeigen Sie, daß Sie sich ganz und gar auf den anderen
Menschen einzustellen bemüht sind. Sie zeigen, daß Sie versuchen,
ihn, seinen Standpunkt und seine Situation zu verstehen.

> **So betrachtet ist aktives Zuhören der Schlüssel zum Gesprächspart-
> ner, denn es begünstigt ein Klima der Verbundenheit und des Ver-
> trauens.**

Ein Ziel professioneller Gesprächsführung ist sicherlich die Schaffung einer Atmosphäre, in der sich der andere **verstanden fühlt.** Wie
schwer es fällt, diesen Gefühlszustand rational zu erfassen, wird Ihnen
deutlich, wenn Sie einmal versuchen, jene Gründe aufzulisten, die Ihnen ausschlaggebend erscheinen, um sich verstanden zu fühlen. Menschen können ausgesprochen hartnäckig sein, wenn sie sich gefühlsmäßig nicht verstanden glauben. Am leichtesten können Sie dies bei
kleinen Kindern beobachten.

Stellen Sie sich folgende Situation vor: Da läuft ein zwei- bis
dreijähriges Kind die Straße entlang, stolpert plötzlich und liegt
unvermittelt auf der Straße. Das Kind beginnt zu schreien. Die
herbeieilende Mutter oder der Vater helfen dem Kind aufzustehen und
versuchen, das Kind zu beruhigen bzw. zu trösten. Typische Sätze in
derartigen Szenen lauten: „Heile, heile Segen ...", „Das tut ja gar nicht
weh, es blutet ja nicht einmal ...", „Komm, schrei jetzt nicht, das hört

gleich wieder auf ...", „Ein Indianer kennt keinen Schmerz ..." oder
„Wenn Du aufhörst zu weinen, dann bekommst Du 'ne Brezel ..." usw.
Nur zeigt die Erfahrung, daß Kinder in solchen Situationen eher
lauter schreien und sich ganz und gar nicht beruhigen. Wie kommt
das? Wenn wir uns überlegen, welche Empfindung sich bei dem Kind,
nachdem es unversehens auf die Nase gefallen ist, als erstes eingestellt
hat, dann entdecken wir, daß es kaum der Schmerz sein wird. Nein,
zunächst einmal empfindet ein stolperndes Kind (ein Erwachsener
übrigens ebenso) einen gewaltigen Schreck. Eben lief es noch und nun
liegt es da. Und dieser Schreck, der förmlich in die Glieder fahren
kann, wird vom Erwachsenen mit keinem Wort erwähnt. Stattdessen
wird ein Schmerz geleugnet, den das Kind womöglich noch gar nicht
registriert hat. Wer in dieser Situation auf den Schreck des Kindes
eingeht, zeigt, daß er sich wirklich in seine Lage hat einfühlen
können. Folgende Begebenheit soll verdeutlichen, daß derartiges
Eingehen auf Empfindungen keineswegs die Situation dramatisiert, im
Gegenteil:

In diesem Fall handelte es sich um einen dreijährigen Jungen, der durch kein
Zureden seiner Mutter zu trösten war. Er saß auf ihrem Schoß und weinte
bitterlich. Auf meinen Satz: „Na Raffael, Du hast Dich arg erschrocken, als Du
plötzlich an der Treppe ausgerutscht bist," kam mit völlig veränderter Stimme
ein deutliches: „Ja" und gleichzeitig hörte der Knabe auf zu weinen. Doch
prompt fügte seine Großmutter hinzu: „Siehst Du, Raffael, es tut gar nicht mehr
weh," und schon ging die Heulerei von neuem los, noch um einiges lauter.

Nicht nur Kinder reagieren so. Wir Erwachsenen legen genauso
großen Wert darauf, ernst genommen zu werden und in manchen
Situationen können wir ausgesprochen unangenehm werden, wenn
auf unsere Gefühle nicht angemessen eingegangen wird.

Wie ist es Ihnen bislang in Situationen ergangen, in denen Sie (aus
welchen Gründen auch immer) berechtigterweise reklamiert haben?
Was fällt Ihnen zu der Reaktion des Verkäufers, der Bedienung o. ä.
sofort ein? –

Mit großer Wahrscheinlichkeit wird Ihr weiteres Kundenverhalten
nicht nur davon abhängig gewesen sein, ob Sie zu Ihrem Recht
kamen, sondern ob Sie den Eindruck gewinnen konnten, mit Ihrem
Anliegen ernst genommen zu werden.

Denken Sie sich in folgendes Beispiel hinein: Da kauft sich ein
Kunde eine Stehlampe. Da das Gerät originalverpackt ist, nimmt er

die Lampe mit nach Hause und montiert sie dort zusammen. Beim ersten Ausprobieren muß er leider feststellen, daß die Lampe deutlich hörbar brummt. Sofort stellen sich Gefühle ein, deren sich unser Beispiel-Mensch gar nicht bewußt zu sein braucht, dennoch wird er vermutlich enttäuscht sein. Vielleicht stellt sich auch ein Gefühl der Hilflosigkeit ein, von der Art des „ohje, was habe ich jetzt bloß falsch gemacht" oder es kommt Ärger auf, weil das Tauschen der Lampe erneut Umstände macht. In diesem Fall greift der Kunde zum Telefon, um den Schaden sogleich zu melden.

„Guten Tag, ich habe doch heute Vormittag bei Ihnen diese italienische Stehlampe gekauft, nun habe ich nach dem Zusammensetzen aber festgestellt, daß die brummt."
„Sie, das kann aber eigentlich nicht sein."

Auch wenn der Verkäufer recht haben mag, daß ein derartiges Brummen **eigentlich** nicht sein kann, so geht er doch nicht im geringsten auf den Kunden ein. Verständlich, daß dieser hörbar seinem Anliegen Nachdruck verleiht:

„Nun halten Sie aber mal die Luft an, ich werd' ja wohl noch hören können, ob das Ding brummt oder nicht, ja?!"
„Ja wenn Sie meinen, dann müssen Sie noch mal herkommen und die Lampe vorbeibringen, dann sehen wir weiter."

Natürlich hat der Verkäufer recht, am Telefon wird er kaum dieses Brummen abstellen können und darum ist es zweckmäßig, wenn der Kunde mit der Lampe in das Geschäft kommt. Dennoch reicht der Satz nicht aus, um dem Kunden zu zeigen, daß er verstanden wird. Was folgt, ist ein verärgerter Kunde, der in seiner Empörung die Lampe sogleich in das Geschäft zurückträgt und kurz nach Betreten des Ladens laut ruft:

„Da haben Sie das Brummding! Und jetzt will ich für mein Geld 'ne anständige Lampe haben, ist das klar?!"
„Sachte, sachte, Mann, was ist überhaupt los?"

Für den Verkäufer ist es in der Tat wichtig, möglichst schnell zu erfahren, um was für einen Vorgang es sich genau handelt. Doch dadurch fühlt sich der Kunde erst recht unverstanden und geht auch prompt an die Decke:

„Das will ich gern erklären, aber dafür holen Sie mir mal jemand Kompetentes."

Wie einfach wäre die Situation durch aktives Zuhören zu gestalten gewesen. Hätte der Verkäufer trainiert, auf Beschwerden, Beanstandungen und Reklamationen grundsätzlich durch aktives Zuhören einzugehen, dann wären ihm mühelos folgende Formulierung eingefallen:

„Oh wie ärgerlich. Jetzt haben Sie sich die Mühe gemacht, und sind enttäuscht, daß die Lampe so gar nicht funktioniert." Mit an Sicherheit grenzender Wahrscheinlichkeit wäre der Kunde sachlich geblieben. Vielleicht hätte er erwidert:

„Naja, so schlimm ist es nun auch nicht, aber ich wollte es gleich mitteilen, weil ich erst nächste Woche wieder in die Nähe komme."

Ich unterstelle, daß Ihnen genügend Beispiele einfallen, in denen Sie etwas beanstandet, sich beschwert oder reklamiert haben. Dabei denke ich nicht nur an frustrierende Kauferlebnisse, vielleicht fallen Ihnen Begebenheiten aus dem Restaurant oder von Reisen ein, im Umgang mit Ihrer Autowerkstatt oder anderen Handwerkern. Ihre diesbezüglichen Erfahrungen können Ihnen helfen, diesen Abschnitt noch besser zu verstehen. Legen Sie für einen Moment das Buch beiseite und gehen der Frage nach: „Was hat mich in der damaligen Situation geärgert/empört/auf die Palme gebracht? Wie habe ich mich dem anderen gegenüber gefühlt?

Weil dies ein Lese- und Übungsbuch ist, finden Sie im folgenden Platz, um Ihre Assoziationen zu notieren.

Es kann sehr erhellend sein, sich an mehreren Beispielen aus ganz unterschiedlichen Bereichen der eigenen Hilflosigkeit und Ohnmacht bewußt zu werden.

> **Beim aktiven Zuhören spielt das Eingehen auf die Empfindungen des Gegenübers die entscheidende Rolle. Manchmal scheinen sehr sachlich klingende Aussagen frei von Gefühlen zu sein, doch mit einiger Übung läßt sich auch hier aktives Zuhören betreiben.**

Stellen Sie sich vor, ein Kollege äußert beim Mittagessen:

„Ich weiß nicht, wieso die Arbeit nicht vorangeht. Vielleicht sollte ich aufgeben."

Wer zunächst zuhörend reagieren will, wird auf Äußerungen verzichten, die in etwa so lauten könnten:

„Nur Mut, das gibt sich wieder, das wird schon noch klappen."
„Wieso, wo liegt denn das Problem?"
„Also ich würde folgendes machen ..."
„Ich könnte mir vorstellen, daß liegt daran ..."

Beim aufnehmenden Zuhören werden Sie Ihren Kollegen wohl nur fragend anschauen, um zu zeigen, daß Sie aufmerksam und gespannt sind, noch mehr zu erfahren.

Beim umschreibenden Zuhören könnte sich die Erwiderung so anhören:

„Weil Du keine Fortschritte siehst, möchtest Du am liebsten abbrechen."

Und das aktive Zuhören geht auf die mitschwingende Emotion ein, beispielsweise:

„Du klingst entmutigt," oder
„Sie hören sich ratlos an."

Als weiteres Übungsbeispiel stellen Sie sich vor, wie Ihr Kollege freudestrahlend sagt:

„Ich kann's noch gar nicht glauben, mein Urlaubsantrag ist doch bewilligt worden."

Auch hier bieten sich viele Erwiderungen an, die jedoch keineswegs zuhörenden Charakter haben, wie:

„Na, freu Dich mal nicht zu früh, noch ist nicht aller Tage Abend."
„Also wir wollen diesen Sommer ja gar nicht wegfahren, sondern ..."
„Wohin soll's denn gehen?"
„Ich würde das nicht so laut ausplaudern, das gibt nur böses Blut ..."

Nein, wer hier aktiv zuhören will, hört neben der Freude auch heraus, daß der Gesprächspartner wegen seines unbewilligten Urlaubsantrages in Sorge war, die sich nun erübrigt hat. Folgende Formulierung bietet sich an:

„Ich kann mir vorstellen, wie Sie das erleichtert."

Weil ja bekanntlich Übung den Meister macht, sind auf der folgenden Seite sechs Äußerungen aufgeführt, wie sie als Gesprächseröffnung von Kollegen an Sie gerichtet sein könnten. Sie können aktives Zuhören üben, indem Sie in den nächsten 15 Minuten zu jedem Beispielsatz selbst jeweils eine Erwiderung formulieren, ehe Sie Ihre Antworten mit meinen Vorschlägen vergleichen.

7

| Beispielsatz | Ihre Antwort |
|---|---|
| 1. „Die Organisation für unser neues Projekt nimmt unglaublich viel freie Zeit in Anspruch und bislang sind die Fortschritte eher mager; hoffentlich schaffe ich das noch alles." | |
| 2. „In dem Team, in das ich doch versetzt worden bin, haben die Kollegen zum Glück ganz ähnliche Vorstellung von Zusammenarbeit wie ich." | |
| 3. „Ausgerechnet vor der neuen Aushilfskraft muß mir der Chef Vorhaltungen machen, wegen dieser Termingeschäfte neulich." | |
| 4. „Wenn mich Herr Adam noch einmal so abkanzelt, dann kann er aber was erleben!" | |
| 5. „Ich kann mir nicht vorstellen, wie wir die Termine einhalten sollen." | |
| 6. „Jetzt hat er alle Sachen pünktlich gekriegt, ich habe Überstunden gemacht, ohne zu murren, und was hat er gesagt? Einfach nichts! Überhaupt nichts!" | |

1. „Die Organisation für unser neues Projekt nimmt unglaublich viel freie Zeit in Anspruch und bislang sind die Fortschritte eher mager; hoffentlich schaffe ich das noch alles."

In dem Wort „hoffentlich" steckt Sorge, Zweifel bzw. Unsicherheit, Beunruhigung. Eine mögliche Erwiderung:

„Sie sind beunruhigt, ob Sie den Termin halten können." Oder:
„Du machst Dir Sorgen, ob Du trotz Deines Einsatzes alles hinkriegst."

2. „In dem Team, in das ich doch versetzt worden bin, haben die Kollegen zum Glück ganz ähnliche Vorstellung von Zusammenarbeit wie ich."

Hier verrät das unscheinbare „zum Glück" Erleichterung bzw. Befürchtungen, daß es mit der Zusammenarbeit hapern könnte. Aktives Zuhören könnte darum in etwa so klingen:

„Sie klingen wirklich erleichtert." Oder:
„Sie hatten schon Befürchtungen."

3. „Ausgerechnet vor der neuen Aushilfskraft muß mir der Chef Vorhaltungen machen, wegen dieser Termingeschichte von neulich."

Bei dieser Äußerung schwingt Pein mit, vor jemand anderem so blamiert zu werden. Dieses unangenehme Gefühl kann direkt angesprochen werden, beispielsweise so:

„So bloßgestellt zu werden, ist geradezu kompromittierend." Oder:
„Sie haben das als sehr demütigend empfunden."

4. „Wenn mich Herr Adam noch einmal so abkanzelt, dann kann er aber was erleben!"

Neben dem Wunsch nach Rache klingt hier Empörung und Verbitterung über ungerechtfertigtes Verhalten durch. Mögliche Reaktionen lauten:

„Ich kann mir vorstellen, wie Sie das kränkt, wie ein kleines Kind behandelt zu werden." Oder:
„Du bist jetzt stinksauer auf den Adam."

Hinter dieser Empörung und dem Ärger dürfen wir jedoch noch ein weiteres Gefühl vermuten. Der so abgekanzelte Kollege war in der fraglichen Situation nämlich nicht in der Lage, etwas Passendes zu erwidern bzw. sich zur Wehr zu setzen, sonst müßte er ja nicht auf Rache sinnen. Eine weitere Möglichkeit des aktiven Zuhörens wäre darum:

„Du fühltest Dich in der Situation regelrecht ausgeliefert."

Gerade diese letzte Äußerung macht deutlich, daß ein weiteres Gespräch viel weniger den Rachegedanken verfolgen wird, als vielmehr prüft, welche Möglichkeiten der „sprachlose" Kollege in zukünftigen Situationen hat, sich angemessen zu behaupten.

5. „Ich kann mir nicht vorstellen, wie wir die Termine einhalten sollen."

In dieser Äußerung verrät das Wörtchen „wie", daß der Kollege noch nicht resigniert hat, sondern noch geringe Hoffnung hat, aber seine Zweifel immer gewichtiger werden.

Hier gibt es verschiedene Möglichkeiten auf den Termindruck einzugehen, beispielsweise:

„Sie fühlen sich ganz schön unter Druck." Oder:
„Sie haben Zweifel, wie das zu schaffen sein soll." Oder:
„Du hast da nicht mehr viel Hoffnung."

Wer das „Wie" überlesen hat, wird mehr in Richtung Resignation formuliert haben, etwa:

„Sie sehen keinen Weg, wie das zu schaffen sein soll." Oder:
„Sie haben schon innerlich aufgegeben."

6. „Jetzt hat er alle Sachen pünktlich gekriegt, ich habe Überstunden gemacht, ohne zu murren, und was hat er gesagt? Einfach nichts! Überhaupt nichts!"

Zum einen schwingt in diesem Satz Enttäuschung über den ausgebliebenen Dank mit, zum anderen ist aber auch Verbitterung herauszuhören, daß „Überstunden ohne zu murren" wie eine selbstverständliche Leistung betrachtet werden. So gibt es hier zwei Möglichkeiten der Erwiderung, z. B. so:

„Sie sind enttäuscht, daß da gar keine Reaktion kam." Oder:
„Ich kann mir vorstellen, wie Dich das verletzt, wenn Deine Extraarbeit als Selbstverständlichkeit betrachtet wird." Oder:
„Sie sind über soviel Gleichgültigkeit geradezu verbittert."

Diese kleine Übung zum aktiven Zuhören wird erheblich erschwert, wenn statt der 15 Minuten für das schriftliche Formulieren sofort verbal reagiert werden soll, so wie es im echten Gespräch der Fall ist.

### 3. Fünf gängige Gesprächspausen

Im Gespräch entstehen auf ganz natürliche Weise verschiedene Arten von Pausen, die unterschiedliche Reaktionen erfordern. Im folgenden sollen fünf typische Pausenarten näher betrachtet werden.

**„Sie sind dran."**

Diese Pause entsteht, wenn Ihr Gesprächspartner mit seinem Redebeitrag fertig ist und wünscht, daß Sie fortfahren. Neben sprachlichen Wendungen, wie z. B. „Was meinen Sie dazu?" oder „Mich interessiert Dein Standpunkt" oder das nach Zustimmung heischende „Finden Sie nicht auch?" und ähnlichen Formulierungen, ist hier in erster Linie der Blick ausschlaggebend. **Die „Sie sind dran"-Pause ist mit Blickkontakt gekoppelt,** dem noch ein leichtes Kopfnicken hinzugefügt wird (es handelt sich dabei jedoch in der Regel nur um eine Andeutung eines Kopfnickens, das sich erst bei Filmaufzeichnungen in Zeitlupe sauber nachweisen läßt).

Ganz anders verhält es sich aber bei folgender Gesprächspause:

**„Ich denke nach."**

Diese Pause entsteht, wenn Ihr Gesprächspartner zwar aufgehört hat zu sprechen, aber nur um nachzudenken, z. B. ob er bereits alle Punkte, die ihm wichtig waren, erwähnt hat, oder weil er überlegt, wie er den nächsten Gedanken treffend formuliert, oder weil er vielleicht im Geiste schon Ihre Antwort vorwegnimmt o. ä. Auch bei dieser Pausenart ist der Blick entscheidend, doch wird Sie Ihr Gesprächspartner keinesfalls anschauen, im Gegenteil: Sein Blick scheint an der Decke zu haften. Nun schaut er gar nicht direkt an die Decke oder zum Himmel, sondern **mit entspanntem Blick nach schräg oben,** ohne übrigens wahrzunehmen, ob, und wenn ja, was sich dort oben tatsächlich befindet. Sie können dazu ein kleines Experiment durchführen: Bitten Sie einen Bekannten darum, im Kopf folgende Aufgabe zu rechnen und Ihnen gleichzeitig in die Augen zu blicken.

3 plus 2 mal 2 plus 3 mal 17.

Während Sie bis zum Rechenergebnis 13 noch unverwandt angeschaut werden, geht der Blick bei 13 mal 17 in der Regel nach schräg oben, wenn Ihre Versuchsperson nicht ohnehin unvermittelt lacht, weil sie merkt, daß sie nicht rechnen und anschauen gleichzeitig zuwege bringt. Sollten Sie auf ein mathematisches As gestoßen sein, können sie dem Ergebnis von 221 noch die Aufforderung hinterherschicken, das Ganze mit 17 zu multiplizieren.

Gönnen Sie Ihrem Gesprächspartner sein Nachdenken, er wird schon selbst die Pause beenden und mit Sprechen fortfahren. Oder die „Ich denke nach"-Pause mündet in eine „Sie sind dran"-Pause, was immer dann der Fall sein wird, wenn Ihr Gesprächspartner durch sein Nachdenken feststellt, daß er alles, was er sagen wollte, bereits gesagt hat.

Ganz ähnlich verhält es sich bei folgender Pause:

### „Ich sinne nach"

Im Unterschied zum Nachden-ken, bei dem die Augen für ge-wöhnlich nach schräg oben wan-dern, gibt es einen Vorgang, der mit „Nachsinnen" am besten um-schrieben ist, und bei dem der **Blick** in der Regel **nach schräg un-ten** geht. Beim Nachsinnen han-delt es sich um ein Nach-innen-hören, veranlaßt durch Fragen wie z. B.: Was empfinde ich dabei? Was ist mir daran so wichtig? Wie werde ich mich fühlen? u. ä. Während wir uns durch den Blick nach schräg oben Bilder ins Gedächtnis rufen, im wahrsten Sinne des Wortes visuell erinnern oder auch Bilder konstruieren, indem wir uns etwas ausmalen oder vorstellen, wie etwas sein könnte oder sein wird, spüren wir beim Blick nach schräg unten einer Stimmung, einem Gefühl nach, ohne daß dieses uns bildhaft gegenwärtig sein muß.

Vielleicht können Sie Ihre „Versuchsperson" noch einmal gewin-nen, Ihnen im Geiste folgende Fragen zu beantworten:

„Was könnte Dich bereits am frühen Morgen verärgern?"
„Was hast Du vorgestern mittag gegessen?"
„Was bedeutet Dir Ehrlichkeit?"
„Welche Augenfarbe hat Deine Nachbarin?"
„Was empfindest Du bei einer schroffen Zurechtweisung?"
„Wohin könntest Du Dir einmal eine Reise vorstellen?"

Sie werden womöglich erstaunt feststellen, wie regelmäßig der Blick einmal nach unten und einmal nach oben geht.

> **Ob Ihr Gesprächspartner nun durch seinen Blick nach schräg oben ein Nachdenken oder schräg unten ein Nachsinnen signalisiert, in beiden Fällen stellt die entstandene Gesprächspause keine Aufforderung zum Sprechen dar.**

Zugegeben, solche Gesprächspausen können manchmal „schrecklich lange" dauern. Je nach innerer Anspannung werden Pausen von mehr als fünf Sekunden bereits als Druck empfunden, selbst etwas sagen zu müssen. Doch nur die „Sie sind dran"-Pause stellt ja eine echte Aufforderung dar, das Gespräch fortzuführen, und nur hier ist der entstehende Druck angebracht, weil es in der Tat leicht peinlich wirkt, wenn Ihr Gesprächspartner mit seinem Beitrag fertig ist, und Sie zu keiner Reaktion in der Lage sind. Doch wer um die Nachdenk- und Nachsinn-Pause weiß, der wird keinerlei Streß verspüren, im Gegenteil, er kann entspannt warten, bis das Zeichen zum Sprechen an ihn geht.

Es gibt jedoch noch eine weitere Pause, die sich von den drei vorangegangenen unterscheidet:

**„Das ist mir peinlich"**

Diese Pause entsteht immer dann, wenn Ihr Gesprächspartner plötzlich zu sprechen aufhört, weil ihm bewußt wird, daß er sich gerade „um Kopf und Kragen" geredet hat oder etwas ausgeplaudert hat, was er Ihnen unter gar keinen Umständen erzählen durfte, oder weil er sich einer Begebenheit wegen schämt o.ä. Doch im Gegensatz zum entspannten **Blick** nach schräg unten, der für das Nachsinnen so typisch ist, geht hier der Blick wie beim Sich-schämen der Kinder **direkt nach unten**, zumeist mit einem gesenkten Kopf verbunden

oder betont zu irgendeinem Punkt
im Raum, an dem sich der Blick
gewissermaßen festklammert. In
dieser Situation der inneren Not
wird Sie Ihr Gesprächspartner
kaum auffordernd anschauen, obgleich er nichts sehnlicher
wünscht, als daß Sie Ihrerseits
etwas sagen. Nun, je nach Situation wird es der eine genießen,
den anderen im eigenen Saft
schmoren zu sehen, während der
andere hilfreich die peinliche Gesprächspause beendet.

Der Vollständigkeit halber sei noch eine weitere Pause erwähnt, die
jedoch selten vorkommt.

### „Laß uns schweigen"

Hier hat Ihr Gesprächspartner seinen Beitrag beendet, es entsteht
eine Pause, und die entstehende Stille soll nicht durch weiteres
Sprechen gestört werden. Im Klischee ist es die Situation auf der Bank
beim Blick in die Landschaft oder auf die untergehende Sonne am
Meer. Und genau dieser **Blick in die unbestimmte Ferne** ist zu beobachten, wenn Sie nichtsprachlich aufgefordert werden, die Stille aus-
zuhalten und gemeinsam zu schweigen.

Ein Teilnehmer schickte mir kurz nach einem Seminar freundlicherweise einen Brief mit einem Gedächtnisprotokoll. Folgendes Gespräch hatte sich am Sonntagmorgen nach einer langen Partynacht
zwischen ihm und seiner Frau entsponnen:

Sie: „Also, ich muß unbedingt mal mit Dir reden. So wie Du mich gestern
Abend bei Kellers fertiggemacht hast, das ertrage ich keinen Tag länger."

In die entstehende Pause hätte der Mann am liebsten erwidert: „Das
ist doch Blödsinn, ich und Dich fertigmachen." Doch seine Frau hatte
ihn zwar angeschaut, blickte aber nun vor sich auf den Tisch. Wenig
später fuhr sie fort:

„Weißt Du, ich hatte einfach das Gefühl, daß Du dich auf meine Kosten mit Deinen Kollegen lustig machst."

Fast wäre dem Mann folgende Äußerung rausgerutscht: „Nun hört aber alles auf. Du bringst mich in eine unmögliche Situation vor meinen Kollegen, ich versuche zu retten, was zu retten ist, indem ich auf Deinen Alkoholspiegel hinweise, und jetzt kommst Du mir so." Doch da der Blick seiner Frau am Satzende zur Decke ging, verzichtet er auf seine Verteidigung und gibt nur ein „Mhm" von sich.

„Ich gebe zu, daß ich ein bißchen viel getrunken habe, aber das ist noch kein Grund, mich dann so bloßzustellen."

Natürlich wäre hier ein geschickter Zeitpunkt gewesen, bissig anzumerken: „Ein bißchen viel ist ja wohl gelinde ausgedrückt." Doch deutet ihr Blick direkt auf den Teller vor ihr an, daß ihr etwas peinlich zu sein scheint. Kurze Zeit später fährt sie fort:

„Außerdem weißt Du ganz genau, warum ich so viel getrunken habe. Wenn Du nicht vor meinen Augen angefangen hättest, mit Lisa zu flirten, wäre alles anders gekommen."

Auch bei diesem Satzende schaut die Frau vom Mann weg und auf den Tisch vor sich. Sie fingert an ihren Ringen und sagt kurz darauf:

„Kann sein, daß ich das jetzt maßlos hochspiele, aber ich bekomme dann immer gleich ganz idiotische Eifersuchtsgefühle. Seit dieser Geschichte von damals hängt mir das irgendwie noch an."

Während die Frau ihren Mann immer wieder beim Sprechen anschaut, geht der Blick am Satzende auffällig zu Boden. Es entsteht eine Pause von 12 Sekunden, in der ihr Mann sie anschaut und kurz mit dem Kopf nickt.

„Ich weiß, das ist bald zwei Jahre her, aber in solch einer Situation merke ich, daß ich das noch nicht überwunden habe ..."

Es ist nachzuvollziehen, daß sich jetzt – gerade zwei Minuten nach Gesprächseinstieg – ein ganz anderer Dialog ergeben kann, als wenn der Mann irgendeine der Äußerungen von sich gegeben hätte, die ihm spontan auf der Zunge lagen.

Wer im Gespräch die **Augenbewegungen** seines Gegenübers konzentriert verfolgt und auf die entstehenden Pausen richtig reagiert, erlebt zunächst eine Überraschung: Die Atmosphäre wirkt entspannt, und zugleich erhalten die Gespräche spürbar mehr Tiefgang, ja manche Gesprächspartner beginnen sich in ganz ungewohnter Weise zu öffnen. Zugegeben, das ist nicht mit allen Menschen und in allen Situationen wünschenswert, doch sind wir alle Meister im Abwürgen von Gesprächen, so daß es hierfür keiner weiteren Ausführungen bedarf.

Wer beim Zuhören hinreichend geübt hat, auf die Augenbewegungen der Gesprächspartner zu reagieren, wird schon bald diese gezielte Wahrnehmung auf einen anderen Bereich übertragen: Während Sie nämlich sprechen, blickt Ihr Gesprächspartner ja auch Sie zuhörend an, und seine Augenbewegungen sind Signale, auf die Sie eingehen können.

Vielleicht sind Sie neugierig geworden und wollen sich bei einem Ihrer nächsten Gespräche ein kleines Experiment gönnen. Jedesmal, wenn Ihr Gesprächspartner mit seinem Blick für mehr als 6–10 Sekunden Nachdenken oder Nachsinnen signalisiert, halten Sie mit Sprechen inne. Die drei typischen Reaktionen Ihres Partners sind:

- **Wiederherstellung des unterbrochenen Blickkontakts im Sinne einer Aufforderung, doch bitte weiterzureden;**
- **die entstehende Pause zu nutzen und den Dialog seinerseits fortzuführen (wobei Sie davon ausgehen können, daß Ihnen in aller Regel eine Frage zu dem gestellt wird, was Sie gerade ausgeführt haben). Ihr Gesprächspartner hat also über etwas nachgedacht und ist mit seinen Gedanken hängengeblieben;**
- **die entstehende Pause gar nicht wahrzunehmen. Mit anderen Worten, Ihr Gesprächspartner ist so mit sich beschäftigt, daß es einige Sekunden dauert, bis er den Blickkontakt zu Ihnen wieder aufnimmt.**

Sie können keine Aussagen darüber machen, worüber jemand nachdenkt, der während des Zuhörens schräg nach oben blickt. Vielleicht vollzieht er Ihre Ausführungen im Geiste nach, womöglich prüft er bereits die Konsequenzen, es ist jedoch nicht auszuschließen, daß er an ganz etwas anderes denkt, beispielsweise wie er dieses Gespräch möglichst rasch beenden kann oder was er heute abend essen möchte. Doch wenn Sie innehalten, können Sie Ihre diesbezügliche Unsicherheit schnellstmöglich beheben. Wer gedanklich mitgegangen ist, äußert dies durch eine entsprechende Frage oder einen Kommentar, wer ohnehin gedanklich woanders ist, wird Ihr Innehalten dankbar als Ende Ihres Beitrags auffassen und dort weitermachen, wo er gedanklich ohnehin schon ist. Das mag für Sie zunächst eine herbe Enttäuschung sein, weil Sie nun kaum noch Gelegenheit haben, das zu äußern, was Ihnen eben noch erwähnenswert schien, doch was nützt Ihnen ein Gegenüber, das Ihnen aufmerksames Zuhören vorgaukelt und in Wirklichkeit doch seinen eigenen Gedanken nachhängt.

Nach einem Seminar über Gesprächsführung überließ mir ein Teilnehmer freundlicherweise folgendes Gedächtnisprotokoll:

Als ich gegen 20 Uhr nach Hause kam, fragte mich meine Frau, wie gewohnt: „Wie war's?" – Eingedenk dessen, was wir tagsüber zur Körpersprache des Gegenübers erfahren hatten, wollte ich dieses Mal nicht wie gewohnt: „Ganz gut" antworten, sondern sofort das Gelernte anwenden und so erklärte ich ihr: „Es ging heute sehr viel um Körpersprache im Gespräch und welche Reaktionsmöglichkeiten denkbar sind. Dabei wurde eine Untersuchung erwähnt, bei der die Länge von Gesprächspausen gemessen wurde. Wenn ich mich richtig erinnere, dann waren über 80% aller gemessenen Pausen kürzer als sechs Sekunden."
Ich wollte gerade weitererklären, daß derartige Gesprächspausen laut Untersuchung in der Regel mit Ja/Nein-Fragen beendet werden, doch konnte ich mich gerade noch bremsen, denn die Augen meiner Frau gingen tatsächlich zur Decke. Gespannt hielt ich inne. Schon nach wenigen Sekunden blickte sie mich wieder an und meinte:
„Das ist in der Tat nicht viel. Mir fällt gerade ein, daß ich schon manches Mal darüber nachgedacht hab', wann die Leute eigentlich nachdenken. Gerade gestern abend, bei dieser Talkshow mit dem – Du weißt schon, wen ich meine, da haben die ohne Punkt und Komma geredet. Ich hab' bestimmt nur die Hälfte mitgekriegt."
„Ja und darum ging es heute Nachmittag, daß wir in Gesprächen dazu neigen, schon an unserer Erwiderung zu basteln, während der andere noch spricht und sogleich loslegen, wenn der andere aufhört. Dabei kommt es wohl immer wieder vor, daß wir nicht alles mitkriegen, weil wir mit unseren Gedanken schon ganz woanders sind. Dazu habe ich mir notiert, daß viele Gespräche eher zwei ineinandergeschachtelten Monologen ähneln als einem Dialog."
Hier hielt ich wieder inne, weil mir auffiel, daß meine Frau schon einige Sekunden Richtung Decke blickte. Sie schaute mich dann fragend an und sagte:
„Das mit den kurzen Pausen leuchtet mir zwar ein, aber wie soll das denn gehen? Ich hab' mir gerade überlegt, wenn ich Dir zum Beispiel lang und breit etwas erzähle und schließlich fertig bin, dann möchte ich sofort eine Reaktion

von Dir. Wenn Du mich dann nur anschaust und nichts sagst, dann könnte
ich an die Decke gehen. Ich stelle mir
dann gleich vor, daß Du überhaupt
nicht richtig zugehört hast."
„Genau davon hatten wir's. Du hast
völlig recht: Wenn Du fertig bist, dann
erwartest Du eine sofortige Reaktion,
wobei diese Reaktion noch gar keine
Stellungnahme sein muß. In den meisten Fällen würde es reichen, wenn ich
etwa antworte: ‚Laß mich darüber einen Moment nachdenken.‘ Oder: ‚Ehe ich
Dir dazu antworte, will ich kurz überlegen‘ oder so ähnlich. Aber während Du
erzählst, machst Du ja manchmal auch kurze Pausen, um beispielsweise
nachzudenken, oder weil Du nach einem bestimmten Wort suchst, oder weil Du
Dir plötzlich nicht mehr ganz sicher bist, ob Du alles berichten willst oder was
auch immer. Und bei diesen Pausen ..."
Hier mußte ich wieder innehalten, ja ich habe mich sogar mitten im Satz
unterbrochen, um zu sehen, wie sie reagieren wird.
„Stimmt! Das kann ich auf den Tod nicht ausstehen, wenn Du mich
unterbrichst, während ich noch etwas sagen will."
„Ich weiß jetzt auch, woran das liegt: Pause ist nicht gleich Pause. Wenn Du
mich anschaust, heißt das, Du willst mich tatsächlich zum Sprechen auffordern.
Wenn Du aber eine Pause machst, ohne mich anzuschauen, dann sollte ich in
Zukunft lernen, den Mund zu halten, beziehungsweise zu warten, bis Du
entweder fortfährst oder mich anschaust."

   Das Kapitel „Gesprächspausen" wäre unvollständig, wenn nicht
kurz auf die grundlegende Schwierigkeit eingegangen würde, sich im
Gespräch eine Pause zu leisten.
   Graphisch dargestellt sieht normales Gesprächsverhalten ja so aus:

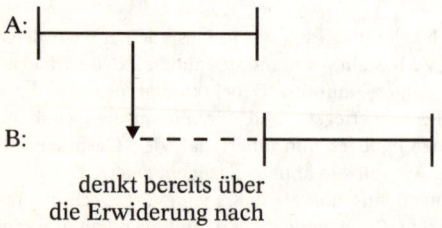

denkt bereits über
die Erwiderung nach

   *Heinrich von Kleist* hat ein derartiges Sprech-Denken treffend „die
allmähliche Verfertigung der Gedanken beim Reden" genannt.

Wenn Sie also bis zum Ende zuhören wollen, müssen Sie zwangsläufig eine Pause machen, bevor Sie selber zu sprechen beginnen
können, etwa so:

A: ├────────────┤  \\/
B:      hört zu        \\/
                     Pause

Hierbei laufen Sie Gefahr, daß der Gesprächspartner entweder
glaubt, Sie hätten nichts zu sagen und deswegen einfach weiterspricht
oder gar denkt, Sie seien in dieser Angelegenheit nicht kompetent
oder interessiert. Dem können Sie jedoch zuvorkommen, wenn Sie
kurz vor Ihrer Nachdenkpause mitteilen, daß Sie gleich etwas sagen
werden, beispielsweise durch folgende Formulierungen:

„Lassen Sie mich gerade nachdenken."
„Ich will das für mich kurz ordnen."
„Ich muß mal einen Moment überlegen."
„Mir kommt da gerade eine Idee, warte mal einen Augenblick."
„Stop! Ich will gleich etwas erwidern, mir fällt da etwas ein."

Graphisch stellt sich die Situation wie folgt dar:

A: ├────┤
B:        ├────────┤  \\/  ├──────┤
       Ankündigung       \\/
       der Pause        Pause

Ich konnte wiederholt feststellen, daß sich in Konferenzen und
hitzigen Debatten das Diskussionsklima schlagartig ändert, wenn
einer der Teilnehmer derartige Formulierungen anwendet. Natürlich
haben Vorgesetzte hier eine Vorreiterrolle und können durch
entsprechende Sätze noch viel stärker für eine konstruktive
Gesprächsatmosphäre sorgen, aber auch der einzelne Mitarbeiter
kann hier durchaus seinen Beitrag leisten und demonstrieren, daß
Nachdenken keine Schande ist, sondern im Gegenteil zu einer
Klärung und gegenseitigen Verständigung beiträgt.

# 4. Erkennen der eigenen Gesprächshaltung

Mit Gesprächshaltung wird ein Verhalten bezeichnet, das auf Grund von Einstellungen, von inneren Überzeugungen zustandekommt; es ist **Ausdruck der eigenen Persönlichkeit** und unterliegt nur unwesentlich situativen Faktoren. Bei vielen Menschen ist das Gesprächsverhalten unreflektiert, also spontan. Wenn Sie genau hinhören, werden Sie feststellen, daß die einzelnen Gesprächsreaktionen einander ähneln, unabhängig vom jeweiligen Gesprächspartner oder Gesprächsthema.

Vielleicht sind Sie nun neugierig geworden und möchten Ihre spontane Gesprächshaltung erfahren. Dafür habe ich in Anlehnung an *Roger Mucchielli*[1] einen kleinen Test zusammengestellt, mit dem Sie entdecken können, wie flexibel Sie auf unterschiedliche Gesprächsanfänge reagieren.

Im folgenden finden Sie zehn Gesprächsausschnitte, wie sie so oder ähnlich im Arbeitsalltag vorkommen. Zu jeder Einstiegsäußerung des Gesprächspartners finden Sie sechs unterschiedliche Gesprächsreaktionen formuliert, die jede für sich genommen das Gespräch in eine bestimmte Richtung führen kann. Wenn Sie sich die sechs Äußerungen durchgelesen haben, kreuzen Sie bitte die Antwort an, die Ihrer eigenen Reaktion am ehesten entspricht. Sollte Ihnen gar keine Äußerung gefallen – was bei der Vielzahl der individuellen Möglichkeiten durchaus der Fall sein kann – so kreuzen Sie einfach die Erwiderung an, die Ihnen von allen sechsen immer noch die beste, d.h. die Ihnen am ehesten entsprechende zu sein scheint. Wenn Sie daran interessiert sind, Ihre spontane Gesprächshaltung zu erfahren, dann werden Sie diesen Test zügig durcharbeiten und etwa 15 Minuten benötigen. Im Anschluß daran finden Sie eine Anleitung, wie Sie diesen Test selbst auswerten können.

---

[1] *Roger Mucchielli:* Das nicht-direktive Beratungsgespräch. Otto Müller Verlag, Salzburg 1972.

**Gesprächsausschnitt Fall 1**

Einer Ihrer Mitarbeiter, ein zurückhaltender Mann von 44 Jahren, der seit elf Jahren unauffällig seiner Arbeit nachgeht, spricht Sie eines Tages nach der Frühstückspause an und sagt:

„Äh, ich habe da ’mal ’ne Idee, und die wollte ich mal sagen, also, wegen der Parkerei jeden Tag vorm Tor, da habe ich gedacht, daß man da vielleicht auf dem Asphalt Linien aufmalen könnte, damit die Kunden sich nicht immer direkt davor stellen."

Ihre Antwort

1. Könnten Sie mir mal bitte mehr darüber erzählen, was Sie sich da gedacht haben, also wo genau, welche Farbe, wie teuer, wer soll es ausführen?

2. Das ist ja ausgezeichnet, endlich mal ein Mitarbeiter, der sich Gedanken über dieses Problem macht. Sehr gut, daß Sie zu mir kommen.

3. Ja, das will ich mir gleich mal aufschreiben, was Sie da vorschlagen. Noch besser, wir gehen gleich auf den Hof und schauen uns die Sache einmal an. Ich denke, wir sollten dieses Problem gleich lösen.

4. Na, jetzt bin ich gespannt, wahrscheinlich haben Sie irgendwo etwas gesehen und denken, daß man das so ohne weiteres auf unseren Betrieb übertragen kann.

5. Wenn ich Sie richtig verstanden habe, dann haben Sie eine Idee, wie man diese lästige Parkerei der Kunden vor dem Tor in Zukunft verhindern könnte.

6. Na, so schlimm ist das doch nun nicht, daß wir gleich den ganzen Hof zupinseln müssen. Wobei ich es trotzdem gut finde, daß Sie sich Ihre Gedanken machen. Wollen wir mal, ohne zu dramatisieren, die Sachlage betrachten.

**Gesprächsausschnitt Fall 2**

Einer Ihrer Verkäufer berichtet in der morgendlichen Besprechung ziemlich frustriert von seinen vergeblichen Versuchen, bei einem Kunden zum Abschluß zu gelangen.

„... und er war einfach nicht bereit, mir zuzuhören, nicht einmal die Prospekte hat er angeschaut. Hat sie mir glatt über den Tisch zurückgeschoben und gesagt, ich sei ja ganz nett, aber er bleibe seiner Marke treu."

Ihre Antwort

1. Na, das ist doch kein Wunder, man schiebt einem Kunden auch keine Prospekte hin, sondern bietet ihm eine Probezeit von vierzehn Tagen an!

2. Wenn er Ihnen weder zuhört noch sich Ihre Prospekte anschaut, dann nehme ich an, daß das Gespräch nicht am Produkt stattgefunden hat und Ihnen deswegen die Argumente ausgegangen sind.

3. Im Moment sind Sie verärgert und enttäuscht, daß Sie bei diesem Kunden so wenig landen konnten, obgleich Sie sich doch wirklich alle Mühe gegeben haben.

4. Mal der Reihe nach: Wie kam das Gespräch zustande, was genau war Ihr Einstiegssatz, was hat er Ihnen zunächst geantwortet? und zwar möglichst genau, also im Wortlaut.

5. Nun ärgern Sie sich mal nicht so sehr, schwierige Kunden gehören doch zu unserem Alltag. Auch Sie werden Ihre Quote erfüllen, da bin ich ganz sicher. Ab und zu haben wir alle mal Pech.

6. Passen Sie gerade mal auf, bei so einem Kunden hat sich bislang immer noch der gute alte Trick bewährt, bereits das Firmenzeichen des Kunden in Klebefolie so auf unserem Produkt zu präparieren, daß es ihm förmlich in die Augen springt.

**Gesprächsausschnitt Fall 3**

Eine Ihrer älteren Mitarbeiterinnen, seit 33 Jahren im Betrieb, spricht sie kurz vor Feierabend zwischen Tür und Angel an:

„Sagen Sie, Chef, wie stehen Sie eigentlich zum Vorruhestand, muß ich den eigentlich nehmen oder darf ich auch bleiben?"

Ihre Antwort

1. Sie werden sich doch nicht etwa Existenzsorgen machen, in Ihrer Situation können Sie doch wirklich guten Mutes in die Zukunft schauen.

2. Ich höre bei Ihnen heraus, daß Sie sich Sorgen machen, ob wir Sie womöglich auf's Altenteil abschieben und jetzt möchten Sie sich einfach mal versichern, woran Sie sind.

3. Wie kommen Sie denn darauf? Wer hat Ihnen denn gesagt, daß wir bei uns von der Vorruhestandsregelung Gebrauch machen? Also, das müssen Sie mir mal genauer erklären.

4. Da sollten Sie sich aber schnell entscheiden, denn wir müssen ja wissen, woran wir sind. Also, wenn Sie vorzeitig aus dem Betrieb ausscheiden wollen, dann schlage ich Ihnen vor, daß wir darüber nächste Woche mit dem Personalchef sprechen.

5. Ich begrüße es, daß Sie mich darauf ansprechen, denn mir scheint es wichtig, daß wir rechtzeitig über so etwas sprechen. Gut, daß Sie sich dazu schon Gedanken gemacht haben.

6. Nichts wird so heiß gegessen, wie es gekocht wird. Also nun mal schön langsam, Sie brauchen sich da keine Sorgen zu machen, noch können wir auf Sie kaum verzichten.

**Gesprächsausschnitt Fall 4**

Einer Ihrer Mitarbeiter, Anfang dreißig, kommt gleich nach dem Betriebsbeginn zu Ihnen und fragt, in etwas aufgeregtem Ton:

„Chef, kann ich 'ne Woche Urlaub nehmen. Am liebsten wäre mir ab sofort, zur Not ab morgen. Nächste Woche bin ich dann wieder voll da."

Ihre Antwort

1. Na, bei Ihnen scheint's ja wohl zu brennen, wenn Sie's so eilig haben. Nun machen Sie sich mal keine Sorgen. Sie haben meines Wissens noch einigen Resturlaub, also eine Woche, aber erst ab morgen, klar?!

2. Da wollen wir mal schauen, wieviel Urlaub Ihnen noch zusteht. (Schaut nach). Sie haben noch 16 Tage, wenn Sie wollen, können Sie eine Woche oder mehr nehmen, nur heute und morgen geht's auf keinen Fall, wohin mit der Arbeit? Ich denke, Sie nehmen sich ab Mittwoch Urlaub, sagen Sie mir nur rechtzeitig, bis wann Sie wieder da sind.

3. Was ist denn bei Ihnen los? Geht's Ihrer Frau nicht gut? Ärger mit den Kindern? Menschenskind, darüber können wir doch sprechen, wir sind doch keine Unmenschen.

4. Sie scheinen im Moment irgendwie in einer Notlage zu sein und hoffen mit einer Woche Urlaub da wieder rauszukommen. Am liebsten wäre es Ihnen, wenn Sie gleich wieder gehen könnten.

5. Na, wenn Sie so aufgeregt sind, dann scheint ja irgendetwas nicht zu stimmen. Ehe ich Sie gehen lasse, möchte ich doch vorher mal hören, was Ihre Kollegen dazu meinen.

6. Sagen Sie, wie stellen Sie sich das eigentlich vor? Malen Sie sich mal aus, da wollte jeder so mir nichts Dir nichts hier hereinplatzen und Urlaub ab sofort haben. Ich habe nichts gegen Ihren Urlaub, aber es gibt schließlich gewisse Regeln im Betrieb, an die wir uns alle halten müssen.

## Gesprächsausschnitt Fall 5

Einer Ihrer Mitarbeiter, Mitte zwanzig, seit sieben Jahren im Betrieb, spricht Sie draußen auf dem Hof ziemlich verlegen an:

„Chef, wo ich Sie gerade mal ungestört sehe, ich hab' da mal 'ne Frage: Was halten Sie davon, wenn ich meinen Meister mache?"

Ihre Antwort

1. Wann wollen Sie denn damit anfangen? Welche Pläne haben Sie sich dabei gemacht? Damit wir das einmal genau klären können, welche betrieblichen Einbußen das mit sich bringt, müßte ich das vorher schon genau wissen.

2. Sie spielen also mit dem Gedanken, sich eines Tages selbständig zu machen.

3. Sie möchten gern einmal ungestört mit mir über Ihre Zukunft sprechen und was ich von Ihren Plänen halte.

4. Passen Sie auf: Da sind Sie ja nicht der einzige, da schlage ich vor, daß wir das mit den beiden anderen Kollegen absprechen, drei mal Meisterschule ist ja 'n ganz schöner Brocken. Kommen sie alle drei am besten nach dem Mittag zu mir ins Büro, dann sprechen wir kurz darüber.

5. Kopf hoch, mein Lieber, das muß Ihnen doch nicht peinlich sein. Für seine Meister-Pläne muß sich keiner genieren.

6. Das ist gut, daß Sie sich dazu entschlossen haben. Wer sich qualifiziert, sichert sich für die Zukunft ab.

**Gesprächsausschnitt Fall 6**

Eine Ihrer Führungskräfte, Mitte vierzig, erledigt alle Aufgaben in ihrem Bereich zu Ihrer vollsten Zufriedenheit. Sie können sich allerdings nicht erinnern, daß sie irgendwann in den vergangenen Jahren einmal eine Fortbildung besucht hätte. Nachdem Sie ihr vorgeschlagen haben, auf ein 3 x 3-tägiges Führungskräftetraining zu gehen, antwortet sie knapp:

„Das ist doch nun wirklich nichts für mich. Ne, ne, lassen Sie da mal die Jüngeren hin, die können da noch was lernen, aber mich lassen sie mal hier im Betrieb. Wer soll denn den Laden in meiner Abwesenheit führen?"

Ihre Antwort

1. Ich denke, daß mir das nicht schlecht bekäme, wenn ich mal wieder in Ihrem Bereich arbeite, Sie gehen die 3 x 3 Tage auf das Training und ich vertrete Sie, einverstanden?

2. Das scheint mir mehr eine Ausrede zu sein, was Sie da sagen. Ich denke, daß es Ihnen gut anstünde, sich auch einmal fortzubilden. Ich finde es nicht gut, wenn Sie den Betrieb vorschieben und auf Ihre Fortbildung verzichten.

3. Das hört sich ja gerade so an, als ob Ihnen so eine Fortbildung unangenehm wäre, weil Sie schon Mitte vierzig sind.

4. Na so alt sind Sie nun wahrlich noch nicht. Nun machen Sie sich mal keine Sorgen, daß man Sie schon zum alten Eisen zählt.

5. Wann waren Sie denn zum letzten Mal auf einer Fortbildung? Welches Thema? Mich interessiert wirklich zu erfahren, was Sie da für schlechte Erfahrungen gemacht haben, daß Sie heute auf keine Weiterbildung mehr zu kriegen sind.

6. Sie denken, wenn Sie mal drei Tage fort sind, dann hat man hinter Ihrem Rücken alles geändert und Sie womöglich bereits ersetzt.

**Gesprächsausschnitt Fall 7**

Eine Praktikantin holt sich bei Ihnen ihre Praktikumsbescheinigung ab und fragt leicht zögernd:

„Wie ist das eigentlich, ähm, wenn hier ein Ausbildungsplatz frei wird, ähm, also erfährt man das eigentlich oder wie ist das so?"

Ihre Antwort

1. Ihnen scheint das Praktikum gefallen zu haben. Wenn Sie uns weiterempfehlen wollen, dann herzlich gern.

2. Jetzt machen Sie mal Ihre Schule zu Ende und melden Sie sich drei Monate vor Schulschluß mit Ihrem letzten Zeugnis bei mir, und dann sehen wir weiter.

3. Da machen Sie sich mal heute noch keine Sorgen, das sehen wir dann, wenn es so weit ist. Nur Mut, Sie finden schon einen Platz und im Praktikum waren wir doch alle recht zufrieden mit Ihnen.

4. Sie würden gern bei uns Ihre Ausbildung machen und haben Sorge, daß Sie das nicht rechtzeitig genug anmelden.

5. Das ist nicht gut, wenn Sie sich zu sehr auf einen Betrieb spezialisieren. Jetzt haben Sie ein Praktikum bei uns gemacht, lernen Sie noch ein paar andere Betriebe kennen, ehe Sie sich entscheiden, wo Sie letztlich lernen wollen.

6. Was möchten Sie denn später mal werden? Bzw. was mich natürlich auch interessiert, wie sind denn Ihre Zeugnisse?

**Gesprächsausschnitt Fall 8**

Zwei Ihrer Mitarbeiter haben sich fürchterlich zerstritten, und Sie sind gebeten worden zu schlichten.

Mitarbeiter Arndt (aufgeregt): „Ich lasse mich nicht in Gegenwart von Kunden derartig zur Sau machen, von dem schon lange nicht!"
Mitarbeiter Bögert (kühl): „Man wird doch wohl noch ganz sachlich sagen dürfen, daß Sie keine Ahnung haben und noch 'ne ganze Menge lernen müssen."

Ihre Antwort
1. Also der Reihe nach, Herr Arndt, was genau wurde denn nun gesagt, schildern Sie mir bitte den Vorfall einmal aus Ihrer Sicht.
2. Herr Arndt, wenn ich das gerade richtig mitbekommen habe, fühlen Sie sich bloßgestellt, weil sich das vor Kunden abgespielt hat.
3. Kritik in Ehren, meine Herren, aber so etwas gehört beim besten Willen nicht vor die Ohren unserer Kundschaft, wenn Sie mich da bitte richtig verstanden haben.
4. Mir scheint, daß hier eine Rivalität vorliegt, die wohl tiefere Ursachen hat. Herr Bögert, mir ist aufgefallen, daß Sie mit Herrn Arndt sich häufiger reiben, seit er in Ihrem Bereich arbeitet.
5. Nun, wenn die beiden Herren nicht miteinander arbeiten können, dann sollten wir uns überlegen, ob eine Trennung nicht am besten wäre. Ich denke Herr Arndt, daß wir für Sie auch einen anderen Aufgabenbereich haben.
6. Nun machen Sie mal halblang meine Herren. Wir wollen uns doch alle miteinander vertragen. Kommen Sie, wir trinken jetzt einen Kognak und Sie vertragen sich wieder, und dann reden wir in aller Ruhe darüber.

**Gesprächsausschnitt Fall 9**

In der Mittagspause setzt sich eine Ihrer Kolleginnen zu Ihnen und beginnt voller Bitterkeit über ihre neue Vorgesetzte zu klagen:

„Da hat man uns vielleicht eine Null vorgesetzt! Wenn ich wollte, könnte ich die schon lange in die Tasche stecken, aber auf mich hört ja keiner. Die werden schon sehen, was sie sich mit der eingehandelt haben."

Ihre Antwort

1. Haben Sie Geduld, manchmal braucht man einfach Zeit, um sich aneinander zu gewöhnen. Vielleicht werden Sie sich mit der Zeit besser verstehen. Dann bessert sich auch Ihre Situation.

2. Sie wollten selbst auf diesen Posten befördert werden und sind entsprechend sauer, weil man Sie dabei übergangen hat.

3. Ihre neue Vorgesetzte scheint Ihnen dermaßen unqualifiziert, daß Sie am liebsten mal zeigen würden, wie man diesen Job richtig ausführt. Aber im Moment haben Sie überhaupt keine Hoffnungen, daß das etwas bringt.

4. Sie spielen da aber kein faires Spiel. Das bringt doch nichts, wenn Sie Ihre ganze Kraft da hineinlegen, Ihre Chefin auszustechen.

5. Wo kommt Ihre Chefin eigentlich her? Was hat sie vorher gemacht und wissen Sie zufällig, warum sie dort aufgehört hat?

6. In so einer Situation ist es natürlich am besten, wenn Sie mit einem Protokoll von Einzelbeobachtungen zu Ihrem Hauptabteilungsleiter gehen und ihm das einmal vortragen. Wenn Ihnen der Weg zu riskant ist, dann besteht immer noch die Möglichkeit, in der Redaktion unserer Hauspostille einen gezielten Hinweis zu lancieren. Die kümmern sich dann darum. Womöglich ist die Beförderung Ihrer Chefin sogar ein gefundenes Fressen für den Betriebsrat.

**Gesprächsausschnitt Fall 10**

Sie halten das Kündigungsschreiben einer Mitarbeiterin in Händen und haben diese noch einmal zu sich gebeten, um sich ihre Gründe erläutern zu lassen.

„Mir ist es ausgesprochen unangenehm, gerade Ihnen meine Gründe aufrichtig darzulegen."

Ihre Antwort

1. In gewisser Weise ist es Ihnen peinlich, gerade mir gegenüber die Gründe für Ihre Entscheidung zu erläutern.

2. Ich schlage vor, ganz offen Ihre Beweggründe mit mir zu besprechen und erst dann eine Entscheidung zu fällen.

3. Aufrichtigkeit lohnt sich immer, Sie können also ganz offen und ehrlich mit mir sprechen.

4. Wenn ich Sie richtig verstehe, dann wollen Sie damit sagen, daß es ausschließlich persönliche Gründe sind, die Sie zur Kündigung bewegt haben.

5. Machen Sie sich bitte keine Sorgen, daß unser Gespräch nach draußen dringt. Meine Diskretion ist Ihnen absolut sicher.

6. Aber genau das interessiert mich: Was genau hat Sie dazu bewogen, Ihre Kündigung einzureichen?

**Einzelauswertung der Übung**

Beginnen Sie, die Nummer Ihrer Antwort zu jedem Gesprächsausschnitt in der untenstehenden Tabelle einzutragen, indem Sie das Kästchen schraffieren, das – je nach Fall – die Nummer Ihrer spontanen Antwort aufweist, ohne daß Sie sich schon um die Buchstaben in der ersten, linken Spalte kümmern.

|   | Fall 1 | Fall 2 | Fall 3 | Fall 4 | Fall 5 | Fall 6 | Fall 7 | Fall 8 | Fall 9 | Fall 10 | Summe |
|---|---|---|---|---|---|---|---|---|---|---|---|
| A | 2 | 1 | 5 | 6 | 6 | 2 | 5 | 3 | 4 | 3 | |
| B | 4 | 2 | 1 | 5 | 2 | 6 | 1 | 4 | 2 | 4 | |
| C | 6 | 5 | 6 | 1 | 5 | 4 | 3 | 6 | 1 | 5 | |
| D | 1 | 4 | 3 | 3 | 1 | 5 | 6 | 1 | 5 | 6 | |
| E | 3 | 6 | 4 | 2 | 4 | 1 | 2 | 5 | 6 | 2 | |
| F | 5 | 3 | 2 | 4 | 3 | 3 | 4 | 2 | 3 | 1 | |

Sie haben nun den Test ausgewertet. In der Summenspalte rechts tragen Sie ein, wieviele Kästchen Sie pro Zeile schraffiert haben. Der Wert der jeweils markierten Zahl spielt keine Rolle. Unabhängig von der Anhäufung in den einzelnen Zeilen, können Sie jetzt schon Aussagen darüber machen, ob sich Ihre Antworten gleichmäßig auf alle Zeilen verteilen, also etwa zwei pro Zeile, oder ob es typische Häufungen gibt, in einer Zeile also mehr als fünf Antworten liegen.

Wer also beispielsweise in Zeile A sechs Kästchen schraffiert hat und in Zeile E vier, von dem läßt sich sagen, daß 60% seiner spontanen Antworten einem A-Verhalten entsprechen und 40% seiner Antworten dem E-Verhalten zuzuordnen sind.

Möglicherweise werden Sie langsam ungeduldig, wollen endlich erfahren, was sich hinter diesen Buchstaben A bis F verbirgt, wollen die Auflösung Ihres Tests wissen. Wenn Sie fünf Seiten weiterblättern finden Sie die entsprechenden Erläuterungen. Auf den folgenden Seiten soll zuvor herausgearbeitet werden, was die verschiedenen Erwiderungen im Gesprächspartner auslösen können.

Im Gesprächsausschnitt 9 setzte sich beispielsweise eine Kollegin in der Mittagspause zu Ihnen und begann voller Bitterkeit über ihre neue Vorgesetzte zu klagen:

„Da hat man uns vielleicht eine Null vorgesetzt! Wenn ich wollte, könnte ich die schon lange in die Tasche stecken, aber auf mich hört ja keiner. Die werden schon sehen, was sie sich mit der eingehandelt haben."

Schauen wir uns hierzu die erste Gesprächsreaktion einmal genauer an:

„Haben Sie Geduld, manchmal braucht man einfach Zeit, um sich aneinander zu gewöhnen. Vielleicht werden Sie sich mit der Zeit besser verstehen. Dann bessert sich auch Ihre Situation."

Auf den ersten Blick wirkt diese Äußerung ermutigend. Stimmt!

Doch wer sagt uns, daß die Kollegin Trost und Ermutigung benötigt? Wer so in Fahrt ist, wird diesen sicherlich gutgemeinten Zuspruch eher als Herunterspielen wahrnehmen. Es ist sogar zu vermuten, daß der Kollegin im Moment gar nicht der Sinn danach steht, sich im Laufe der Zeit mit ihrer neuen Vorgesetzten besser zu verstehen. Wir können kaum annehmen, daß die Kollegin auf diese Äußerung erwidern wird:

„Ja, da haben Sie eigentlich recht. Wahrscheinlich wird es das Klügste sein, ich warte einfach eine Weile ab und sehe zu, daß ich mit ihr gut auskomme."

**Ermutigende, tröstende Äußerungen vermitteln leicht die Botschaft von „Kopf hoch!" bzw. „Nur Mut, es wird schon werden." Wer jedoch den Kopf nicht hängen läßt oder nicht mutlos ist, kann derartige Reaktionen leicht als betuliches Gehabe aufnehmen und sich entsprechend unwillig abwenden.**

Wie steht's mit der zweiten Gesprächsreaktion?

„Sie wollten selbst auf diesen Posten befördert werden und sind entsprechend sauer, weil man Sie dabei übergangen hat."

Wie mag diese Äußerung auf die Kollegin wirken? Selbst wenn wir annehmen, daß es sich so verhält, besteht ein erhebliches Risiko, folgende Antwort zu erhalten:

„Darum geht's mir gar nicht. Ich finde es nur schlimm, wie so eine Niete auf so einen Posten gesetzt werden kann. Man muß doch auch mal die Folgen bedenken und überhaupt ...“

Die Reaktion 2 enthält die Unterstellung, daß die Kollegin nur deswegen sauer ist, weil sie bei der Beförderung nicht berücksichtigt wurde und in Wirklichkeit auf ihre neue Chefin eifersüchtig ist, denn die sitzt nun auf dem Stuhl, den sie sich selbst zugerechnet hatte. Die Kollegin müßte schon sehr selbstkritisch sein und über ihren eigenen Schatten springen, wenn sie das freimütig zugeben könnte. Nicht weil die Unterstellung daneben liegt, wird sie abgelehnt, sondern weil Menschen für gewöhnlich keinen Gefallen daran finden, von anderen, schon gar nicht von Geschäftskollegen, durchschaut zu werden. Wieviel schlimmer, wenn die Unterstellung eine völlige Fehlinterpretation der Lage darstellt und die Kollegin überhaupt keine Ambitionen auf diesen Posten hatte. Wir dürfen wohl zu recht annehmen, daß das Gespräch schnellstmöglich beendet werden wird.

> **Wenn Sie in die Äußerung eines Gesprächspartners mehr hinein-deuten, als dieser tatsächlich gesagt hat, so kann dies leicht als Un-terstellung aufgefaßt werden, mit all den Folgen, die Interpretationen nun einmal mit sich bringen.**

Analysieren wir die dritte Gesprächsreaktion:

„Ihre neue Vorgesetzte scheint Ihnen dermaßen unqualifiziert, daß Sie am liebsten mal zeigen würden, wie man diesen Job richtig ausführt. Aber im Moment haben Sie überhaupt keine Hoffnung, daß das etwas bringt.“

So wenig diese Reaktion inhaltlich etwas vermittelt, so viel verdeutlicht sie der Kollegin, daß ganz genau zugehört wurde. Dieses umschreibende Zuhören dient außerdem der Klärung, wird doch überprüft, ob die Gesprächspartnerin völlig hoffnungslos ist, diese mißliche Lage zu beeinflussen.

> **Durch umschreibendes oder aktives Zuhören bringen Sie Ihrem Gesprächspartner vor allem Verständnis entgegen, das ihm zeigt, daß Sie bemüht sind, sich in die individuelle Problemlage hineinzudenken.**

Wie lautete die vierte Äußerung?

„Sie spielen da aber kein faires Spiel. Das bringt doch nichts, wenn Sie Ihre ganze Kraft da hineinlegen, Ihre Chefin auszustechen."

Hier sieht sich die Kollegin in ihrem Verhalten plötzlich bewertet und wird sich höchstwahrscheinlich rechtfertigen müssen oder anderweitig zeigen, daß sie natürlich fair ist, beispielsweise so:

„Es geht mir doch nicht darum, hier irgendjemanden auszustechen und sei er noch so unqualifiziert. Wissen Sie, es ist einfach nur traurig, mitansehen zu müssen, wie eine ganze Abteilung vor die Hunde geht ..."

> **Mit wertenden Äußerungen, ob Lob oder Tadel, bringen Sie eine moralische Komponente ins Gespräch, die leicht vom Wesentlichen ablenken kann und den Gesprächspartner nötigt, sich mit Ihrer Meinung auseinanderzusetzen, ohne daß er bereits Gelegenheit gehabt hätte, seinen Standpunkt ausführlich darzulegen.**

Aber es gab ja noch mehr Erwiderungsmöglichkeiten:

„Wo kommt Ihre Chefin eigentlich her? Was hat sie vorher gemacht und wissen Sie zufällig, warum sie dort aufgehört hat?"

Jetzt wird Interesse gezeigt. Jetzt geht's zur Sache. Klare Fragen führen das Gespräch doch schlußendlich auf das Wesentliche. Aber was ist denn hier das Wesentliche? Löst sich die Verbitterung der Kollegin, wenn geklärt wird, wo die Chefin herkommt? Hilft es ihr weiter, wenn sie der Frage nachgeht, was die Vorgesetzte zuvor gemacht hat? Zudem übernimmt der Frager automatisch die Initiative im Gespräch und es entsteht der Eindruck, daß die Klärung der Fragen auch automatisch zu einer Problemlösung führen wird. Schön wär's!

> **Wenn Ihrem Gesprächspartner die Fragen nicht nachvollziehbar
> sind, kann dieser die Situation nur zu leicht als ausfragen erleben,
> was zu entsprechendem Unmut führt; damit einher geht die Gefahr,
> daß die Fragen nur zögernd oder gar geschönt beantwortet werden,
> weil Ihr Gesprächspartner die Bedeutung seiner möglichen Antwort
> noch nicht versteht.**

Und wie ist es mit der letzten, der sechsten Äußerung bestellt:

„In so einer Situation ist es natürlich
am besten, wenn Sie mit einem
Protokoll von Einzelbeobachtungen zu
Ihrem Hauptabteilungsleiter gehen und
ihm das einmal vortragen. Wenn Ihnen
der Weg zu riskant ist, dann besteht
immer noch die Möglichkeit, in der
Redaktion unserer Hauspostille einen
gezielten Hinweis zu lancieren. Die
kümmern sich dann darum. Womöglich
ist die Beförderung Ihrer Chefin sogar
ein gefundenes Fressen für den Betriebsrat.“

Oberflächlich betrachtet könnte man meinen, jetzt bekommt die
Kollegin genau das, worum es ihr doch wohl geht. Es bedarf jedoch
keiner großen Phantasie, sich vorzustellen, daß die gutgemeinten
Ratschläge „leider“ nicht umsetzbar sind, etwa so:

„Na, da kennen Sie aber unseren Hauptabteilungsleiter schlecht. Wenn ich da
so ankäme, könnte ich mich gleich beerdigen lassen. Und was unsere
Hauspostille betrifft, die haben sich doch Anfang des Jahres so ins Fettnäpfchen
gesetzt, da läuft nichts mehr ...“

Eine Redewendung sagt: „Ratschläge sind auch Schläge.“ Dies gilt
ganz besonders für ungebetene Ratschläge.

> **Das rasche, meist voreilige Anbieten einer Lösung, eines Ratschlags
> kann Ihren Gesprächspartner einengen. Dieser spürt, daß er zu
> einem bestimmten Verhalten gebracht werden soll. Er verschließt
> sich deswegen häufig und neigt dazu, sich gegen die Lösung abzu-
> schotten, selbst wenn diese objektiv betrachtet für ihn nützlich wäre.**

Nach dieser ausführlichen Erarbeitung der Gesprächsreaktionen gilt es nun, Ihnen die Testauflösung in die Hand zu geben. Im folgenden finden Sie eine Zusammenstellung der Antworttendenzen, die sich hinter den Buchstaben A bis F verbergen. Da diese sechs Reaktionen in Gesprächen sehr häufig als erste Antwort erfolgen, kann von „Antworttendenz" gesprochen werden, denn durch die erste Erwiderung wird bereits eine allgemeine Grundstimmung deutlich, die den weiteren Verlauf des Gesprächs maßgeblich mitbestimmen wird.

## Antworttendenzen in einem Gespräch

**A** Ihre Antworten sind **wertend**, d. h. sie implizieren einen moralischen Standpunkt und beinhalten ein ablehnendes oder zustimmendes Urteil über den Gesprächspartner.

**B** Ihre Antworten sind **Interpretationen.** Sie verstehen nur, was Sie verstehen wollen, Sie betonen, was Ihnen wichtig erscheint und Ihr Verstand sucht nach einer Erklärung. Es kommt vor, daß Sie dabei die Aussage des Gesprächspartners verzerren bzw. seinen Gedankengang verfremden.

**C** Ihre Antworten haben **stützenden/tröstenden** Charakter und zielen auf eine Ermutigung, Beruhigung oder einen Ausgleich ab. Sie empfinden eher Mitleid und glauben, daß man das Problem/die Sache nicht noch stärker dramatisieren sollte.

**D** Ihre Antworten sind **forschend.** Sie bemühen sich, mehr zu erfahren und lenken das Gespräch in die Richtung, die Ihnen wichtig erscheint, verdächtigen u.U. den Gesprächspartner, das Wichtigste zu verschweigen oder die Zeit zu verschwenden. Sie sind offensichtlich in Eile und bedrängen den Gesprächspartner mit Ihren allzu direkten Fragen.

**E** Sie neigen dazu, in Ihren Antworten eine **sofortige Lösung des Problems** zu geben. Sie reagieren durch Handeln und drängen zur Tat. Sie finden sofort die Lösung, die Sie geben würden; Sie warten nicht ab, bis Sie mehr erfahren haben. Sicherlich werden Sie bei dieser Vorgehensweise den Gesprächspartner und sein Anliegen los.

**F** Ihre Antworten zeigen **Verständnis** und spiegeln Ihre Bemühungen wider, sich wirklich in die Problemlage des Gesprächspartners zu versetzen. Sie wollen vor allem sichergehen, das Gesagte richtig verstanden zu haben. Diese Haltung ermutigt den Gesprächspartner und regt ihn zu weiteren Ausführungen an.

Bei diesem kleinen Test zum Entdecken spontaner Gesprächshaltungen ging es nur um Gesprächsanfänge. Vielleicht entsteht der Eindruck, ich favorisiere als Gesprächsreaktion ausschließlich „Verständnis". Dies trifft lediglich für den Gesprächsanfang zu. **Jede dieser Reaktionsmöglichkeiten hat ihren Stellenwert zu ihrer Zeit.** Mit anderen Worten, in der professionellen Gesprächsführung können Sie sehr wohl Ratschläge erteilen, aber erst, wenn Ihr Gesprächspartner zu verstehen gibt, dafür offen zu sein, bzw. Sie sogar direkt darum bittet. Auch Fragen können das Mittel der Wahl sein, ganz besonders bei der Analyse von Sachverhalten. Soweit Fragen Ihrem Gesprächspartner nachvollziehbar sind, wird ihm die darin enthaltene Gesprächslenkung sogar hilfreich erscheinen. Kommt ein Gesprächspartner verzweifelt oder niedergeschlagen zu Ihnen, sind ermutigende und aufbauende Reaktionen nicht nur angebracht, sondern erforderlich. Manchmal drücken sich Gesprächspartner so verwirrend aus, daß nur mit viel Interpretationsgeschick der Sinn zu erfassen ist. In etlichen Gesprächen erwarten die Partner eine Wertung, erwarten Zustimmung bzw. Ablehnung. Wichtig ist auch hier der angemessene Zeitpunkt. Lädt der Gesprächspartner zur Wertung ein oder wird die persönliche Meinung dem anderen mehr oder weniger aufgedrängt?

Eine Möglichkeit, sich die verschiedenen Gesprächstendenzen bewußt zu machen, besteht darin, die eigene Wahrnehmung zu schärfen. Der Gesprächsausschnitt neun wurde bereits ausführlich besprochen. Ich schlage Ihnen vor, daß Sie sich die anderen neun Fälle noch einmal vornehmen und die sechs jeweiligen Gesprächsreaktionen so klassifizieren, daß Sie die Benennung jeweils neben jede Erwiderung notieren, ehe Sie diese mit der Auflösung vergleichen. Vielleicht entdecken Sie auf diesem Wege, daß Sie nun, am Kapitelende, beim zweiten Durcharbeiten ganz anders ankreuzen würden als beim erstenmal. So können Sie zunächst noch einmal an diesen Textbeispielen üben, um in einem weiteren Schritt anhand tatsächlicher Gesprächsreaktionen (Ihrer eigenen sowie die Ihrer Mitmenschen) zu erkennen, um welche Art der Erwiderung es sich jeweils handelt. Es ist allemal besser zu wissen, was man gerade tut, als unreflektiert drauflos zu reden.

# 5. Wertschätzung und Lenkung

Im 2. Kapitel über das Zuhören wurde deutlich, daß Sie Ihren Mitmenschen kaum ein größeres Kompliment machen können, als ihnen intensiv und aufmerksam zuzuhören. Es wurde dargestellt, daß Zuhören ein komplexer Vorgang ist. Außer dem einfachen Hinhören, dem Aufnehmen des Gesagten, kommt die Deutung des Gehörten hinzu, d. h. Sie fragen sich, was mit einer Äußerung wohl gemeint ist, und schließlich bewerten Sie die Äußerung und reagieren entsprechend. Mit anderen Worten: Wir reagieren gar nicht auf das, was wir hören, sondern auf unsere Interpretation bzw. die darauf folgende Bewertung des Gesagten.

Ganz gleich wie Ihre Erwiderung ausfällt, sie läßt sich auf einer Skala mit folgenden Eckpunkten einordnen:

Wertschätzung ←——————————→ Geringschätzung

Ob Sie sich dessen bewußt sind oder nicht, in jeder Ihrer Äußerungen schwingt auch mit, **wie** Sie zum Gesprächspartner stehen. Der Grad an Achtung, Anerkennung oder Respekt bzw. umgekehrt an Miß- bzw. Verachtung oder Geringschätzung kommt nicht nur in Ihren Worten, sondern auch durch Ihren Tonfall, Ihre Gestik und Mimik zum Ausdruck.

Wie oft haben Sie schon in Gesprächen erlebt, daß Ihr Gegenüber bereits in Gedanken Stellung bezieht, während Sie noch reden. Der andere stimmt Ihnen spontan zu, nickt beispielsweise mit dem Kopf, lächelt oder zeigt auf andere Weise sein Einverständnis oder stimmt – aus welchen Gründen auch immer – ihren Argumenten nicht zu und zeigt dies mehr oder weniger deutlich durch Kopfschütteln, Stirnrunzeln oder andere Formen des Mißfallens. Dabei werden Sie wohl schon manches Mal erlebt haben, daß die Ablehnung Ihrer Ausführungen und die Ablehnung Ihrer Person nicht mehr voneinander zu trennen waren. Unmerklich wird aus der mangelnden Beachtung Ihrer Argumente eine mangelnde Beachtung Ihrer Person.

Wie kommt es, daß bei der Wert- bzw. Geringschätzung zwischen dem Gedanken und dem, der diesen Gedanken vorträgt, so wenig unterschieden wird? Dies hängt mit unserem Bedürfnis nach Verallgemeinerung zusammen. Denn durch **Verallgemeinern** reduzieren wir die Komplexität unserer Umwelt auf überschaubare Einheiten. Doch diese Komplexitätsreduktion hat auch eine Kehrseite: In der Regel machen wir uns nicht bewußt, daß hinter unserer Meinung eine subjektive Bewertung steckt. Folgende Ansichten lauten ja ausführlich:

„Für mich ist das gut." Statt: „Das ist gut."
„Auf so eine Idee wäre ich nie gekommen." Statt: „Das ist doch völlig abwegig."
„Ich stimme Ihnen vollkommen zu." Statt: „Das ist absolut richtig."
„Mir gefällt das überhaupt nicht." Statt: „Das ist doch Blödsinn."

Wenn nun etwas in unseren Augen „Blödsinn" ist, dann liegt es nahe, daß wir unsere eigene Position für zutreffend halten und uns entsprechend dafür stark machen, dies dem anderen auch klar zu machen. Mit anderen Worten: Bei gegensätzlichen Standpunkten geht die Aufwertung der eigenen Meinung mit der Abwertung der gegnerischen Position meist Hand in Hand. Dies liegt schon daran, daß wir in der Regel von der Richtigkeit unserer eigenen Bewertung überzeugt sind, andernfalls wir ja diese Meinung gar nicht vertreten würden. Dabei können Sie beobachten, daß Menschen umso vehementer die Position anderer angreifen, je wackeliger ihre eigenen Argumente sind. Manchmal entsteht der Eindruck, eine gegensätzliche Ansicht stelle geradezu einen Angriff auf die eigene Position, ja auf die eigene Integrität dar und muß darum entschieden bekämpft werden. Oder positiv formuliert: Je sicherer Sie sich Ihrer Sache sind, um so gelassener können Sie auf Äußerungen reagieren, die das krasse Gegenteil dessen behaupten, von dem Sie zutiefst überzeugt sind.

Diese Ausführungen sollen nun keineswegs dazu führen, in Zukunft gegensätzlichen Standpunkten aus dem Weg zu gehen oder diese unkommentiert im Raum stehen zu lassen. Wenn Ihnen etwas wichtig ist, Sie beispielsweise etwas verändern wollen, dann werden Sie, solange Sie **sich selbst ernst nehmen,** auch Ihren Einfluß geltend machen. Je nachdem wie wichtig Ihnen etwas ist, werden Sie Ihre Äußerung auf einer Skala mit folgenden Eckpunkten eintragen können:

Einräumen von Freiheit ←——————————————→ Lenkung

Je stärker Sie darauf hinwirken wollen, daß sich Ihr Gesprächspartner Ihrer Argumentation anschließt, um so mehr werden Sie zum Mittel der Lenkung greifen oder umgekehrt dem anderen die Freiheit einräumen, etwas anders zu sehen, weil es Ihnen in diesem Punkt unwichtig erscheint, eine Übereinstimmung herzustellen.

Wenn nun die beiden vorgestellten Verhaltensskalen miteinander kombiniert werden, ergibt sich folgendes Kreuz, in dem die vier Quadranten für vier deutlich zu unterscheidende Gesprächs- bzw. Führungsstile stehen.

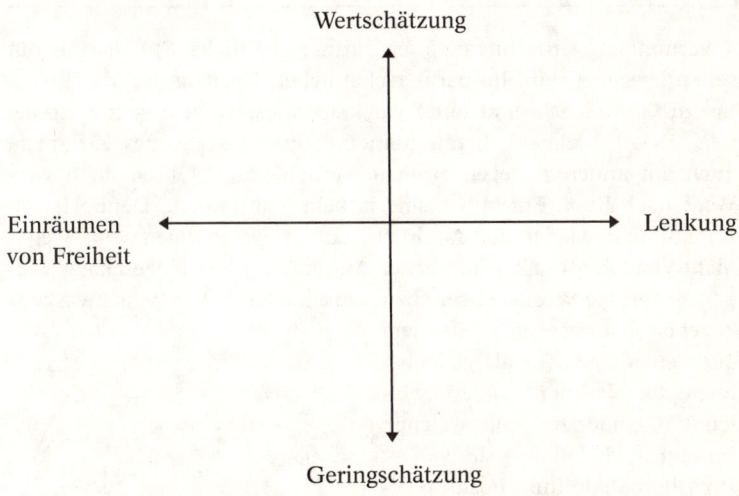

Wenn der lenkende Einfluß mit Geringschätzung kombiniert wird, ergibt sich der Ihnen sicherlich vertraute **autoritäre** Stil.

Wenn bei gleicher Geringschätzung jedoch die Freiheit des anderen unbeeinflußt bleibt, so führt dies zu einem Verhalten, das als Gleichgültigkeit oder **laisser faire** bezeichnet wird.

Das Gegenteil des autoritären Verhaltens ist der Verzicht auf Lenkung, also Einräumen von Freiheit bei gleichzeitiger Wertschätzung, dies führt in seiner reinsten Form zum **antiautoritären** Stil, einem Kunststil, den es im normalen Umgang kaum gibt, weil Menschen fast unausgesetzt einander beeinflussen wollen.

Bleibt schließlich die Kombination aus Lenkung und Wertschätzung, was auch als **partnerschaftlicher** Stil bezeichnet wird. Beim partnerschaftlichen Umgang wird dem Gegenüber grundsätzlich ein anderer Standpunkt zugestanden, ohne daß darunter die Wertschätzung leidet; gleichzeitig wird der eigene Standpunkt entschieden vertreten, denn bei aller Wertschätzung darf die Fremdachtung nicht soweit führen, daß die eigene Position aufgegeben wird. Auf einen Nenner gebracht:

> **Fremdachtung darf nicht auf Kosten der Selbstachtung gehen.**

Vermutlich wird Ihnen dieser partnerschaftliche Stil bislang nur selten begegnet sein. Im partnerschaftlichen Umgang darf das Ergebnis zu Gesprächsbeginn unter gar keinen Umständen schon feststehen. Es gilt vielmehr, herauszufinden, ob ein gegebenes Ziel nicht auch auf anderen Wegen erreicht werden kann, führen doch viele Wege nach Rom. Ergebnisse sind ja kein Selbstzweck. Dennoch entsteht immer wieder der Eindruck, daß Abweichungen vom Weg – nicht vom Ziel! – als gefährlicher Autoritätsverlust eingeschätzt werden. Wenn Sie bereits wissen, bzw. entschieden haben, wie etwas auszugehen hat, begegnen Sie dem anderen nicht mehr als gleichberechtigtem Partner, sondern wollen den anderen – mit welchen Mitteln auch immer – unbedingt zur Übernahme Ihrer Position bewegen.

Folgendes Beispiel soll die Gesprächsreaktionen verdeutlichen:

- In einem Betrieb mit 60 Mitarbeitern wurde vor vier Monaten ein Buchhalter eingestellt, der

sich bislang als ausgesprochen tüchtig und erfahren gezeigt hat.
Dem Inhaber ist bereits wiederholt aufgefallen, daß es dieser Mitarbeiter mit der morgendlichen Pünktlichkeit nicht so genau nimmt.
Zufällig begegnet er ihm knapp zwanzig Minuten nach dem vereinbarten Arbeitszeitbeginn auf dem Parkplatz. Der Mitarbeiter scheint
den kritischen Blick seines Chefs zu sehen, kommt direkt auf ihn zu
und sagt:

„Ich hoffe, es macht Ihnen nichts aus, wenn ich gelegentlich etwas später
komme."

Typisch autoritäre Erwiderungen könnten z. B. so lauten:

„Auch für Sie beginnt um 8.00 die Arbeitszeit!"
„Wenn ich Sie noch einmal zu spät kommen sehe, dann muß ich Sie abmahnen,
so leid es mir tut."
„Was erlauben Sie sich eigentlich, schon wieder zu spät zu kommen."

Aber auch ironische bzw. sarkastische Bemerkungen gehören zum
autoritären Stil:

„Es ist vielleicht Ihrer geschätzten Aufmerksamkeit entgangen, daß bei uns die
Arbeitszeit bereits um 8.00 beginnt."
„Wenn es Ihnen nichts ausmacht, in Zukunft wo anders zu arbeiten, habe ich
überhaupt nichts dagegen."
„Wenn es Ihnen Mühe bereitet, pünktlich Ihre Arbeit aufzunehmen, dann habe
ich wohl Ihre Leistungsfähigkeit überschätzt."

Bei gleicher Geringschätzung ohne lenkenden Einfluß fallen laisser
faire-Äußerungen beispielsweise so aus:

„Hier macht bald jeder, was er will."
„Wenn Sie meinen, daß Sie das brauchen."
„Wozu fragen Sie mich? Sie tun's ja so oder so."

Bei einer antiautoritären Antwort verzichtet der Vorgesetzte auf
Lenkung bei gleichzeitiger Wertschätzung des Buchhalters:

„Für mich ist das oberste Gebot, daß sich alle Mitarbeiter wohlfühlen. Wenn es
Ihnen wichtig ist, gelegentlich später zu kommen, so will ich das gern
akzeptieren, zumal ich sicher bin, daß Sie selbst am besten entscheiden
können, wie Sie sich Ihre Arbeit einteilen."

Bei der partnerschaftlichen Erwiderung wird der Position des Mitarbeiters durchaus Verständnis entgegengebracht, doch gleichzeitig der eigene Standpunkt unmißverständlich dagegengesetzt:

„Ich glaube gern, daß es für Sie geschickt sein mag, den Arbeitsbeginn individuell zu handhaben. Da Sie mich jedoch so direkt ansprechen, will ich Ihnen ganz offen sagen, daß mir daran gelegen ist, daß auch Sie um 8.00 mit Ihrer Arbeit beginnen."

Mit dieser Äußerung sind die Positionen abgesteckt, mehr nicht. Denn genau darin unterscheidet sich die letzte Äußerung von allen vorangegangenen: Der Buchhalter hat hier die Möglichkeit, für seinen Standpunkt weiterhin einzutreten. Zugegeben, das führt zwangsläufig zu einem längeren Gespräch, und genau an diesem Punkt bevorzugen viele Führungskräfte den autoritären Stil, denn dann ist das Thema vom Tisch und der Mitarbeiter pünktlich (oder er muß gehen). Denkbar wäre folgende Entgegnung seitens des Mitarbeiters:

„Das kann ich grad schwer nachvollziehen. Ihnen ist doch daran gelegen, daß ich alle meine Arbeiten korrekt und termingerecht erledige. Ob ich nun um acht oder erst um halb neun komme, spielt doch eigentlich keine Rolle, zumal ich ja oft genug noch abends nach sechs hier bin."

Plötzlich erscheint die Unpünktlichkeit des Mitarbeiters in einem ganz neuen Licht. Dies muß keineswegs sofort zu einem Zeit-Zugeständnis führen, der Vorgesetzte könnte antworten:

„An Ihrer Arbeitsleistung habe ich überhaupt keinen Zweifel, ganz im Gegenteil. Ich tue mich lediglich schwer, eine Ausnahme zu machen. Ich befürchte, Ihre Kollegen nehmen sich an Ihnen ein Beispiel bzw. berufen sich womöglich darauf, daß ich bei Ihnen tatenlos zusehe, wie Sie zwanzig Minuten später kommen."

Durch diese Äußerung wird dem Mitarbeiter deutlich, daß die Pünktlichkeit nicht um ihrer selbst Willen gefordert wird, sondern mit konkreten betrieblichen Erfordernissen und entsprechenden Befürchtungen in Verbindung steht. So könnte er erwidern:

„Okay, das kann ich verstehen. Wenn sich Kollegen darauf berufen, daß ich morgens später kommen kann, dann lege ich allerdings Wert darauf, daß sich dieselben Kollegen auch an meiner abendlichen Mehrarbeit ein Beispiel nehmen. Was halten Sie davon, wenn ich selbst einmal mit den Kollegen diesen Punkt bespreche? Ich kann mir nämlich kaum vorstellen, daß da einer bereit ist, abends so lange zu arbeiten und deswegen alle lieber morgens pünktlich sind und ebenso pünktlich Feierabend machen können."

Es ist nicht auszuschließen, daß dieser Buchhalter weiterhin morgens später zur Arbeit kommt, ohne daß die Arbeit darunter leidet oder sich daraus andere Probleme ergeben.

Auch wenn in diesem Beispiel der partnerschaftliche Stil zu einer Einigung führen kann, die zugunsten des Buchhalters ausfallen dürfte, so wäre bei etwas geänderter Argumentation auch eine andere Konsequenz denkbar. So könnte der Vorgesetzte einen der obigen Sätze wie folgt fortführen:

„An Ihrer Arbeitsleistung habe ich überhaupt keinen Zweifel, ganz im Gegenteil. Wenn ich mich schwertue, bei Ihnen eine Ausnahme zu machen, dann hat das mit Ihrer Rolle als Buchhalter zu tun und damit, daß Sie Vorgesetzter von zwei Sachbearbeitern sind. Ich kann mir gut vorstellen, daß Sie die Arbeitszeiten intern geregelt kriegen. Gleichzeitig strahlt jedoch Ihre Vorbildfunktion auch auf andere Abteilungen aus, und da ist mir sehr daran gelegen, daß alle unsere Führungskräfte mit gutem Beispiel vorangehen. Darüberhinaus wissen Sie, daß wir hier in aller Frühe schon viel Publikumsverkehr haben und ich befürchte, daß Rückschlüsse von Ihrem späten Erscheinen auf die korrekte Abwicklung unserer Vorgänge gezogen werden. Im schlimmsten Fall denkt sich jemand: ‚Wenn der Buchhalter schon kommen kann, wann er will, wie sieht's wohl dann mit dem Rest der Mannschaft aus.' Wie sehr gerade unser Betrieb von einem guten Image abhängig ist, wissen Sie ja."

Zunächst erscheint der partnerschaftliche Stil ungewöhnlich aufwendig. Es ist jedoch höchst wahrscheinlich, daß der Buchhalter fortan pünktlich erscheint, ohne daß er deswegen grollt. Im Gegenteil, der Mitarbeiter kann die Argumente seines Chefs nachvollziehen und darum freiwillig sein Verhalten ändern, was beim autoritären Stil mit Sicherheit nicht der Fall sein wird. Dort bestünde die Gefahr, daß der Buchhalter zwar fortan pünktlich erscheint, seinen Unmut aber an anderer Stelle äußert, beispielsweise pünktlich Feierabend macht, auch wenn wichtige Vorgänge noch nicht erledigt sind.

Ich will die Vorteile des partnerschaftlichen Stils gerade im Umgang mit Mitarbeitern so zusammenfassen:

- **Mit partnerschaftlichem Verhalten wecken Sie Interesse und erzeugen Engagement,**
- **zeigen auf, daß Ziele erstrebenswert sind,**
- **wecken Gefühle von Hoffnung auf Erfolg,**
- **erschließen Fähigkeiten für eine Sache und**
- **tragen dazu bei, daß sich der andere mit einem übergeordneten Ziel identifiziert.**
- **Mit Ihrem partnerschaftlichem Umgang reduzieren Sie die täglichen Reibungsverluste.**

Bei dem folgenden Fall können Sie zunächst selbst einmal vier verschiedene Reaktionen ausformulieren, ehe Sie Ihre Antworten mit meinen Vorschlägen vergleichen.

- Sie sind Gruppenleiter von insgesamt 5 Sachbearbeitern. Es gibt eine Dienstvorschrift, aus der hervorgeht, daß Urlaub nur gewährt werden soll, wenn noch mindestens drei Mitarbeiter der Gruppe für die Abwicklung der anstehenden Aufgaben zur Verfügung stehen. Frau Klein, eine junge Sachbearbeiterin, die erst vor acht Wochen aus einer anderen Abteilung zu Ihnen kam, bittet Sie um ein Gespräch, in dem sie folgendermaßen um Urlaub nachsucht:

„Ich möchte gern in drei Wochen in Urlaub gehen und zwar für 14 Tage. Nun habe ich festgestellt, daß die übrigen Kollegen schon alle ihren Urlaub angegeben haben und für mich gar keine Möglichkeit mehr besteht, vor November meinen Urlaub zu nehmen. Können Sie nicht eine Ausnahme machen? Das ist mir ganz wichtig, weil ich nämlich eine tolle Gelegenheit habe, kurzfristig mit nach Kenia zu fliegen."

Wie lautet Ihre Antwort, wenn Sie autoritär antworten?

Welche Erwiderung fällt Ihnen bei einem laisser-faire Verhalten ein?

Wie formulieren Sie eine Antwort unter Verzicht auf Lenkung bei gleichzeitiger Wertschätzung?

Durch welche Äußerung könnten Sie ein partnerschaftliches Vorgehen zeigen?

Meine Formulierungen sollen lediglich eine Orientierung darstellen und erheben keinen Anspruch auf alleinige Gültigkeit.

Der Wunsch nach Lenkung läßt sich je nach Ausmaß an Geringschätzung von subtil bis stockautoritär gestalten:

„Meine liebe Frau Klein, ich würde Ihnen ja gern Urlaub gewähren, aber Sie wissen ja, die Vorschriften lassen das nun einmal nicht zu. Machen Sie sich nichts draus, beim nächsten Mal werden Sie hoffentlich etwas mehr Glück haben." Oder:

„Wie stellen Sie sich das eigentlich vor? Die Kollegen haben doch auch schon ihren Urlaub geplant. Da kann ich jetzt nicht einfach etwas ändern, bloß weil Sie jetzt kommen. Also so geht das ja nun nicht!" Oder: „Ich glaub' ich hör' nicht richtig. Soll ich mir vielleicht Ihretwegen von der Geschäftsleitung einen Rüffel holen? Stellen Sie sich mal vor, hier wollte jeder eine Ausnahme haben, dann könnten wir den Laden bald zumachen."

Auch wenn ich Ihnen jetzt etwas unterstelle: Eine autoritäre Antwort wird Ihnen vermutlich nicht schwergefallen sein. Auch bei der Verbindung von Geringschätzung mit Einräumen von Freiheit gibt es kaum ein Zögern:

„Sie wollen also 14 Tage nach Kenia, naja. Wenn Sie glauben, daß Sie sich damit in unserer Gruppe beliebt machen, meinetwegen." Oder:
„Mir bleibt ja doch nichts anderes übrig. Zur Not machen Sie mir 14 Tage krank und gehen dann noch in Urlaub." Oder:
„In welche Situation Sie mich bringen, sehen Sie wohl gar nicht. Naja, ist ja auch egal, Hauptsache Sie haben Ihren Spaß."

Wird bei Wertschätzung auf die Lenkung verzichtet, könnte eine mögliche Reaktion so ausfallen:

„14 Tage Kenia ist sicherlich eine einmalige Gelegenheit, und ich kann gut verstehen, daß Sie sich diese Chance nicht entgehen lassen wollen. In solchen Situationen werde ich wohl eine Ausnahme von der Vorschrift machen müssen."

In der klassischen Situation eines Gruppenleiters wird die letzte Antwort ziemlich unrealistisch sein, weil er womöglich von seinem Vorgesetzten zur Rede gestellt wird, wenn es in dieser Gruppe Schwierigkeiten mit der Arbeitsbewältigung geben wird. Darum wird der Gruppenleiter schon im eigenen Interesse auf seinen Lenkungsanspruch kaum verzichten. Wird dieser jedoch mit Wertschätzung verbunden, könnte er beispielsweise folgendes entgegnen:

„Ich kann gut nachvollziehen, daß Ihnen im Moment daran gelegen ist, Ihre Urlaubschance zu verwirklichen. Mir ist wichtig, daß die laufenden Vorgänge ohne Verzögerung abgewickelt werden können. Wenn Sie nun Ende des Monats in Urlaub gehen, sind meines Wissens nur noch zwei Mitarbeiter anwesend. Da muß zwangsläufig Arbeit liegen bleiben. Gleichzeitig sehe ich ein, daß Ihnen aus dem Wechsel in unsere Gruppe keine Nachteile erwachsen sollen. Sehen Sie Möglichkeiten, mit den Kollegen über Urlaubsverschiebungen zu sprechen? Ich erkläre mich gern bereit, selbst einmal nachzufragen."

Bei dieser partnerschaftlichen Antwort ist noch alles offen. Es ist denkbar, daß die Kollegen einer Verschiebung zustimmen oder eine Vereinbarung treffen, die sicherstellt, daß in der fraglichen Zeit keine anstehenden Aufgaben unerledigt liegen bleiben. Aber auch wenn sich herausstellt, daß die drei in Frage kommenden Kollegen unveränderbar ihren jeweiligen Urlaub gebucht haben, sichert die partnerschaftliche Antwort eine Basis für die zukünftige Zusammenarbeit. Es ist kaum anzunehmen, daß die Mitarbeiterin ihrem Gruppenleiter Vorwürfe machen wird, wenn der Kenia-Urlaub doch nicht klappt, hat er doch für ihre Position das erforderliche Verständnis gezeigt und sich bemüht, eine für alle Beteiligten vertretbare Lösung zu finden.

Dieser partnerschaftliche Gesprächsstil läßt sich nicht nur im Arbeitsleben verwirklichen, auch und gerade in Partnerschaft und Familie ist die Verbindung von Lenkung und Wertschätzung eine Möglichkeit, Konflikte für alle Beteiligten akzeptabel zu lösen.

Bei dem folgenden Fall aus dem Familienalltag können Sie zunächst wieder selbst mögliche Erwiderungen zu Papier bringen, ehe Sie diese mit meinen Vorschlägen vergleichen.

- Sie sind Mutter oder Vater von drei Kindern im Alter von 15, 12 und 10 Jahren. Für die Sommerferien haben Sie einen dreiwöchigen Familienurlaub geplant. Eines Sonntagabends eröffnet Ihnen Ihre älteste Tochter:

„In den Ferien möchte ich gern mit Dagmar vier Wochen zelten gehen. Ihre Eltern haben's schon erlaubt. Darf ich auch?"

Wenn Sie sich für eine autoritäre Antwort entscheiden, sagen Sie:

Ihr mögliches laisser-faire Verhalten klingt womöglich so:

Bei einer anti-autoritären Antwort finden Sie folgende Erwiderung:

Ihr partnerschaftliches Verhalten kommt durch folgende Reaktion zum Ausdruck:

Als autoritärer Vater käme mir spontan folgende Antwort in den Sinn:

„Du weißt, wie gern wir Dich in den Ferien dabei haben. Außerdem sehe ich Dich sonst so selten, daß Du mir zuliebe hoffentlich mit uns an die See kommst." (= subtil autoritär) Oder:

„Ich kann mir kaum vorstellen, daß Dagmars Eltern das erlaubt haben sollen. Und wenn schon, außerdem halte ich einen Zelturlaub für ein 15-jähriges Mädchen nicht gerade für eine passende Urlaubsform." Oder:
„Bei Dir piept's ja wohl. Vier Wochen Zelten, ich hör ja wohl nicht richtig. Du weißt genau, daß wir drei Wochen an die See fahren, was soll also der Blödsinn."

Als autoritärer Vater werde ich jedoch mit meiner pubertierenden Tochter schon mehrfach aneinandergeraten sein, so könnte ich mir gut vorstellen, vom autoritären Verhalten in den laisser-faire Stil umzukippen, etwa in Form von:

„Familie gibt's für Dich ja schon lange nicht mehr." Oder:
„Mir soll's egal sein, bei Dir ist eh Hopfen und Malz verloren." Oder:
„Solange Du nicht erwartest, daß wir Dir Deinen Spleen finanzieren, kannst Du tun, was Du willst."

Eine anti-autoritäre Erwiderung fällt mir schwer, weil mir der Wunsch der Tochter gegen den Strich geht und ein Einräumen von Freiheit mit der Aufgabe des eigenen Standpunktes einhergeht.

„Wenn Du lieber mit Dagmar zelten gehen willst, dann kann ich das verstehen. Wahrscheinlich sind wir Dir allmählich zu langweilig, und Deine kleinen Geschwister erlebst Du wohl eher als Bürde denn als Gefährten."

Bei dieser Erwiderung wird die Tochter wohl zunächst frohlocken, dennoch bleibt ein schales Gefühl zurück, wenn Grenzen nicht ausgeweitet werden müssen, da jeder Wunsch sofort akzeptiert wird. Erst die partnerschaftliche Erwiderung erlaubt der Tochter für ihre Interessen zu kämpfen und sich mit den widerstreitenden Standpunkten auseinanderzusetzen.

„Ich bin überzeugt, daß Dich das unheimlich reizt, in den Ferien zelten zu gehen. Mir ist wichtig, daß ich wenigstens einen Teil meines Urlaubs auch mit Dir verbringe, und außerdem kriege ich zunächst mal einen Schreck, wenn ich höre, daß Du mit Dagmar allein zelten gehen willst."

Nach dieser Gesprächseröffnung sind die Positionen abgesteckt und die Tochter kann verschiedene Lösungsmöglichkeiten mit erarbeiten. Denkbar wäre ein Zeltabenteuer von Tochter und Freundin in der Nähe des Familienurlaubsortes oder ein gemeinsamer Familienurlaub (mit oder ohne Freundin Dagmar) und anschließendes Zelten, bei dem die Sorgen der Eltern in überschaubaren Grenzen gehalten werden oder anderes mehr. Selbst der Verzicht auf den Zelturlaub ist nicht ausgeschlossen, da die Tochter umso eher ihren Wunsch modifizieren oder gar aufgeben kann, wenn sie sicher ist, daß sie verstanden und akzeptiert wird.

Hier liegt geradezu eine Paradoxie des partnerschaftlichen Gesprächsverhaltens:

> **Bevor Sie nicht den Standpunkt Ihres Gesprächspartners akzeptieren, wird dieser eher zum Beharren und Verteidigen neigen, als sich mit Ihrer Position auseinandersetzen. Zeigen Sie jedoch Wertschätzung für den anderen, schaffen Sie eine Grundlage für eine zweckrationale Betrachtung des Konflikts, bei der Ihr Gesprächspartner freiwillig auf seinen Standpunkt verzichten bzw. diesen verändern kann.**

Sie haben an Ihren eigenen und den hier abgedruckten Äußerungen gemerkt, daß Wertschätzung verschieden abgestuft sein kann.

Am schwersten zu verwirklichen ist die **bedingungslose Wertschätzung.** Unabhängig vom jeweiligen Standpunkt des Gesprächspartners wird diesem offen gezeigt, daß er ein Recht auf seine Position hat und daß er genauso legitim für deren Verwirklichung kämpft, wie wir uns für unseren Standpunkt einsetzen. Unsere Zuwendung und Akzeptanz ist also an keine bestimmte Gegenleistung gebunden. Im intimen Zusammenleben nennen wir diesen Zustand bedingungsfreier Wertschätzung Liebe. Die wohl dafür bekannteste Definition findet sich im 1. Korintherbrief des *Apostels Paulus* (Kapitel 13, Vers 4–7):

„Die Liebe ist langmütig und freundlich, die Liebe eifert nicht, die Liebe treibt nicht Mutwillen, sie blähet sich nicht, sie stellet sich nicht ungebärdig, sie suchet nicht das Ihre, sie läßt sich nicht erbittern, sie rechnet das Böse nicht zu, sie freuet sich nicht der Ungerechtigkeit, sie freuet sich aber der Wahrheit; sie verträgt alles, sie glaubet alles, sie hoffet alles, sie duldet alles."

Viel leichter läßt sich die **bedingte Wertschätzung** verwirklichen. Hier bekommt unser Gegenüber unsere volle Akzeptanz und Zuwendung, soweit er sich in Übereinstimmung mit unseren Vorstellungen und Zielen befindet. Viele Erziehungsprozesse laufen nach diesem Schema ab: „Weil Du brav bist, bekommst Du ..." Im Führungsalltag lautet die analoge Formulierung dann: „Weil Sie sich so außerordentlich eingesetzt haben, möchte ich Ihnen ..."

Aufgewachsen in einem geradezu konstanten Klima bedingter Wertschätzung wird aus dem kindlichen: „Wenn ich brav (gehorsam/fleißig/schulisch-gut) bin, dann haben mich meine Eltern lieb" das erwachsene Leistungsstreben im Sinne von: „Wenn ich mich gemäß den Erwartungen meines Vorgesetzten verhalte, bekomme ich am ehesten Anerkennung." Es geht mitnichten darum, die an Leistung gekoppelte Wertschätzung abzuschaffen, nur müssen wir uns klar machen, daß eine derartige Gesprächs-**Führung** leicht unreflektierte Anpassung bzw. Trotz mit sich bringt, was ja nicht in allen Situationen wünschenswert ist.

Noch häufiger stoßen wir auf die **bedingte Geringschätzung**. Hier lassen wir unseren Gesprächspartner spüren, daß wir ihn aufgrund seines „Fehlverhaltens" momentan ablehnen. Tadel und Kritik sind nur zu oft mit Geringschätzung gekoppelt, z. B. in der Formulierung von: „Weil Du in der Klassenarbeit eine fünf hast, darfst Du nicht ..." bzw. im Arbeitsalltag: „Aufgrund Ihres Versäumnisses, muß ich Sie ..." Im einem derartigen Klima lernen Menschen, daß sie am ehesten durch Fehlervermeidung der schmerzlichen Geringschätzung entgehen können. Leider führt die Unterlassung von Fehlverhalten noch lange nicht zu wünschenswerten Leistungen. Eine weitere Gefahr besteht im Vertuschen, denn nur der entdeckte Fehler führt zur bekannten Geringschätzung mit all ihren unangenehmen Begleitumständen.

Schließlich sei noch die **bedingungslose Geringschätzung** erwähnt. Unabhängig von seiner tatsächlichen Leistung wird dem Gegenüber gezeigt, daß kein Anspruch auf einen eigenen Standpunkt besteht. Der andere kann machen, was er will, er ist ein „Versager" und zählt nicht. In dieser Formulierung mag der Eindruck entstehen, daß es sich um ein eher außergewöhnliches Verhalten handelt. Weit gefehlt! Wie sagte doch der Vater zu seiner Tochter?

„Bei Dir piept's ja wohl. Vier Wochen Zelten, ich hör ja wohl nicht richtig. Du weißt genau, daß wir drei Wochen an die See fahren, was soll also der Blödsinn."

Oder der autoritäre Gruppenleiter zu Frau Klein:

„Ich glaub' ich hör' nicht richtig. Soll ich mir vielleicht Ihretwegen von der Geschäftsleitung einen Rüffel holen? Stellen Sie sich mal vor, hier wollte jeder eine Ausnahme haben, dann könnten wir den Laden bald zumachen."

Am Ende dieses Kapitels schlage ich Ihnen vor, Ihre Übungsäußerungen aus dem Gespräch mit Frau Klein bzw. der Tochter selbstkritisch dahingehend zu analysieren, wieweit es sich um bedingte oder bedingungslose Wert- bzw. Geringschätzung gehandelt hat.

## 6. Widerstand beim Gesprächspartner

Auf kaum etwas reagieren Menschen so empfindlich wie auf die Einschränkung ihrer Freiheit, wenn man von der Befriedigung der Grundbedürfnisse (Essen, Trinken, Schlafen, etc.) absieht.

Wer wahrnimmt, daß sein **Verhaltensspielraum gegen seinen Willen eingeengt wird, äußert Widerstand;** ja, dieser Widerstand, der auch als Reaktanz bezeichnet wird, kann bereits im Vorfeld einer vermuteten Freiheitseinschränkung geäußert werden, sozusagen als vorweggenommene Antwort auf eine mögliche Beschränkung im Sinne des: „Wehret den Anfängen!"

Dieser Widerstand, der dazu dient, die **verlorene** (bzw. verloren geglaubte) **Freiheit wiederherzustellen,** äußert sich in vier Formen:

### Trotz

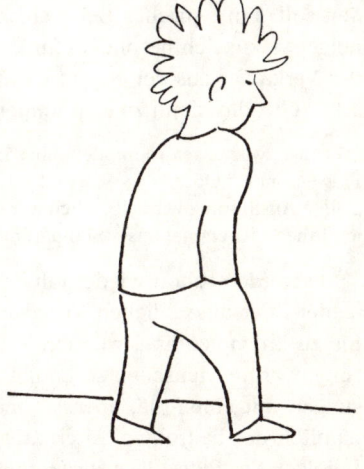

Die bedrohte oder eingeschränkte Freiheit wird dadurch wiederhergestellt, daß genau das getan wird, was nicht getan werden soll oder darf, nach dem Motto: „Nun erst recht!" Obwohl das Wort Trotz am häufigsten im Zusammenhang mit kleinen Kindern verwendet wird (es gibt ja eine ganze Entwicklungsphase, die als Trotzalter bezeichnet wird), äußert sich dieser Trotz auch bei Erwachsenen, nur daß diese ihn gern als „kritisches Bewußtsein" bezeichnen, während alten Menschen schließlich der „Altersstarrsinn" nachgesagt wird. Wie auch immer die Bezeichnung sein mag, es handelt sich um ein bewußtes Übertreten von vorgegebenen Grenzen bzw. ein Beharren auf einem Standpunkt als Zeichen von Widerstand gegen die Einschränkung der individuellen Freiheit. Im trotzigen Reaktanzverhalten lautet die Botschaft stets: „Mit mir nicht!"

Wenn Sie sich gerade überlegen, wie Sie es mit der Geschwindigkeitsbeschränkung halten:

Fahren Sie Tempo 30, wenn es entsprechend ausgeschildert ist?

Halten Sie sich auch auf leeren Straßen innerorts an Tempo 50?

Und fahren Sie auf der Autobahn tatsächlich nur 100, wenn entsprechende Schilder aufgestellt sind?

Dies sind Beispiele für typisches Trotzverhalten auf die Einschränkung unserer Autofahrer-Freiheit. Sie erinnern sich an den *ADAC*-Slogan: „Freien Bürgern – freie Fahrt!" Seine allgemeine Zustimmung verdankt dieser Slogan dem Umstand, daß er **jedem** die Freiheit zubilligt, das Tempo selbst zu wählen.

**Zuwendung zur verwehrten Alternative**

Wird die Entscheidungsfreiheit dadurch eingeschränkt, daß eine Alternative entfällt, z. B. durch Verbot, durch Ausreden oder Aufzwingen, gewinnt gerade die Alternative an Attraktivität, die verwehrt werden soll. Ein typisches Beispiel finden Sie im Verkauf: Viele Kunden neigen dazu, sich besonders für das Produkt zu interessieren, welches der Verkäufer aus der engeren Wahl ausgesondert hat. Bewußt eingesetzt führt dies dann zu so plumpen Verkaufstricks wie:

„Dies ist zwar unser Topmodell, aber ich denke, daß das für Sie wohl nicht in Frage kommt." Oder:
„Diese Ausführung wird eigentlich nur von sportlichen Menschen verlangt. Darf ich Ihnen hier einmal unser Standardmodell zeigen?"

Sie werden schon wiederholt erlebt haben, daß Alternativen, ungeachtet ihrer tatsächlichen Vorzüge, äußerst unattraktiv werden, wenn Sie zu ihnen gedrängt werden. Vielleicht liegt hierin auch eine Erklärung, warum Menschen so häufig auf ungebetene Ratschläge und Lösungen mit einen „Ja, aber ..." reagieren; dieses „Aber" widmet sich nämlich der bedrohten Alternative, jener Möglichkeit, die durch ein Befolgen des Ratschlags ausgeschlossen wäre.

Zu diesem Reaktanzverhalten berichtete mir eine Seminarteilnehmerin, daß ihr vergangener Sommerurlaub völlig daneben ging, weil ihr Mann drei Wochen lang an allem rumnörgelte. Ihr leuchtete mittlerweile ein, daß sie den Widerstand ihres Mannes geradezu provoziert hatte. In dessen Abwesenheit hatte sie nämlich die lange hinausgezögerte Entscheidung „Fahren wir dieses Jahr in die Berge oder an die See?" mit ihren beiden Kindern gefällt und ihn vor vollendete

Tatsachen gestellt. Obwohl er sich im Vorjahr als begeisterter Badeurlauber erwies, wurde nun über die ewige Sonne, die Hitze, die viel zu warme Nordsee, das Essen, die Unterkunft, das Unterhaltungsangebot und die Sportmöglichkeiten geklagt, stets mit dem Hinweis, daß es in den Bergen viel abwechslungsreicher, klimatisch gesünder, eben viel, viel besser sei.

### Indirekte Freiheitswiederherstellung

Hier wird rein äußerlich auf die Einschränkung des Verhaltensspielraums folgsam, gewissermaßen angepaßt reagiert, gleichzeitig wird jedoch die eigene Freiheit demonstriert, aber heimlich. Beispielsweise, wenn Kinder mit der Taschenlampe unter der Bettdecke lesen, obwohl ihre Eltern das Licht zum Schlafen ausgeknipst hatten. Rein äußerlich sehen und hören die Eltern nichts mehr, aber tatsächlich heißt die Botschaft dieses typischen Kinderverhaltens: „Ihr hättet auch gleich das Licht anlassen können, ich lese so oder so."

Eine ähnliche indirekte Freiheitswiederherstellung finden Sie auch in manchem einengenden Verkaufsgespräch, wenn der Kunde sich nach der ausführlichen „Beratung" plötzlich bedankt und das Gespräch dadurch beendet, daß er erklärt, sich nun in Ruhe einmal alles durch den Kopf gehen zu lassen oder den Vertreter kurz vor Vertragsabschluß bittet, ihm doch die ausgefüllten Unterlagen da zu lassen, er werde sie ihm anderntags zuschicken (was so gut wie nie passiert).

Hierzu berichtete mir ein Seminarteilnehmer, daß es ihm immer wieder schwerfalle, ein Geschäft zu verlassen, ohne etwas zu kaufen, wenn er dort aufwendig bedient wurde. Die vermutete Freiheitseinschränkung, nämlich kaufen zu müssen, umgeht er, indem er sich beispielsweise im Schuhgeschäft zwei Paar zurücklegen läßt und das Geschäft unter einem Vorwand verläßt, z. B. im Moment nicht genügend Geld dabei zu haben, oder mit seiner Frau darüber noch einmal sprechen zu wollen, tatsächlich aber nicht wieder hingeht. Er räumte allerdings ein, daß diese Strategie einen Schönheitsfehler für ihn habe, denn aus Furcht davor, wiedererkannt zu werden, betritt er diese Geschäfte nicht wieder.

## Offene Aggression

Schließlich kann sich der Widerstand auch in offener Aggression äußern. Wer die Freiheit eines anderen bedroht oder gar real einschränkt, muß mit Angriffen rechnen. Derartige Aggressionen müssen sich nicht in Handgreiflichkeiten äußern, auch sprachliche Wendungen eignen sich vorzüglich dazu. Wer dem anderen die Kompetenz abspricht, demonstriert deutlich, sich in seiner Handlungsfreiheit nicht einschränken lassen zu wollen. Ob der Satz nun heißt: „Sie haben doch keine Ahnung" oder „Das ist doch lächerlich, was Sie da sagen", stets wird dem anderen gezeigt, daß er keine Chance hat, sich mit seinem Vorgehen, das in irgendeiner Form als Freiheitseinschränkung wahrgenommen wird, durchzusetzen.

Vor einiger Zeit wurde ich in einem Seminar selbst zum Ziel einer derartigen Attacke. Wie aus heiterem Himmel fiel mir ein Teilnehmer ins Wort und fragte mit äußerst giftigem Ton: „Sagen Sie mal, Herr Weisbach, wozu soll das nun eigentlich gut sein, was Sie hier die ganze Zeit von sich geben?" Nachträglich wurde mir klar, daß dieses Verhalten ganz und gar nicht aus heiterem Himmel kam, sondern eine konkrete Vorgeschichte hatte. Der gleiche Teilnehmer war nämlich morgens zwanzig Minuten zu spät erschienen, und ich hatte ihm keine Gelegenheit gelassen, etwas zu sagen; stattdessen schaute ich auf die Uhr, schüttelte mißbilligend den Kopf und setzte meine Ausführungen fort.

Im Frühjahr 1988 wurde in der damaligen Bundesrepublik eine Volkszählung durchgeführt, an die Sie sich vielleicht noch gut erinnern können. Ein großer Teil der Bevölkerung hat eine derartige Befragung nicht als Einschränkung der individuellen Freiheit erlebt und den Bogen ordnungsgemäß ausgefüllt und abgegeben. Der andere Teil der Bevölkerung erlebte aber eine gegen den eigenen Willen gerichtete Freiheitseinschränkung und reagierte mit Widerstand gemäß einer der vier gerade besprochenen Reaktionsmöglichkeiten. Manch einer wurde erst stutzig, nachdem staatlicherseits ein enormer Aufwand betrieben wurde und mit den unterschiedlichsten Mitteln plötzlich für etwas geworben wurde, was doch selbstverständlich sein sollte. Sie mögen sich gerade fragen, wie Sie reagieren, wenn Sie nächste Woche überall auf Werbehinweise des Finanzministeriums stoßen mit dem Slogan:

„Zahlen auch Sie Steuern!" oder „Steuern sind wichtig, beteiligen auch Sie sich daran!"

Bei der Volkszählung ließen sich alle vier Formen der individuellen Freiheitswiederherstellung beobachten. Es gab das klassische **Trotz**verhalten; hierbei wurde die Freiheit durch Nicht-ausfüllen des Fragebogens demonstriert. Die ganz Zähen zeigen noch heute stolz ihren nicht abgegebenen Fragebogen vor, den sie trotz Androhung eines Bußgeldes in Höhe von 10.000 Mark auszufüllen verweigert haben.

Die **Zuwendung zur verwehrten Alternative** wurde von all denen betrieben, die sich mit Akribie dem zuwandten, was verhindert werden sollte. So wurde ausdrücklich darauf hingewiesen, den Bogen nicht zu falten, was prompt geschah, es wurde schnell bleichende Tinte, statt des gewünschten Bleistifts genommen, der Haushaltsmantelbogen wurde getrennt vom Fragebogen abgegeben oder dem Hinweis entgegen wurde die Kennummer abgetrennt oder gar das Format verändert und anderes mehr.

Wie groß der Prozentsatz jener war, die mit **indirekter Freiheitswiederherstellung** reagierten, läßt sich nicht ermitteln, aber lange Zeit konnte man in Kneipengesprächen hören, daß die Fragen zwar beantwortet wurden, aber eben nicht wahrheitsgetreu. Da wurde als Heizungsart beispielsweise „indirekte Solarheizung" angegeben, was wohl eine Umschreibung für Fenster darstellt oder bei der Anzahl der Mitbewohner wurden die Haustiere mitgezählt oder die Wohnungsgröße wurde verkleinert und anderes mehr.

**Offene Aggression,** als letzte Reaktionsmöglichkeit auf die eingeschränkte Freiheit, wurde in manchen Städten tatsächlich handgreiflich an den Tag gelegt. So wurden Volkszähler auf offener Straße verprügelt oder Unterlagen gestohlen, und in Stuttgart soll eine ganzes Volkszählungsbüro in Flammen aufgegangen sein.

> Wer also annimmt, daß die eigene Wahlfreiheit zur Diskussion steht, und zugleich selbständig entscheiden kann und will, der reagiert auf vermutete oder tatsächliche Freiheitseinschränkung mit Widerstand, d. h. Reaktanz. Dieser äußert sich in Form von Trotz, Zuwendung zur verwehrten Alternative, durch indirekte Freiheitswiederherstellung oder durch offene Aggression.

Wenn Sie in Ihrer Gesprächsführung die Gefahr der Reaktanz weitgehend bannen wollen, werden Sie Ihr Augenmerk auf die Interaktion legen, d. h. Sie werden bemüht sein, Ihre Formulierungen jeweils so zu wählen, daß sich Ihr Gesprächspartner in seinem Freiheitsspielraum so wenig wie möglich eingeschränkt fühlt.

Welche **Formulierungen** sind es denn, mit denen Sie unbeabsichtigt Ihren Gesprächspartner in dessen Freiheit einschränken?

Mit einer ganzen Reihe von sprachlichen Ausdrücken und Wendungen provozieren Sie geradezu **Reaktanz.**

Das Beispiel der ungebetenen Ratschläge wurde bereits erwähnt; Anweisungen, Aufforderungen und Empfehlungen haben eine ähnliche Wirkung. Aber auch mit Deutungen und Hintergründe aufdeckenden Äußerungen können sich Gesprächspartner eingeengt fühlen, ihre Reaktion fällt entsprechend aus. Selbst die gar nicht einmal unbeliebte Frage kann leicht Reaktanz provozieren. Da dem Befragten sowohl die Denkrichtung als auch der Fragehorizont vorgegeben wird, ist er genötigt, das zu beantworten, was der Fragende richtungsweisend vorgibt. Dies wird bei den Warum?-Fragen besonders deutlich, da sie für den Befragten häufig in eine Rechtfertigung, ja Nötigung münden, plausible Gründe für etwas geltend zu machen. Daß Tadel und Kritik als massive Freiheitseinschränkung aufgefaßt werden können, braucht nicht weiter begründet zu werden, aber auch Lob kann Reaktanz provozieren, wenn der Gelobte ahnt, daß es weniger um eine Anerkennung seiner Leistung, als um die Steuerung seines zukünftigen Verhaltens geht, was ja einer zukünftigen Freiheitseinschränkung entspricht.

Wir haben darüberhinaus in der deutschen Sprache eine Reihe von Verben, die anweisen, ohne Ausweichmöglichkeiten zu lassen. Gravierende Beispiele sind die drei unscheinbaren Wörter

**müssen   (müßten)**
**sollen   (sollten)**
**nicht dürfen.**

Solche Formulierungen sind geeignet, im anderen Widerstand auf-
zubauen, Widerstand, um sich vor Angriffen auf die eigene Integrität
zu schützen. Neben den sprachlichen Möglichkeiten, sich zur Wehr
zu setzen, kommen die vielfältigen körpersprachlichen Formen der
Reaktanzreaktionen zum Ausdruck: Ein Gesprächspartner ver-
schränkt die Arme vor der Brust, ein anderer wiegt den Oberkörper,
wieder ein anderer deutet ein Kopfschütteln an, oder das Gespräch
wird unter einem Vorwand abgebrochen.

Die Anweisungen des **Müssens, Sollens** und **Nicht-dürfens** wirken
nur dann reaktanzfrei, wenn die Wahlfreiheit nicht zur Diskussion
steht und/oder kein Bedürfnis vorhanden ist, in der betreffenden Situation selbst zu entscheiden. Wenn beispielsweise der Arzt dem Patienten nach überlebtem Herzinfarkt absolutes Rauchverbot erteilt, so
löst diese massive Einschränkung der Freiheit nur bei wenigen
Patienten Reaktanz aus, denn wer an seinem Leben hängt, hat kaum
das Bedürfnis, anders zu entscheiden, als in diesem Fall angeordnet
wird.

Hier sei ein Erlebnis mit einem Elektriker mitgeteilt, das mich gelehrt hat, mit
dem Wort „müssen" äußerst vorsichtig umzugehen. Vor der Elektro-Installation
hatte ich dem Handwerker gezeigt, wo ich welche Steckdosen, Schalter und
Lichtanschlüsse verlegt haben wollte.

Meine Formulierungen lauteten konkret: „Und hier muß ein Schalter hin,
dort müssen Sie eine Steckdose legen"
usw. Bis zu dieser Stunde glaubte ich,
daß in diesem Fall die Wahlfreiheit des
Handwerkers nicht zur Diskussion
stünde, weit gefehlt! Tage später stellte
sich heraus, daß sich die Steckdose für
den Dunstabzug genau an der Stelle
befand, wo der Mauerdurchbruch
vorgenommen werden mußte. Auf
meinen ärgerlichen Satz: „Das haben
Sie doch vorher wissen können, daß
die Steckdose da im Weg ist." bekam
ich die lehrreiche Antwort: „SIE haben

gesagt, da MUSS eine Steckdose hin, jetzt kommen Sie nicht und beschweren sich bei mir."

Es sind nicht nur die Wörter **müssen, sollen** und **nicht dürfen,** auch Verben wie **sich zwingen, sich überwinden, sich bemühen, versuchen, sich anstrengen** usw. lassen wenig Ausweichmöglichkeiten. All diese Verben vermitteln einen gewissen Druck; die typischen Assoziationen zu Leistung, Beurteilung und Bewertung werden als Einschränkung des persönlichen Handlungsspielraums aufgefaßt.

---

**Erlebt Ihr Gesprächspartner, daß seine Wahlfreiheit nicht eingeschränkt wird, daß beispielsweise für eine Anweisung eine Reihe von Ausführungsmöglichkeiten bestehen, daß er sich frei entscheiden kann, dann nutzt er diesen Freiraum auch und erlebt die gegebene Situation selbst als einwandfrei.**

---

Auch wenn es für Sie zunächst wie Wortklauberei wirken mag, so lassen sich die drei reaktanzprovozierenden Wörter **müssen, sollen** und **nicht dürfen** gegen drei andere Wörter austauschen, die geeignet sind, die Gesprächsatmosphäre zu entspannen und ein Klima gegenseitiger Wertschätzung entstehen zu lassen:

**können  (könnten)**
**wollen  (wollten)**
**möchten**

Sie können selbst entscheiden, wieweit der Unterschied in den folgenden Beispielsätzen mehr ist als „Wortkosmetik".

„Hier **müssen** Sie noch eine weitere Steckdose für den Dunstabzug setzen." Oder:
„**Können** Sie die Steckdose für den Dunstabzug so setzen, daß sie später verdeckt ist."
Der bekannte Ruf aus der Küche: „Ihr müßt jetzt bitte zu Tisch kommen." Oder: „Könnt Ihr bitte zu Tisch kommen."
Auf die Kritik des Kunden wegen mangelnder Serviceleistung erwidert der Verkäufer: „So dürfen Sie das nicht sehen, Sie sollten vielmehr berücksichtigen, daß es sich bei diesem Produkt um ..." Oder:
„Sie möchten eine bessere Serviceleistung und wollen sich vielleicht lieber anders entscheiden ..."

In der alltäglichen Gesprächsführung gibt es noch weitere unscheinbar wirkende Redewendungen, die eher harmlos scheinen und kaum ahnen lassen, daß sie in der Lage sind, folgenschwere Prozesse zu steuern.

Folgende Formulierungen sind Ihnen mit Sicherheit schon wiederholt begegnet:

„Ich denke, daß Sie damit einverstanden sind." Oder gar:
„Ich darf Ihr Einverständnis voraussetzen."

Gerade in der Mitarbeiterführung läßt sich immer wieder beobachten, wie derartige Formulierungen Widerstand hervorrufen, und zwar in Form von **indirekter Freiheitswiederherstellung.** Mit anderen Worten, die Mitarbeiter reagieren auf derartige Äußerungen mit beifälligem Kopfnicken, sagen „Jawohl" und machen doch, was sie für richtig halten.

Ganz anders verhält es sich jedoch bei folgender Alternative:

„Es kommt darauf an, ob sie damit einverstanden sind."

Hier wird dem Gesprächspartner ausdrücklich die Möglichkeit zugestanden, sich nicht einverstanden zu erklären, was jeglichen Widerspruch aufgrund eingeschränkter Freiheit von vornherein ausschließt und ihm die Chance einräumt, doch noch zuzustimmen, jedoch freiwillig.

Wohin exzessiv betriebene Bevormundung und permanent verordnetes Einverständnis führen kann, ließ sich gut an der indirekten Freiheitswiederherstellung während 40jähriger DDR-Geschichte ablesen.

Dieses Prinzip der Wahlfreiheit wird auch als *Illusion der Alternativen* bezeichnet. Hierbei werden zwei oder mehr vergleichbare Alternativen, die aber allesamt in die gewünschte Richtung gehen, gleichzeitig angeboten. Üblicherweise reagieren Gesprächspartner innerhalb des gesetzten Rahmens und nehmen die eingeflochtenen indirekten Suggestionen an. In einfacher Form hört sich das dann so an:

„Ich denke, daß Sie am besten entscheiden können, was für Sie jetzt besser paßt, sich für Plan A zu entscheiden oder Plan B sofort in Angriff zu nehmen."

Was zunächst wie Gleichgültigkeit klingt und den Anschein von laisser-faire hat, entpuppt sich als gezielte Führung. Denn die Freiheit des Gesprächspartners bezieht sich zwar auf die Wahl zwischen A und

B, aber eben nur zwischen diesen beiden, und gleichzeitig impliziert diese Äußerung, daß der Gesprächspartner sich in jedem Fall entscheidet bzw. den Plan in Angriff nimmt, also aktiv wird.

Ganz ähnlich verhält es sich bei Terminvereinbarungen. Zur professionellen Gesprächsführung gehört auch hier das Angebot, zwischen zwei Terminen auswählen zu können. Vielleicht haben Sie selbst schon unwillig reagiert, wenn Ihnen beispielsweise für einen Routinetermin beim Zahnarzt die Helferin am Telefon lediglich mitteilte:

„Kommen Sie am nächsten Mittwoch um 18 Uhr!"

Wieviel weniger bevormundend klingt doch die Formulierung:

„Paßt es Ihnen am nächsten Mittwoch um 18 Uhr, oder wollen Sie lieber am Donnerstag um 16 Uhr kommen?"

Mit folgenden Worten gelang es einem Referenten am Vortragsende, ein ausgesprochen kritisches Publikum zu schweigender Einzelarbeit zu bewegen:

„Sie können jetzt meine Ausführungen zunächst einmal auf sich wirken lassen, Sie können sich aber auch Notizen machen."

Daraufhin blieben die übereifrigen und oftmals spitzen Fragen aus, stattdessen herrschte knapp drei Minuten lang in einer Runde von 12 Führungskräften konzentrierte Ruhe.

In einer anderen Situation gelang es einer Seminarleiterin, eine eher scheue Gruppe zur Mitarbeit an der Tafel zu bewegen, indem sie sagte:

„Wollen Sie Ihre Hoffnungen und Befürchtungen gleich auf die Pappkarten notieren oder möchten Sie noch einen Augenblick darüber nachdenken, um sie präziser zu formulieren? Wenn Sie wollen, können Sie die Filzstifte verwenden, es gibt auch noch genügend Karten im Nachschub, so daß sich keiner von Ihnen mit Kleinschreiben abmühen muß."

Innerhalb des gesetzten Rahmens reagierten die Teilnehmer so, daß sie in jedem Fall ihre Hoffnungen und Befürchtungen schriftlich niederlegten, einige gleich, andere etwas später, und alle griffen zum Filzstift und notierten pro Karte tatsächlich nur deutlich lesbare Stichworte.

Gerade die Verwendung indirekter Suggestionen erlaubt den Gesprächspartnern, innerhalb eines gesetzten Rahmens ihren Freiheitsspielraum auszuschöpfen.

Da das Bedürfnis nach Freiheit niemals absolut zu verstehen ist, sondern sich stets innerhalb vorgegebener Grenzen ausdrückt, kann das so wichtige Prinzip der Freiwilligkeit auch noch dort Berücksichtigung finden, wo die Grenzen äußerst eng gezogen sind. Selbst eine Terminvereinbarung für den gleichen Tag läßt sich reaktanzarm formulieren:

„Wenn es Ihnen recht ist, dann können Sie sofort kommen. Oder paßt es Ihnen in einer Stunde besser?"

Es wurde bereits erwähnt, daß **Fragen** vielfach wie **Gesprächsstörer** wirken. Vielleicht haben Sie schon bei sich selbst beobachtet, daß Sie in Gesprächen auf Fragen, deren Bedeutung Ihnen nicht ganz klar war, eher ausweichend geantwortet haben, oder daß Ihnen manche Frage eher inquisitorisch erschien und Sie sich geradezu bedrängt fühlten. In der professionellen Gesprächsführung wird auf ein mögliches Bedrängen und Beschämen des Gesprächspartners durch direkte Fragen verzichtet, stattdessen erscheinen die Sätze in Form einer reflexiven Frage, was auf den Gesprächspartner wie eine Aussage wirkt.

„Ich überlege mir gerade, ..."
„Ich frage mich, wieweit ..."
„Ich weiß nicht, ob ..."

In der Regel können Sie mit einer Antwort Ihres Gesprächspartners rechnen. Nur antwortet er nicht auf eine direkte Frage, sondern **kann** auf Ihre reflexive Äußerung reagieren, ohne das Gefühl zu haben, in seinem Verhaltensspielraum eingeengt worden zu sein.

In Seminaren zur Gesprächsführung erlebe ich die Atmosphäre zu Beginn oftmals als steif. Im allgemeinen kennen sich die Teilnehmer untereinander nicht und schauen eher angespannt zu mir. Nach wenigen reaktanzfreien Formulierungen läßt die Anspannung jedoch sichtbar nach:

„Ich begrüße Sie und wünsche Ihnen einen wirklich guten Tag. Das Thema „Professionelle Gesprächsführung" hat uns heute zusammengeführt. Ich weiß nicht, mit welchen Erwartungen Sie heute morgen angereist sind,

Hier wird impliziert, daß jeder Erwartungen hat.

ich überlege mir, welche Hoffnungen Sie an dieses Seminar knüpfen,

Beinhaltet, daß jeder seminarspezifische Hoffnungen hat.

und gleichzeitig frage ich mich, ob ich wohl alle ihre Wünsche werde erfüllen können.

Jeder hat Wünsche, und wenn nicht alle, so werden doch zumindest viele erfüllt werden.

Einige von Ihnen haben bereits Vorerfahrungen mit ähnlichen Seminaren und werden sich deswegen beim Einstieg in unser Thema leicht tun, andere werden gerade wegen ihrer Vorerfahrungen immer wieder Vergleiche anstellen und sich deswegen nicht so leicht tun.

Hier greift eine doppelte Implikation: aufgrund von Vorerfahrungen Vergleiche anzustellen, ist ausdrücklich erlaubt, bringt aber eher Nachteile, was die Entscheidung erleichtert, freiwillig auf Vergleiche zu verzichten.

Andere befassen sich zum ersten Mal mit dem Thema Gesprächsführung, dabei können Neugier und freudige Erwartung gemischt sein mit scheuer Zurückhaltung und Befürchtungen, nicht alles auf Anhieb zu verstehen.

Hier wird impliziert, daß alle verstehen werden, einige auf Anhieb und einige später, darüber hinaus wirkt die indirekte Suggestion, daß alle Gefühle, die im Moment vorhanden sind, zulässig sind, ja daß ich ausdrücklich einräume, daß negative Gefühle wie Zweifel, Scham oder Angst in Ordnung sind und nicht verändert werden müssen.

Ich bin gespannt, von Ihnen zu erfahren, wie Sie die „professionelle Gesprächsführung" für sich aktiv nutzen werden,

Jeder wird aktiv nutzen.

wobei sich einige vielleicht schon jetzt entschieden haben, sogleich aktiv in die gemeinsame Arbeit einzusteigen, während andere damit lieber noch bis nach der Kaffeepause warten möchten."

Alle werden aktiv und gemeinsam mitarbeiten.

Undsoweiter.

Ein wesentlicher Aspekt dieser Gesprächsführungstechnik ist darin zu sehen, daß unabhängig von den Alternativen, die gewählt werden, die Kontrolle behalten wird. Bei diesem Vorgehen können die Gesprächspartner keine Form von Widerstand zeigen, ihnen wurde ja bereits alles, was sie tun mögen, zuvor ausdrücklich zugebilligt.

Oder wie es im *Zen* heißt: „Eurem Schaf oder Eurer Kuh eine große ausgedehnte Weide zu geben, ist der Weg, sie zu kontrollieren."

Vielleicht haben Sie beim Lesen bemerkt, wie die eingestreuten Wendungen **„im Moment"** oder **„noch"** oder **„am Anfang"** einer statischen Situationseinschätzung entgegenwirken.

Drei weitere Beispiele mögen dies noch vertiefen:

„Im Moment sehen Sie diesen Sachverhalt ganz anders."

Der vorhandene Widerspruch wird wahrgenommen und auch angesprochen, so daß der Gesprächspartner sich verstanden fühlt und „ja" sagen wird. Dieses „Ja" ist zugleich aber auch eine Bestätigung für die zeitliche Begrenzung seines Widerspruchs, denn wer **„im Moment"** etwas ganz anders sieht, kann durchaus im nächsten Moment zu neuen Schlüssen kommen.

„Sie sind in dieser Sache noch unentschieden."

Das Zögern wird verständnisvoll angesprochen, so daß auch hier ein „Ja" aller Wahrscheinlichkeit nach als Antwort kommt. Aber auch dieses „Ja" bejaht zugleich das „Noch". Wer **noch** unentschieden ist, kann bereits im nächsten Moment zu einer Entscheidung finden.

„Wenn ich Sie gerade richtig verstehe, möchten Sie zunächst nichts dazu sagen."

Auch hier wird sich der schweigende Gesprächspartner verstanden fühlen und entsprechend mit dem Kopf nicken oder „ja" sagen. Doch ist einem möglichen statischen Schweigen durch das unscheinbare Wort „zunächst" vorgebeugt. Wer **zunächst** nichts äußern möchte, kann bereits wenig später dezidiert seine Meinung vortragen.

Von Versicherungsvertretern konnte ich erfahren, daß Kunden, die mehr oder weniger zum Abschluß gedrängt wurden, in überdurchschnittlichem Maß von Ihrem einwöchigen Rücktrittsrecht Gebrauch machen. Ein professioneller Vertragsabschluß mit einem zögernden Kunden wird sich darum eher so anhören:

„Ich überlege mir gerade, ob Sie sich überrumpelt fühlen, ob ich Ihnen die einzelnen Punkte womöglich nicht ausführlich genug erläutert habe. Vielleicht geht es Ihnen auch einfach zu schnell, und Sie möchten im Moment noch nicht unterschreiben." (Währenddessen kann das Vertragsformular langsam zurückgezogen und die ausgebreiteten Unterlagen können ruhig, aber bestimmt geordnet und zusammengepackt werden).

Die Wahrscheinlichkeit, daß der Kunde nun doch zum Stift greift, ist ausgesprochen groß. Wer ohnehin nicht vorhatte zu unterschreiben, wird auf jeden Fall über das angenehme Gesprächsende erfreut sein, was für künftige Gespräche eine gute Grundlage darstellt.

Auf den römischen Kaiser *Marc Aurel* geht die stoische Maxime des „Ad Utrumque Paratus" (nach beiden Seiten bereit) zurück.

Weil im Gespräch häufig nur eine Seite favorisiert wird, kommt es so häufig zur beschriebenen **Zuwendung zur verwehrten Alternative.** Dabei erschreckt, wie selten es um die tatsächliche Sache geht und wie oft die unbewußte Wiederherstellung des individuellen Freiheitsspielraums im Mittelpunkt steht. Nach beiden Seiten offen zu sein, hat nichts mit Beliebigkeit zu tun; es bewahrt vor unnötiger Frontenbildung und weitet den eigenen Gesprächshorizont.

Drei Beispiele aus ganz unterschiedlichen Bereichen mögen dies illustrieren:

Ein Energieberater eines Versorgungsunternehmens wurde von einem Kunden während einer Messe mit folgenden Worten angegangen:

„Sie sind doch alle Monopolisten. Wir brauchen doch gar keine Kernkraftwerke, wir könnten den Strom genausogut mit Windmühlen gewinnen, so wie das die Dänen schon jahrelang machen, die produzieren über 90% ihres Stroms aus Windenergie."

War der Energieberater im ersten Moment geneigt, Gegenposition zu beziehen und dem Kunden zu erklären, daß nicht 90% sondern nur 0,9% des dänischen Stroms mit Wind erzeugt wird, so leuchtete ihm doch schnell ein, daß er damit lediglich ein Streitgespräch über „richtige" Zahlen heraufbeschwört, stattdessen konnte er sich für die Seite des Kunden öffnen und ihm so antworten:

„In der Tat läßt sich unser Strom mit Windmühlen gewinnen, wobei wir hier im Sauerland sogar eine ausgesprochen begünstigte Windlage hätten. Wenn Sie gerade die 23 Mühlen im Windpark Nordsee nehmen, damit läßt sich bei Windstärke 6 glatt ein Megawatt Strom erzeugen. Wir bräuchten für einen 500 Megawatt-Reaktor also rund 10.000 Windmühlen."

Zum Erstaunen des Energieberaters wurde der eben noch harsche Kunde ganz nachdenklich und ließ sich auf einen ernsthaften Dialog ein.

Im zweiten Beispiel wurde einem Lehrer zu Beginn einer Fabrikbesichtigung gesagt, daß just an diesem Morgen alle Asphaltlinien geweißelt worden seien und er doch dafür Sorge tragen möge, daß keiner seiner 30 Schüler (12 und 13 Jahre!) auf die frische Farbe trete. Das naheliegende Verbot hätte nicht nur den Widerstand der Schüler provoziert, so daß alle Linien voller Fußspuren gewesen wären, sondern wahrscheinlich auch unschöne und ergebnislose Verhöre nach den „Tätern" nach sich gezogen. Stattdessen gelang dem Lehrer folgende Ankündigung:

„Mir wurde gerade von der Werkleitung erklärt, daß alle Asphaltlinien frisch gestrichen sind und daß doch bitte keiner darauf treten möge. Nun, ich kann's nicht verhindern, daß irgendeiner es doch tut oder Spaß daran hat, einen anderen so zu schupsen, daß dieser drauftreten muß. Wie auch immer, ich gehe mal voran."

Sprach's und drehte sich nicht mehr um. Keiner der Schüler trat im Laufe der zweistündigen Werksbesichtigung auf die Linien.

Das dritte Beispiel mag Ihnen sehr drastisch erscheinen, weil es hier im wahrsten Sinne des Wortes um Tod oder Leben geht. Es handelt sich um die Ankündigung eines bevorstehenden Selbstmordes in Form eines Abschiedsgesprächs. Vielleicht sind Sie überrascht, wenn Sie erfahren, daß sich derartige Gespräche etwa 20.000 mal jährlich in Deutschland, manchmal auch nur noch am Telefon, abspielen. Typisch für derartige Gespräche ist die mangelnde Bereitschaft des Angesprochenen, sich auf die Seite des Suizidenten zu stellen und dessen Hoffnungs- und Aussichtslosigkeit nachzuvollziehen. Stattdessen wird gut zugeredet, auf bessere Zeiten vertröstet oder moralisch Druck gemacht, mit dem Hinweis, doch an die Kinder, den Partner, die Eltern usw. zu denken. Ganz anders fällt jedoch die Reaktion aus, wenn die Handlungsfreiheit nicht noch zusätzlich eingeschränkt wird, beispielsweise so:

„Wenn Sie beschlossen haben, Ihrem Leben eine Ende zu machen, dann bin ich überzeugt davon, daß dies kein vorschneller Entschluß ist, sondern daß Sie sich unsagbar gequält haben, aber für sich im Moment keinen weiteren Weg mehr sehen. Ich weiß nicht, was Sie bewogen hat, diesen Schritt jetzt zu vollziehen, aber ich will mich bemühen, Sie bis zur letzten Minute ernst zu nehmen. Ich frage mich, was ich im Moment konkret für Sie tun kann, außer daß ich jetzt für Sie da bin und da bleibe."

Ein derartiger Einstieg stellt keine Garantie dar, daß die Selbstmordabsicht über Bord geworden wird, aber sie stellt eine Möglichkeit dar, überhaupt miteinander ins Gespräch zu kommen. Was das Gespräch ergibt, kann und darf ja nicht schon vorab feststehen, denn dann wäre es kein Offen-Sein nach beiden Seiten. Das Offen-Sein in diesem Beispiel bedeutet ja keineswegs ein Befürworten von Suizid, sondern lediglich ein Erkennen, daß die eigenen Grenzen sehr eng gesteckt sind und daß der geringe Einfluß ganz verloren geht, wenn sich der Suizident jener Alternative zuwendet, die ihm gerade verwehrt werden soll und die gerade darum immer mehr an Attraktivität gewinnt.

# 7. Transaktionsanalyse und Gesprächserfolg

Reibungslosere Kommunikation und effektivere Zusammenarbeit läßt sich erreichen, wenn klar ist, was sich zwischen Gesprächspartnern abspielt. Von Bedeutung ist ja nicht nur der Inhalt, also das, was gesprochen wird, hinzu kommen Gesichtsausdruck, Körperbewegungen und die wechselseitigen Gefühle, die zwar nicht immer gezeigt werden, doch immer mit in das Gespräch hineinspielen.

Es scheint so zu sein, daß Gesprächssituationen nach bestimmten Regelmäßigkeiten ablaufen, daß Antworten und Reaktionen auf Gesprächseröffnungen nach Programm ablaufen, gewissermaßen vorprogrammiert sind.

Ein psychodynamisches Modell, **Transaktionsanalyse** genannt, kann helfen, kommunikative Abläufe besser zu verstehen. Nach dem Modell der Transaktionsanalyse läßt sich unser gesamtes Verhalten in drei **deutlich unterscheidbare Verhaltensweisen** aufgliedern. Diese Verhaltensweisen werden auch **Ich-Zustände** genannt, und zwar unterscheidet man ein Eltern-Ich, ein Erwachsenen-Ich und ein Kind-Ich. Diese drei Ich-Zustände stellen eine Kombination aus Gedanken, Gefühlen und Verhalten dar.

Das Ich, welches sich zuerst entwickelt, uns ab der Geburt mitgegeben ist, wird als **Kind-Ich** bezeichnet. Zunächst ist jedes Neugeborene ausschließlich **spontan.** Spontan wacht es auf, schreit, trinkt, macht in die Windeln und schläft wieder ein. Doch die ausschließliche Spontaneität währt nicht sehr lange, denn die Eltern sind bemüht, dem Kind alsbald bestimmte Rhythmen beizubringen, es anzupassen. Dieser Anpassungsprozeß wird schönmalerisch Erziehung genannt. So entsteht bereits im ersten Lebensjahr

neben dem spontanen Kind-Ich das **angepaßte** Kind-Ich. Doch folgt
auf die geforderte Anpassung naheliegenderweise auch die Verweige-
rung. Dieses Verhalten wird **trotzig**es Kind-Ich genannt.

Diese in frühester Kindheit erworbenen Verhaltensweisen werden
keineswegs mit dem Älterwerden abgelegt. Immer wenn wir ausgelas-
sen, neugierig, voller Abenteuerlust oder auch lustvoll erregt sind,
handeln wir aus unserem spontanen Kind-Ich. Als typisches Beispiel
sei das jubelnde „Tor!" auf dem Fußballplatz angeführt, wo sich unser
spontanes Kind-Ich in reinster Weise ausleben kann.

Und so, wie wir als Kinder gelernt haben, mit leicht geneigtem Kopf,
heruntergezogenen Schultern und zusammengepreßten Beinen eine
schlechte Klassenarbeit zu beichten, so zeigt sich dieses angepaßte
Kind-Ich auch noch Jahrzehnte später in vergleichbaren Situationen,
wenn wir beispielsweise wegen einer Fehlleistung getadelt werden
sollen. Manchen Menschen kann man direkt ansehen, ob sie mit ihrem Vorgesetzten telefonieren, so sehr drückt ihre Haltung angepaßte
Unterwerfung aus. So gestand mir kürzlich ein Schulleiter, daß er sich
schon wiederholt dabei ertappt habe, automatisch aufzustehen, wenn
ein Anruf aus dem Oberschulamt käme.

Der Erwachsene kann aber auch ausgesprochen trotzig reagieren,
wobei hier gern von kritischem Verhalten gesprochen wird. Das
gleiche Verhalten wird schließlich beim alten Menschen als Altersstarrsinn bezeichnet. Bei derartigen Trotzreaktionen klingt die Stimme
gepreßt und deutlich höher. Zwischen der maulenden Stimme eines
Dreijährigen, der schmollt:

„Ist meine Mutter doch selber schuld, wenn ich kalte Finger kriege, warum
zieht sie mir auch keine Handschuhe an."

und der ebenso maulenden Stimme eines Mitarbeiters, der sich un-
gerecht behandelt fühlt, wenn er grollt:

„Na warte, der kann noch was erleben, stets Sonderwünsche haben, aber bei
mir kleinlich reagieren. Dem werd ich's noch zeigen ..."

besteht qualitativ kaum ein Unterschied.

> **Unser Kind-Ich enthält drei Aspekte:**
> • Mit unserem spontanen Kind-Ich gehen wir natürlich und unbefangen an die Dinge heran, ohne auf die Konsequenzen unseres Verhaltens zu achten.
> • Unser angepaßtes Kind-Ich ist gehorsam und folgsam.
> • Unser trotziges Kind-Ich will sich nicht einordnen, rebelliert und widersetzt sich vorgegebenen Normen. Dieses trotzige Kind-Ich ist Ausdruck einer negativen Form von Anpassung.

Im Laufe der weiteren Entwicklung entsteht in jedem Menschen ein weiterer Ich-Zustand, der als **Eltern-Ich** bezeichnet wird. Überall auf der Welt ahmen Kinder ihre wichtigsten Bezugspersonen, welche in der Regel ja die Eltern sind, nach. Dabei werden die Eltern einerseits als dirigierend, befehlend und bevormundend erlebt, dieser Teil wird als **kritisch**es Eltern-Ich bezeichnet, andererseits werden die Eltern auch als liebevoll, zärtlich und nährend wahrgenommen, was auch **helfend**es Eltern-Ich genannt wird.

Und so wiegen alle Kinder der Welt Puppen oder Teddybären in ihren Armen (= helfendes Eltern-Ich), um sie wenige Momente später zu hauen (= kritisches Eltern-Ich) oder auf andere Weise streng mit ihnen zu verfahren.

Im Laufe der Zeit werden durch die wiederholte Nachahmung elterlichen Verhaltens all jene Sätze automatisch befolgt, die ungezählte Male an das Kind gerichtet werden, wie:

„Wasch Dir die Finger, bevor Du zu Tisch kommst!"
„Sprich nicht mit vollem Mund!"
„Man ißt seinen Teller leer."
„Wenn Erwachsene reden, halten Kinder den Mund."
„Erst die Schularbeiten, dann das Spielen."
„Putz Dir die Zähne, bevor Du zu Bett gehst."
usw.

Eines Tages ist tatsächlich nicht mehr die Mutter oder der Vater von Nöten, sondern eine innere Stimme, die übrigens überraschende Ähnlichkeit mit der väterlichen und mütterlichen Stimme hat, sorgt dafür, daß wir uns „angemessen" verhalten.

Vielleicht ist es das, was Faust meint, wenn *Goethe* ihn sagen läßt:

„Zwei Seelen wohnen, ach! in meiner Brust."

Die Seele des Wollens (= Kind-Ich) und die Seele des Sollens (= Eltern-Ich).

Dieses in der Kindheit erworbene Eltern-Ich begleitet uns durch unser ganzes Leben. Wann immer wir aus der Position der Stärke, der Überlegenheit, der Macht reagieren, befinden wir uns in unserem Eltern-Ich. Es ist naheliegend, daß nach all den schmerzlichen Erfahrungen während der Kindheit, da die Eltern und die älteren Geschwister stets mehr durften und konnten als man selbst, dieser Ich-Zustand als ausgesprochen stark erlebt wird. Vielleicht klingt es übertrieben, aber im Eltern-Ich erleben wir uns als omnipotent, nämlich so allmächtig, wie wir als kleine Kinder unsere Eltern Tag für Tag wahrgenommen haben.

- **In unserem Eltern-Ich verkörpern wir Werte, Normen, Gebote, Verbote und „soziale Gefühle"; es wird in dieser Verhaltensausprägung als kritisches Eltern-Ich bezeichnet.**
- **Unser Eltern-Ich verkörpert aber auch Wohlwollen, Trost, Wärme und Unterstützung; in dieser Verhaltensausprägung wird es als helfendes Eltern-Ich bezeichnet.**

**Ob wir aus dem helfenden oder kritischen Eltern-Ich reagieren, stets befinden wir uns dabei in einer Position der Stärke, der Macht und Überlegenheit. Dies mag erklären, warum dieser Ich-Zustand bei vielen Menschen so außerordentlich beliebt ist.**

Doch neben die Stimmen des Wollens und Sollens rückt im Laufe der Kindheit noch eine weitere innere Stimme, die als **Erwachsenen-Ich** bezeichnet wird, wenngleich das Kind in diesem Alter weit davon entfernt ist, als erwachsen eingestuft zu werden. Das Erwachsenen-Ich prüft die Folgen einer Handlung und entscheidet zweckrational.

Folgendes Beispiel soll dies verdeutlichen:

Ein Autofahrer kurvt bereits geraume Zeit durch die Stadt auf der Suche nach einem Parkplatz. Da es regnet, will er so nahe wie möglich an der Reinigung

parken, aus der er einen Mantel abholen will. Endlich eine Lücke! Kurz bevor
er den Zündschlüssel abzieht, fällt sein Blick auf ein großes Schild: „Absolutes
Halteverbot". Prompt meldet sich sein kritisches Eltern-Ich: „Hier darfst Du
nicht parken." Worauf sein trotziges Kind-Ich entgegnet: „Ach was, ist doch nur
für kurz." Erneut insistiert sein Eltern-Ich: „Wenn das nun jeder täte, das willst
Du doch auch nicht." Worauf sein Kind-Ich patzig erwidert: „Ich bin doch nicht
jeder!" Hier nun meldet sich das Erwachsenen-Ich zu Wort: „Stop! Können wir
mal die Sachlage prüfen. Wie groß ist die Wahrscheinlichkeit, erwischt zu
werden und eine Strafe zahlen zu müssen? Haben die Autos vor und hinter uns
bereits einen Strafzettel am Scheibenwischer? Das ist nicht der Fall. Wie teuer
ist das Parken im Halteverbot? 50 Mark. Wie groß ist die Wahrscheinlichkeit,
erwischt zu werden? Eins zu eins. Wieweit ist uns diese Parklücke 50 Mark
wert?" Usw.

Was hier ein wenig plakativ dargestellt wurde, spielt sich fortlaufend
in uns ab. Da gibt es zwei Stimmen in uns: Eine, die *ich* sagt und aus
unserem Kind-Ich entspringt, in Form von: „Ich will" bzw. „Ich will
aber ..." Eine andere Stimme duzt uns, sie entspringt unserem Eltern-
Ich und dient unserer fortlaufenden Kontrolle. Diese inneren Dialoge,
auch Denken genannt, hören sich manchmal so an:

Angepaßtes Kind-Ich: „Ich krieg das einfach nicht hin. Verflixt noch mal, warum habe ich mir das nicht vorher erklären lassen. Irgendwie ist das so kompliziert. Ich glaub', ich werde nie fertig."
Helfendes Eltern-Ich: „Komm, Du schaffst das schon. Bislang hast Du auch alles rechtzeitig fertiggestellt."
Trotziges Kind-Ich: „Ach was, ich hör jetzt auf, das ganze ist mir einfach zu
blöd!"
Kritisches Eltern-Ich: „Stop stop stop. Jetzt reiß Dich mal am Riemen und
streng Dich an. Es wäre ja wohl gelacht, wenn Du das nicht hinbekämst. Los,
Zähne zusammenbeißen und weitermachen!"
Usw.

Schließlich verschafft sich das Erwachsen-Ich Gehör, indem es die
Situation prüft und überlegt, welches Verhalten zu welchen Konsequenzen führt.

> **Das Erwachsenen-Ich** betont die Rationalität: Es ist kalkulierend, abwägend und entscheidet nach den Erfordernissen der Realität. Gefühle können dabei durchaus die Grundlage einer Entscheidung bilden; es handelt sich dabei um überprüfte und akzeptierte Gefühle, die nichts mit unkontrollierten Emotionen gemeinsam haben. Die wichtigste Aufgabe dieses Ich-Zustandes ist das Prüfen im Sinne von:
> • Was passiert, wenn ...?
> • Wieweit stimmt diese Aussage ...?
> • Welche Vor- bzw. Nachteile ergeben sich aus ...?
> Es verkörpert die rationale Autonomie der Person.

Die einzelnen Ich-Zustände mit ihren verschiedenen Aspekten lassen sich an Worten, Gesten, Tonfall, Haltung und Handlungen erkennen. Dabei tritt der Inhalt in seiner Bedeutung gegenüber dem Ausdruck zurück.

> **Auf einen kurzen Nenner zusammengefaßt:**
> • Wer fühlt und handelt wie damals, als er ein Kind war, befindet sich in seinem Kind-Ich-Zustand.
> • Wer denkt, handelt und fühlt, wie er es an seinen Eltern beobachtet hat, befindet sich in seinem Eltern-Ich-Zustand.
> • Wer sich mit der gegenwärtigen Realität auseinandersetzt, Tatsachen sammelt und sie objektiv verarbeitet, befindet sich in seinem Erwachsenen-Ich-Zustand.

Es handelt sich in diesem Modell um drei Haltungen, die jeder Mensch in unterschiedlichen Situationen einnehmen kann. Folgende Szene soll verdeutlichen, wie schnell die Ich-Zustände gewechselt werden können:

Durch die halb geöffnete Tür höre ich im Sekretariat den Streit zweier Kolleginnen. Frau Heinz in ärgerlichem Tonfall: „Also allmählich müßten Sie solche Vorgänge auch ohne meine Hilfe bearbeiten können. Ich habe Ihnen das schon so oft erklärt, und Sie tun jedes Mal so, als ob Sie das zum ersten Mal sehen." (Kritisches Eltern-Ich)
In diesem Moment kommt ein Kollege vom Bäcker zurück, Frau H. ruft mit völlig veränderter Stimme: „Oh, darf ich mal abbeißen?!" (Spontanes Kind-Ich)

Ich betrete das Sekretariat und Frau Heinz sagt mit vollem Mund: „Herr Weis-bach, gut, daß ich Sie sehe, der Kommentar zum Vorlesungsverzeichnis muß bis Freitag abgegeben werden. Können Sie mir Ihre Angaben bitte bis dahin fertig-stellen." (Erwachsenen-Ich)

Auf den ersten Blick mag der Eindruck entstehen, als ob es erstre-benswerte und weniger erstrebenswerte Ich-Zustände gibt, doch ist keiner dieser Zustände für sich genommen schlecht oder gut. Ob ein Ich-Zustand problematisch ist, erweist sich erst im Kontext der Ich-Zustände eines Gegenübers, also in der realen Auseinanderset-zung.

Das Vorherrschen des kritischen Eltern-Ichs findet sich bei vielen typischen Lehrern, Pastoren, Polizisten, Richtern und Staatsanwälten u.ä., während das helfende Eltern-Ich sehr gut in den typischen So-zial- und Pflegeberufen ausagiert werden kann. Das Vorherrschen des Erwachsenen-Ichs läßt sich beim typischen Manager oder Wis-senschaftler beobachten. Das bevorzugte Ausleben des spontanen Kind-Ichs läßt sich dem Künstler zuordnen, während ein Vorherr-schen des angepaßten Kind-Ichs bezeichnenderweise beim Militär gefragt ist.

Völlig unproblematisch verläuft die Kommunikation, wenn das Ge-genüber aus dem gleichen Ich-Zustand angesprochen wird, auf dem die Interaktion beginnt.

In einer Seminarsituation äußert mein Kind-Ich: „Bei dem tollen Wetter habe ich überhaupt keine Lust, hier drinnen zu arbeiten. Ich schlage vor, eine ausge-dehnte Mittagspause zu machen und heute Nachmittag im Park weiterzu-machen." Fast die gesamte Runde reagiert spontan mit: „Oh ja", „Prima", „Fein", „Klasse".
Stammtischgespräche finden vielfach im Eltern-Ich statt: „Also, wenn Sie mich fragen, echte Arbeitslose gibt es doch heute gar nicht. Das sind doch alles Drückeberger und Schwarzarbeiter."
„Ganz genau, von denen will doch gar keiner arbeiten. Ich sage immer, wer suchet, der findet. Aber klar, wer soviel Stütze kriegt, wie die, der hat's ja auch nicht mehr nötig, sich anzu-strengen."
Der Austausch von Informationen läßt sich am leichtesten aus dem Erwach-senen-Ich abwickeln: „Wieviel Uhr ist es bitte?"
„Gleich halb elf."

Probleme treten auf, wenn aus dem Eltern-Ich-Zustand heraus das Kind-Ich des Gesprächspartners angesprochen wird, und zwar jener Teil des Kind-Ichs, der angepaßt oder trotzig reagiert. Warum ist das so?

Was wir während unserer Kindheit rasch gelernt haben, nämlich auf elterliche Anforderungen angepaßt oder trotzig zu reagieren, ist auch heute noch, da wir längst den Kinderschuhen entwachsen sind, ein wichtiger Bestandteil unserer Umgangsformen. Die durchaus unangenehmen Gefühle, die mit Unterlegenheit und Ohnmacht einhergehen, sind auch beim erwachsenen Menschen Begleitgefühle, wenn er ungewollt in seinem Kind-Ich angesprochen wird.

Typische Äußerungen aus dem kritischen Eltern-Ich hören sich so an:

„Können Sie nicht oder wollen Sie nicht?"
„Wozu hast Du eigentlich Deinen Kopf?"
„Jetzt beeil' Dich endlich, wie lange muß ich noch warten!"
„Sie halten sich da mal raus, ja?!"
„Wenn Du unbedingt Deinen Kopf durchsetzen willst, wirst Du schon sehen, was Du davon hast."

Im Tonfall freundlicher, in der Wirkung aber ähnlich, hören sich Sätze aus dem helfenden Eltern-Ich an:

„Gib mal her, das kannst Du noch nicht!"
„Das finde ich großartig, was Sie da gemacht haben, Respekt!"
„Kommen Sie, ich füll' das Formular für Sie aus."
„Mach Dir nichts draus, Frauen tun sich da im allgemeinen schwer."
„Nur Mut, Sie kommen schon wieder auf die Beine."

Viele wertende Ausdrücke, seien sie nun positiv wertend oder negativ, können charakteristisch sein für das Eltern-Ich, sofern sie ein Urteil über einen anderen Menschen enthalten, und zwar ein Urteil, das nicht nach Abwägung verschiedener Gesichtspunkte durch das Erwachsenen-Ich zustande kommt, sondern sich automatisch wie ein Reflex einstellt. Fast alle gängigen **„Gesprächsstörer",** die im folgenden Kapitel ausführlich behandelt werden, entstammen dem Eltern-Ich und wiederholen jene Äußerungen, die wir von unseren Eltern, Lehrern und Verwandten im Lauf unserer Kindheit aufgeschnappt haben.

All diese Verhaltensweisen lösen im anderen für gewöhnlich Reaktionen aus, die seinem angepaßten oder trotzigen Kind-Ich entstammen und mit dem Gefühl einhergehen, man sei nicht in Ordnung, sei nicht liebenswert, eben nicht okay.

Ob jedoch auf solche Eltern-Ich Attacken sofort trotzig reagiert oder das Aufbegehren für einen günstigeren Zeitpunkt aufgespart wird, hängt von den individuellen Vorerfahrungen und dem jeweiligen Gegenüber ab. Manche Menschen sind Weltmeister im Kleben von „Rabattmarken", d. h. sie merken sich jede Demütigung, Bevormundung und Kränkung fein säuberlich. Und so, wie einst der Kaufmann, der Rabattmarken ausgab, nicht vorhersehen konnte, wann seine Kunden die vollen Hefte einzulösen gedachten (manche Kunden sollen mit Dutzenden von Heften ihren gesamten Weihnachtseinkauf bestritten haben), so werden „private Rabattmarkenhefte" zum denkbar ungünstigsten Zeitpunkt eingelöst, eben, wenn es dem anderen gar nicht gelegen ist. Ein typisches Beispiel ist die Kündigung.

Mir wurde von einem ehemaligen Abteilungsleiter berichtet, daß seine Karriere schlagartig zu Ende war, weil ein hochqualifizierter Mitarbeiter in seiner Abteilung just in dem Moment seine Kündigung einreichte, da ein kompliziertes Projekt in kürzester Zeit abgewickelt werden mußte. Vom Ausgang dieses Projekts hing die Zukunft des Abteilungsleiters ab. Als er bei seinem Vorgesetzten die Kündigung seines Spezialisten mitteilte und um Projektverlängerung bat, soll er zur Antwort bekommen haben: „Wenn Sie in solch einer Situation Personalprobleme haben, dann scheinen Sie nicht der richtige Mann für diese Position zu sein." Der kündigende Mitarbeiter konnte mit einem Schlag für all das Rache nehmen, was er jahrelang hinuntergeschluckt hatte.

Die Unberechenbarkeit der Trotz-Reaktion macht den Gebrauch des Eltern-Ichs so gefährlich. Manche Menschen neigen dazu, sofort zu reagieren, während andere offenkundig eine Form von Leidensfähigkeit entwickelt haben, die nur auf den ersten Blick wie Langmut und Geduld aussieht. Irgendwann werden auch sie ihr „Rabattmarkenheft" einlösen, und was sich bis dahin angesammelt hat, kann verheerende Folgen haben.

Völlig unproblematisch verläuft jedoch die Interaktion, wenn wir freiwillig aus dem Kind-Ich heraus agieren. Vorzugsweise das Bitten um Hilfe, die uns nicht zusteht, geschieht aus dem braven, dem angepaßten Kind-Ich.

Ein abgerissener Knopf an meiner Lederjacke könnte mich veranlassen, aus dem Eltern-Ich eine Mitarbeiterin anzusprechen:

„Frau Heinz, sind Sie bitte so freundlich und nähen mir den Knopf an, ich muß gleich in die Vorlesung." Bei dieser Äußerung laufe ich allerdings Gefahr, folgende Antwort zu erhalten: „Herr Weisbach, ich glaube nicht, daß Knopf-Annähen in meiner Stellenbeschreibung steht."

Aus dem Erwachsenen-Ich hört sich das „Knopf-Problem" so an: „Oh, mein Knopf ist ab. So kann ich unmöglich in die Vorlesung gehen. Haben Sie zufällig Nähzeug dabei?" Die naheliegende Antwort lautet wahrscheinlich nur: „Bitteschön."

Am erfolgversprechendsten ist eine hilflose, fast weinerliche Stimme aus dem angepaßten Kind-Ich, etwa so: „Oh nein, das darf doch nicht wahr sein. Jetzt ist der Knopf abgegangen. Was mach' ich bloß? Ich kann doch unmöglich mit so einem hängenden Ärmel in die Vorlesung gehen. Zu blöd aber auch." Und schon greift Frau Heinz in ihre Handtasche und sagt: „Kommen Sie, ich näh' Ihnen den Knopf schnell an." In so einer Situation klebe ich selbst dann keine „Rabattmarke", wenn Frau Heinz mir die Jacke wenig später mit den Worten überreicht: „Sagen Sie, Herr Weisbach, was täten Sie eigentlich ohne mich?"

> **Wenn wir uns klein, schwach und hilflos gebärden, ist dies in der Regel der schnellste Weg, einen anderen Menschen dazu zu bewegen, uns zu helfen. Denn in keinem anderen Ich-Zustand läßt sich mit so gutem Gewissen die eigene Überlegenheit ausleben wie gerade im helfenden Eltern-Ich.**

Dies muß sich jedoch nicht zwangsläufig so abspielen, wie folgende kleine Szene auf einem Autobahnparkplatz zeigt:

Eine junge Frau im hellen Sommerkleid kommt auf mich zu und sagt mit gedrückter, verzagter Stimme: „Entschuldigung, können Sie mir mal helfen, ich hab' einen Platten." (Kind-Ich) Meine erste Regung war ein innerliches Ärmel-aufkrempeln nach dem Motto: Wo steht das Klavier? Doch dann wurde ich meines Anzugs gewahr und sagte: „Ich will Ihnen gern helfen, doch muß ich heute noch einen Vortrag halten und möchte mich deswegen nicht schmutzig machen." (Erwachsenen-Ich)

Doch diese Ansprache im Erwachsenen-Ich reichte noch nicht ganz aus, denn sie schob noch einmal fast weinerlich hinterher: „Aber ich hab' das noch nie gemacht." (Kind-Ich)
Fast hätte sie mich soweit gehabt, ihr den Reifen zu wechseln, aber im letzten Moment war mir mein sauberer Anzug wichtiger, so daß ich entgegnete: „Ich habe durchaus Zeit und kann Ihnen so helfen, daß Sie sich getrost und sicher wieder in Ihren Wagen setzen können; nur möchte ich weder Hände noch Anzug dreckig machen." (Erwachsenen-Ich)
Die junge Frau schaute mich nun prüfend von oben bis unten an und erwiderte mit völlig veränderter Stimme: „Kann ich verstehen. Aber vielleicht frage ich erst noch mal einen anderen." Sprach's und ging weiter. Noch bevor ich in meinen Wagen einstieg, hörte ich sie mit kindlicher Stimme einen anderen Autofahrer fragen: „Können Sie mir mal helfen, ich habe einen Platten."

Ganz anders gestaltet sich die Situation bei den Verhaltensweisen, die als **„Gesprächsförderer"** bezeichnet und im Anschluß an das Kapitel „Gesprächsstörer" besprochen werden. An dem vorangegangenen Beispiel konnte gezeigt werden, daß wir nicht zwangsläufig reagieren müssen, sondern uns für ein Reagieren aus dem Erwachsenen-Ich frei entscheiden können. Hierfür eignen sich die „Gesprächsförderer" besonders. Ihnen ist gemeinsam, daß der Gesprächspartner in seinem Erwachsenen-Ich angesprochen wird und entsprechend daraus reagieren kann.

Zum Üben und Identifizieren der verschiedenen Ich-Zustände finden Sie im folgenden kurze Aussagen, die je nach Lesart – der Ton macht bekanntlich nicht nur die Musik, sondern bestimmt auch den jeweiligen Ich-Zustand – aus dem Eltern-Ich (EL), aus dem Erwachsenen-Ich (ER) oder aus dem Kind-Ich (K) entstammen.

Notieren Sie hinter jeder Aussage, welchen Ich-Zustand Sie jeweils heraushören! Im Anschluß daran finden Sie meine „Lösungsvorschläge".

| Aussage | Ihre Antwort |
|---|---|
| 1. „Wann sind Sie denn endlich mit dem Schriftsatz fertig?!" | |
| 2. „Dafür kann ich doch nichts!" | |
| 3. „Sie benehmen sich tolpatschig" | |
| 4. „Was mache ich jetzt nur?" | |

5. „Was könnte der Grund für den fehlenden Zahlungseingang sein?"

6. „Da irren Sie sich aber gewaltig!"

7. „Ich hätte da noch eine Frage ..."

8. „So geht das nicht!"

9. „Sind Sie sicher, daß Sie richtig gerechnet haben?"

10. „Machen Sie Ihren Kram doch selber!"

11. „Er mag ja ein netter Kerl sein, aber man kann ihn nicht unbeaufsichtigt lassen."

12. „Ich glaube nicht, daß ich eine Entscheidung treffen kann, bevor ich mit dem zuständigen Sachbearbeiter gesprochen habe."

13. „Glauben Sie mir, das ist das Beste für Sie!"

14. „Was Sie da in dem Tempo gemacht haben, das hat meinen ganzen Respekt."

15. „Wenn ich nur eine Gehaltserhöhung bekäme, dann wären alle meine Probleme gelöst!"

16. „Wenn Sie das nicht sorgfältig machen können, sollten Sie das lieber gar nicht tun!"

17. „Ich weiß wirklich nicht mehr, was ich tun soll."

18. „Kommen Sie, lassen Sie mich das für Sie machen!"

19. „Können Sie mir bitte noch etwas mehr darüber sagen."

20. „Ich halte Ihren Vorschlag in zwei Punkten für ungeeignet: Zum einen haben wir nur vierzehn Tage Zeit, zum anderen fehlen uns dafür im Moment die technischen Voraussetzungen."

Und nun noch drei dialogische Beispiele:

Vorgesetzter: „Wie spät ist es, Frau Müller?"
Mitarbeiterin: „Gleich halb fünf."

Vorgesetzter: „Wie spät ist es, Frau Müller?"
Mitarbeiterin: „Ich beeil' mich ja schon, ich bin sofort fertig."

Vorgesetzter: „Wie spät ist es, Frau Müller?"
Mitarbeiterin: „Sie brauchen heute aber lange."

Im folgenden finden Sie meine kommentierten Vorschläge:

1. „Wann sind Sie denn endlich mit dem Schriftsatz fertig?!"

Das kritische Eltern-Ich wird hier nicht nur am mahnenden Tonfall erkannt, sondern auch an der Wortwahl „denn endlich".

2. „Dafür kann ich doch nichts!"

Sie werden vielleicht selbst feststellen, daß Sie beim Lesen dieses Satzes mit deutlich höherer Stimme und zugleich gepreßter sprechen als im ersten Satz, ein typisches Zeichen für das trotzige Kind-Ich.

3. „Sie benehmen sich tolpatschig"

Hier deutet schon die Wortwahl „tolpatschig" auf das kritische Eltern-Ich hin.

4. „Was mache ich jetzt nur?"

Je nachdem, wie Sie diesen Satz aussprechen, handelt es sich einmal um das rational prüfende Erwachsenen-Ich oder auch um das angepaßte, um Hilfe heischende Kind-Ich. Im letzteren Fall werden Sie diesen Satz entsprechend unbeholfen klingen lassen.

5. „Was könnte der Grund für den fehlenden Zahlungseingang sein?"

Prüfen von Fakten ist eine bevorzugte Leistung unseres Erwachsenen-Ichs.

6. „Da irren Sie sich aber gewaltig!"

Der vorwurfsvolle Ton in Verbindung mit der geringschätzenden Formulierung deutet auf das kritische Eltern-Ich hin.

7. „Ich hätte da noch eine Frage ...“

Auch hier macht wieder der Ton die Musik: Sachlich, nüchtern vorgetragen kann es sich um eine Informationsfrage aus dem Erwachsenen-Ich handeln. Mit leicht hilfloser Stimme, bei gleichzeitiger Betonung des Wortes „Frage“ mit hochgehender Stimme hören wir sogleich das angepaßte Kind-Ich heraus.

8. „So geht das nicht!“

Ob jovial von oben herab oder barsch autoritär formuliert, dieser Satz kommt aus dem kritischen Eltern-Ich.

9. „Sind Sie sicher, daß Sie richtig gerechnet haben?“

Wenn es sich um eine sachliche Frage handelt, im Sinne von Prüfen, dann spricht hier das Erwachsenen-Ich. Wenn jedoch lediglich rhetorisch gefragt werden soll, tönt das kritische Eltern-Ich, für das ja längst beschlossene Sache ist, daß der andere „natürlich“ nicht richtig gerechnet hat.

10. „Machen Sie Ihren Kram doch selber!“

Dieser Satz kommt mit patziger Stimmlage besonders schön zur Geltung = trotziges Kind-Ich.

11. „Er mag ja ein netter Kerl sein, aber man kann ihn nicht unbeaufsichtigt lassen.“

In der Reihe der vorangegangenen Übungs-Sätze fällt diese kritische Eltern-Ich-Formulierung aus dem Rahmen, weil sie sich nicht an das Kind-Ich des anderen wendet, sondern ebenfalls an das kritische Eltern-Ich des Partners, nach dem Motto: Wir sind ja okay, aber leider sind wir umgeben von Versagern.

12. „Ich glaube nicht, daß ich eine Entscheidung treffen kann, bevor ich mit dem zuständigen Sachbearbeiter gesprochen habe.“

Üblicherweise hört sich dieser informierende Satz nüchtern an und deutet auf das Erwachsenen-Ich hin.

13. „Glauben Sie mir, das ist das Beste für Sie!“

Mit fast betulicher Stimme wird hier der andere wohlmeinend bevormundet = helfendes Eltern-Ich.

14. „Was Sie da in dem Tempo gemacht haben, das hat meinen ganzen Respekt."

Ein gut gemeintes, vielleicht auch gern gehörtes Lob aus der Position der Überlegenheit, also helfendes Eltern-Ich.

15. „Wenn ich nur eine Gehaltserhöhung bekäme, dann wären alle meine Probleme gelöst!"

Dieser Satz ist nicht nur von der Formulierung kindlich, sondern wird auch in der Stimmlage auf das angepaßte Kind-Ich hindeuten.

16. „Wenn Sie das nicht sorgfältig machen können, sollten Sie das lieber gar nicht tun!"

Vorwürfe kommen stets aus dem kritischen Eltern-Ich.

17. „Ich weiß wirklich nicht mehr, was ich tun soll."

Hilflosigkeit ist lernbar und das angepaßte Kind-Ich eignet sich hervorragend dafür, andere für die eigene Sache einzuspannen.

18. „Kommen Sie, lassen Sie mich das für Sie machen!"

Freundliches, helfendes Eltern-Ich.

19. „Können Sie mir bitte noch etwas mehr darüber sagen."

Bitte um Information deutet auf Erwachsenen-Ich hin.

20. „Ich halte Ihren Vorschlag in zwei Punkten für ungeeignet: Zum einen haben wir nur vierzehn Tage Zeit, zum anderen fehlen uns dafür im Moment die technischen Voraussetzungen."

Es handelt sich in diesem Satz zwar um eine Bewertung, doch wurde der Vorschlag einer kritischen Prüfung unterzogen, und Prüfen ist eine Leistung unseres Erwachsenen-Ichs.

Und nun noch die drei dialogischen Beispiele:

Vorgesetzter: „Wie spät ist es, Frau Müller?"
Mitarbeiterin: „Gleich halb fünf."

Austausch von Informationen von Erwachsenen-Ich zu Erwachsenen-Ich.

Vorgesetzter: „Wie spät ist es, Frau Müller?"
Mitarbeiterin: „Ich beeil' mich ja schon, ich bin sofort fertig."

Vorwurfsvolles, ungeduldiges Eltern-Ich des Vorgesetzten mit pflichtschuldiger Antwort aus dem angepaßten Kind-Ich der Mitarbeiterin.

Vorgesetzter: „Wie spät ist es, Frau Müller?"
Mitarbeiterin: „Sie brauchen heute aber lange."

Bitte eines Vorgesetzten um Geduld aus dem angepaßten Kind-Ich, (wenn beispielsweise die Mitarbeiterin noch nach Feierabend einen Brief schreiben soll, der gerade diktiert wird) in Verbindung mit dem vorwurfsvollen, kritischen Eltern-Ich der Mitarbeiterin.

Auf das Eltern-Ich-Verhalten der Mitarbeiterin hin wird der Chef mit ziemlicher Sicherheit keine Rabattmarke kleben, da ihm in dem Moment nur der zu schreibende Brief wichtig ist, zumal sich der Vorgesetzte ja freiwillig in sein angepaßtes Kind-Ich begeben hat, was immer das Risiko birgt, auch entsprechend behandelt zu werden.

## 8. Gesprächsstörer

Im folgenden finden Sie eine Auflistung gängiger **Äußerungen,** denen allen gemeinsam ist, daß sie **aus dem Eltern-Ich** kommen. Manchmal reicht allein die Beachtung des Tonfalls, um die deutlich herausgestellte Überlegenheit zu erkennen. So unterschiedlich die Äußerungsformen im einzelnen sind, so scheinen sie alle darauf abzuzielen, das begonnene Gespräch so schnell wie möglich zum Ende zu bringen. Darum habe ich den Ausdruck **Gesprächsstörer** gewählt. Dabei bin ich mir durchaus bewußt, daß allein die Bezeichnung Gesprächs**störer** eine wertende Klassifikation darstellt. Genauso passend wäre auch der Ausdruck Gesprächshemmer. Da ich jedoch in unserem Buch „Zuhören und Verstehen" den Begriff Gesprächsstörer eingeführt habe, will ich auch fortan daran festhalten.

Vorab möchte ich Ihnen jedoch einen Lesehinweis geben. Es ist mir schwer gefallen, dieses Kapitel genauso sachlich abzufassen wie die vorangegangenen. Die Verwendung von Gesprächsstörern ist ganz normales Alltagsverhalten. Um nun nicht den moralischen Zeigefinger zu erheben, habe ich mich der Ironie bedient, bei der ich mich allerdings selbst mit einschließe. Für wen Ironie jedoch in einem derartigen Buch nichts zu suchen hat, der sei auf die folgenden Kapitel verwiesen.

### Befehlen

Sinnvollerweise geben wir Befehle nur dann, wenn wir überzeugt sind, daß der andere sich ohne unsere Anweisung nicht „richtig" (für wen?) verhalten kann und eben darum unseres Befehls bedarf. Diese kommunikative Vorannahme macht deutlich, daß **Befehlen** vom kritischen Eltern-Ich an das angepaßte Kind-Ich adressiert ist. Dabei kommen Befehle im täglichen Gesprächsverhalten von unfreundlich, barsch bis sachlich, präzise daher.

„Sie wechseln zum Jahresbeginn in unseren Filialbetrieb nach Kleckersdorf!"
„Du wirst (bitte) nach der Arbeit noch die Kinder abholen!"

„Bitte schreiben Sie diesen Brief noch
einmal, wobei Sie die sechs Absätze
auf zwei Seiten gleichmäßig verteilen!"
„Fahr nicht so schnell!"
„Trink (oder rauch) nicht so viel!"

Zugleich werden wir beim Befehlen annehmen, daß der andere
gehorcht, andernfalls wir Gefahr
laufen, uns lächerlich zu machen.

Wenn Sie im Freundes- oder Kollegenkreis darauf achten, werden Sie
schnell entdecken können, daß Befehle gar nicht so oft wegen ihres
Inhalts, sondern viel häufiger der bevormundenden Form wegen un-
terlaufen werden. Derartige **Reaktionen** werden dann **trotziges Kind-
Ich** genannt. Manchmal werden Sie eine sofortige Trotzreaktion entdecken können, gelegentlich handelt es sich aber auch um das Einlösen einer ganzen „Rabattmarkensammlung", wobei die Reaktion entsprechend heftig ausfällt.

**Überreden**

Ähnlich dem Befehlen soll der andere durch **Überreden** zu einem
Verhalten bewegt werden, das er von allein (noch) nicht an den Tag
legt. Im Gegensatz zum Befehlen schmeichelt sich das Überreden ein.
Es ist der Versuch, einen anderen Menschen dazu zu bewegen,
„freiwillig das Richtige" zu tun. Allein die Vorentscheidung, was nun
richtig oder falsch ist, ruht beim Überredenden, der sein Eltern-Ich
dazu benutzt, es gewissermaßen im Guten dem Kind-Ich zu sagen.

„Sehen Sie sich die einmalige Chance an, die sich Ihnen eröffnet, wenn Sie in
unsere Filiale Kleckersdorf umsiedeln. Nirgendwo werden Sie soviel Gestal-
tungsmöglichkeiten vorfinden, wie gerade dort."
„Du würdest den Kindern eine riesige Freude machen, wenn Du sie nach
Büroschluß von Deiner Schwester Ulla abholen könntest. Außerdem wären wir
dann alle zum Abendessen zusammen, und Du könntest viel früher zu Deiner
Sportschau."

Während wir Befehle ja nur einsetzen, wenn wir von deren Ausführung überzeugt sind, müssen wir beim Überreden ein ungleich höheres
Risiko eingehen. Trotz der freundlichen, einschmeichelnden Verpak-
kung, sowohl in Wortwahl als auch Tonfall, spürt der andere womög-

lich unsere Absicht und reagiert gerade deswegen stur, was nichts anderes darstellt, als eine **Reaktion** aus dem **trotzigen Kind-Ich.**

## Warnen und Drohen

Wenn wir mit unserem „gutgemeinten" Überreden nicht zum Ziel kommen, gibt es ja noch das **Warnen** und **Drohen,** um den anderen, nun nicht mehr ganz so freundlich, zum „richtigen" Handeln zu bewegen. Im Unterschied zum Befehlen soll der andere durch das Aufzeigen der möglichen Folgen „endlich einsichtig" werden, was ja nichts anderes heißt, als durch den Einsatz des kritischen Eltern-Ichs den anderen zu einer „vernünftigen" Reaktion aus dem **angepaßten Kind-Ich** zu bewegen. Allem Warnen und Drohen liegt das gleiche „Strickmuster" zugrunde: „Du wirst schon sehen, was Du davon hast."

„Bitte, wenn Sie nicht nach Kleckersdorf wollen, steht es Ihnen selbstverständlich frei, abzulehnen. Ob ich allerdings noch einmal mit so einem Angebot aufwarten kann, muß ich bezweifeln. Beklagen Sie sich also nicht bei mir, wenn Sie in den nächsten Jahren keine Beförderung erhalten."
„Wenn Du nicht magst, mußt Du natürlich nicht die Kinder abholen. Aber ich will dann vor Dir kein Wort hören, wenn Du nicht zu Deiner Sportschau kommst, bloß weil sich das Abendessen hinzieht und die Kinder noch nicht im Bett sind. Daß das mal klar ist."

Gekonntes Warnen und Drohen setzt an bekannten Schwachpunkten des Gesprächspartners an. Natürlich kann er trotzig reagieren, riskiert aber lediglich ein Eigen-Tor, weil die Warnung oder Drohung prompt wahr wird. Dieser Gesprächsstörer provoziert geradezu aus dem trotzigen **Kind-Ich** heraus „Rabattmarken zu kleben" und zu sammeln oder wie es im 6. Kapitel („Widerstand beim Gesprächspartner") hieß: Wiederherstellen der verloren gegangenen Freiheit durch indirekte Freiheitswiederherstellung. So könnte der Mitarbeiter der Versetzung nach Kleckersdorf zwar zustimmen, sich jedoch gleichzeitig nach einer sogenannten Veränderung umsehen. Oder der Mann ruft vom Büro aus an, ihm sei etwas dazwischen gekommen.

## Vorwürfe machen

Während bei den vorangegangenen Gesprächsstörern ein zukünftiges Verhalten beeinflußt werden soll, ist beim **Vorwürfe machen** das Kind bereits in den Brunnen gefallen. Dennoch ist dieser Gesprächsstörer sehr nützlich, können wir doch damit deutlich machen, daß uns so etwas (natürlich) niemals passiert wäre und daß wir uns von jeglicher Mitschuld freisprechen. Hier dokumentiert das Eltern-Ich einmal mehr die eigene Überlegenheit und kann dem anderen, da er ja offensichtlich etwas verkehrt gemacht hat, umso deutlicher zeigen, was für ein kleines Licht er ist.

Vorwürfe können äußerlich als Befehl, als Frage oder als Kommentar formuliert sein, ihnen allen gemeinsam ist der geringschätzige Tonfall und das „Strickmuster": „Alles könnte so einfach sein, wenn Du anders wärst."

„Wozu haben Sie eigentlich Ihren Kopf?"
„Du weißt ganz genau, daß Du mich vorher hättest fragen müssen."
„Typisch!"
„Sie hätten das doch wissen müssen!"
„Haben Sie eigentlich nichts bemerkt?"

Vorwürfe sind in der Lage, die Menschenwürde zu verletzen und das Selbstvertrauen zu stehlen, ja unterschwellig an der Selbstachtung des anderen zu nagen. Je nach Verfassung reicht hier die **Reaktion** vom **angepaßten** Kopfeinziehen bis zum **trotzigen** Aufbegehren und Schuld zurückweisen. Wenn Sie sich vorstellen, wieviele Menschen mit einer uneingelösten „Rabattmarkensammlung" herumlaufen, die nur aufgrund von Vorwürfen geklebt wurde, dann entsteht bei Ihnen womöglich auch ein Horrorszenario.

## Bewerten

Vielleicht stutzen Sie. Zählt das Bewerten etwa auch zu den Gesprächsstörern? Und ob! Im 4. Kapitel (Erkennen der eigenen Gesprächshaltung) wurde bereits das Bewerten als eine von sechs spontanen Erwiderungsmöglichkeiten behandelt. Es gibt kaum einen subtileren Weg, einem anderen Menschen seine eigene Überlegenheit zu demonstrieren als durch **Bewerten.** Vergleichsweise harmlos ist es, wenn es sich um das gemeinsame Bewerten eines abwesenden Dritten handelt, Eltern-Ich zu Eltern-Ich im Stile des Stammtisch-Palavers. Ganz anders verhält es sich, wenn sich das Eltern-Ich an das Kind-Ich richtet. Hier wird das Verhalten oder auch die Unterlassung positiv oder negativ bewertet. Die vom Eltern-Ich geschürten Omnipotenz-Phantasien lassen nur zu leicht Ideologie vor Sachverstand gehen. Da wir ja beurteilen können, was gut bzw. schlecht ist, was ja unser Gesprächspartner leider nicht allein zustande bringt, ist er auf unsere Meinung, Ansicht, Einschätzung, eben Bewertung angewiesen. Vielleicht haben Sie auch schon beobachtet, daß Menschen, die diesen Gesprächsstörer häufig anwenden, unter dem Zwang zu stehen scheinen, alles, aber auch alles, gut- oder schlechtheißen zu müssen. Dabei wird natürlich der eigene Bewertungsmaßstab für allgemeinverbindlich gehalten. Wen wundert es, wenn wir uns gegen derartig überhebliche und moralisierende Aussagen zur Wehr setzen.

„Ich finde, daß Du es Dir ganz schön einfach machst."

„Vordergründig mag das eine gute Lösung sein, aber wenn man darüber mal sachlich nachdenkt, kommen wir keinen Schritt weiter."

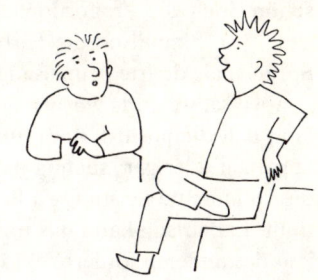

„Das ist eine tolle Sache und kommt bestimmt gut an."

„Wer so gute Ideen produziert, der hat meine ganze Unterstützung."

„Diese Position ist ja nun völlig antiquiert."

Lob oder Tadel, von einem Kind an einen Erwachsenen gerichtet, wirkt leicht altklug, weil eben die Überlegenheit des Kindes gegenüber dem Erwachsenen ganz und gar nicht gegeben ist.

So kann ich mich noch gut erinnern, wie nach einer Schulstunde ein zwölfjähriger Schüler auf mich zukam, sich vor mir aufstellte und mich folgendermaßen lobte:
„Sie, Herr Weisbach, Sie sind echt ein guter Lehrer und das wollte ich Ihnen nur mal sagen."
Sie können sich mein Schmunzeln denken. Ganz anders die anerkennende Reaktion aus dem Erwachsenen-Ich eines zufällig danebenstehenden Mitschülers:
„Also ich geb zu, in der sechsten Stunde schlaff ich schon ganz schön ab, aber bei Ihnen bin ich voll drauf."

Bei **negativer Bewertung** reagiert das **Kind-Ich** entweder brav, also schweigend und duldend, was jedoch keineswegs das Kleben von Rabattmarken ausschließt, oder es kommt sogleich zu einer trotzigen Reaktion in Form des betonten Beharrens auf der angegriffenen Position, wobei die Position selbst dann noch verteidigt wird, wenn längst klar ist, daß sie gar nicht zu halten ist. Aber die negative Bewertung wird vielfach wie ein Angriff gegen die eigene Person wahrgenommen und darum mit allen Mitteln zurückgewiesen.

Bei der **positiven Bewertung** können wir davon ausgehen, daß zunächst einmal das Lob etwas Angenehmes und für viele Menschen Erwünschtes darstellt. Dennoch kann Lob auch wie eine Einmischung in fremde Angelegenheiten oder gar wie eine direkte Bevormundung aufgenommen werden, wenn beispielsweise einem Künstler während der Arbeit ungefragt Bewertungen um die Ohren gehauen werden, wie schön doch die Proportionen seien, wie gelungen der Sonnenuntergang, wie himmlisch die Farben usw. Wer malen kann, erlebt solche Sprüche als dreiste Anmaßung.

Aber selbst dort, wo wir fachlich kompetent sind, besteht die Gefahr, daß die **positive Bewertung** den anderen in seinem **Kind-Ich** lobabhängig oder gar -süchtig macht. Statt den eigenen Gütemaßstab an die vollbrachte Leistung zu legen, wird auf das Urteil des anderen vertraut. Langfristig kann das positive Bewerten dann die Unselbständigkeit des anderen fördern, ein Effekt, der wohl kaum primäres Ziel sein kann. Hinzu kommt die Schwierigkeit, im Anschluß an eine positive Bewertung eine eigene Schwäche, einen Fehler einzugestehen, wie folgendes Beispiel deutlich macht:

Herr Fried hat sich schweren Herzens entschlossen, den Kegelabend mit den Kollegen sausen zu lassen, um sein Versprechen vom Morgen einzuhalten. Tatsächlich sagt er nur: „Die Kollegen wären gern mit mir heute Abend Kegeln gegangen, aber wir hatten ja ausgemacht, ins Kino zu gehen."
Seine Frau bewertet dies positiv: „Das finde ich gut, daß man sich auf Dich so verlassen kann."
Wie soll Herr Fried nach diesem Satz noch gestehen, daß es ihm ausgesprochen schwer gefallen ist, seinen Kollegen abzusagen. Ausgeschlossen, daß er jetzt noch hinzufügt: „Ich hatte schon gehofft, daß Du keine Lust mehr hast. Denn dann würde ich jetzt noch zu den Kollegen dazustoßen."

Gerade bei lobender Bewertung fällt es uns schwer, uns dem Einfluß des anderen zu entziehen. Dies mag eine Erklärung sein, warum dieser Gesprächsstörer eines der beliebtesten Mittel subtiler Lenkung darstellt.

## Herunterspielen

Eine Unterform des vorangegangenen Gesprächsstörers ist das **Herunterspielen** oder **Bagatellisieren**. Vielfach gehört auch das Ermutigen und Trösten dazu, weil es oft im Gewande des Herunterspielens daherkommt. Sie erinnern sich an die Ausführungen im 4. Kapitel (Erkennen der eigenen Gesprächshaltung). Aufgrund unserer umfassenden Lebenserfahrung und Menschenkenntnis können wir beurteilen, ob etwas große oder kleine Bedeutung hat. Weil der andere leider die Sache völlig überspannt sieht, ja dramatisiert, müssen wir ihm helfen und auf den Boden der Realität (wessen?) zurückholen. Hier möchte unser helfendes Eltern-Ich rettend dem hilflosen Kind-Ich beistehen. Dabei wird selten geprüft, ob der andere sich im Moment eine derartige Hilfe wünscht und ob er überhaupt offen ist, sich mit einer anderen als der eigenen Sichtweise auseinanderzusetzen.

„Mach Dir nichts draus, der hat schon ganz andere vor Dir fertig gemacht," sagt ein Kollege zum anderen, als dieser völlig verstört vom gemeinsamen Chef kommt.
„Seien Sie unbesorgt, so etwas gibt sich nach einiger Zeit wieder, das haben viele Kinder in dem Alter," antwortet eine Nachbarin auf die Sorgen einer Mutter wegen ihres bettnässenden Erstklässlers.

„Das ist doch kein Weltuntergang, vielleicht scheint morgen wieder die Sonne." Reaktion auf ein völlig enttäuschtes Gegenüber, dessen Pläne gerade sprichwörtlich ins Wasser fallen.

„Nur Mut! Schwierigkeiten gibt es überall, und Sie lassen sich doch nicht ins Boxhorn jagen. Kommen Sie, das schaffen Sie pünktlich," erwidert ein Vorgesetzter auf die Zweifel eines Mitarbeiters, den vorgeschriebenen Termin einhalten zu können.

Sie kennen wahrscheinlich die Redewendung, daß das Gegenteil von „gut" nur „gut gemeint" sei. Und genau darum handelt es sich auch bei diesem Gesprächsstörer: Er ist gut gemeint, aber selten erwünscht. Es soll nicht in Abrede gestellt werden, daß in manchen Gesprächssituationen Trost und Unterstützung wirklich gewünscht sind. Doch dazu müßten wir uns auf den anderen wirklich einlassen. Durch schnell dahergeredete Worte erzielen wir eher Distanz, und es mag der Eindruck entstehen, wir wollten uns auf das, was der andere da gerade mitgeteilt hat, gar nicht einlassen. Häufig bekomme ich auch zu hören, daß man schließlich nicht noch unnötig aufbauschen wolle, was der andere ohnehin schon dramatisiere. Auch dieser Satz spiegelt deutlich die Eltern-Ich-Position wider. Denn ob etwas als dramatisch oder als harmlos erlebt wird, kann nur der beurteilen, der im Moment in der Situation steckt. Wer zum ersten Mal Liebeskummer hat, für den ist gerade eine Welt zusammengebrochen, der steht nicht nur vor einem Scherbenhaufen, sondern fühlt sich voller Schmerz und äußert womöglich, daß das Leben nun keinen Sinn mehr habe u. ä. In einer derartigen Situation zu erwidern:

„Du wirst sehen, in ein paar Tagen sieht alles wieder ganz anders aus. Liebeskummer haben wir alle irgendwann einmal gehabt und das erste Mal ist das Schlimmste. Denk an *Cat Stevens:* The first cut is the deepest",

mag sachlich gerechtfertigt sein, aber wohl kaum erwünscht. Im Gegenteil, dadurch wird dem Trauernden auch noch die Einzigartigkeit seines Leids abgesprochen, weil jeder so etwas irgendwann einmal durchmacht.

Herunterspielen richtet sich nicht nur an das **Kind-Ich,** um ihm zu helfen, dieser Gesprächsstörer zielt auch darauf ab, möglichst schnell wieder Ruhe zu haben. Wenn es hier kaum zu Trotzreaktionen kommt, mag das daran liegen, daß der andere gerade so durcheinander ist, daß ihm die nötige Kraft für ein derartiges Aufbegehren fehlt. Das schließt jedoch nicht aus, daß „Rabattmarken" geklebt werden. Die einfachste Reaktion für den Betroffenen wird dann darin bestehen, so schnell wie möglich das Gespräch zu beenden und sei es mit einem gequälten Lächeln, um künftig bei Gesprächskontakten darauf zu achten, eigene Schwierigkeiten und Probleme nicht mehr anzusprechen.

### Nicht ernst nehmen, ironisieren und verspotten

Ähnlich dem Herunterspielen handelt es sich bei diesem Gesprächsstörer um eine bewährte Möglichkeit, die Gesprächs**führung** an sich zu reißen bzw. das Gespräch rasch zu beenden. Den anderen mit seinem Anliegen **nicht ernst** zu **nehmen,** ist eine typische Eltern-Ich-Reaktion. Denn unser Eltern-Ich weiß sehr wohl zu erkennen, was ernst zu nehmen ist, uns beispielsweise betrifft und für uns wichtig ist. Kürzlich berichtete mir ein beruflich stark eingespannter Seminarteilnehmer:

„Meine 13jährige Tochter hat mir in den vergangenen Wochen wiederholt mitgeteilt, daß ihr Knie schmerzt. Ich bin aber mit meinen Gedanken stets woanders gewesen, so daß ich gar nicht darauf geachtet habe. Dann hatten wir am Wochenende die Ausstellung für den neuen *Astra* und meine Tochter sollte dort Kaffee ausschenken. Wieder sprach sie mich auf ihr Knie an. Doch anstatt mir das mal anzuschauen oder mich damit zu beschäftigen, war meine Antwort nur kurz und verletzend: Mädchen, jetzt wird Kaffee ausgeschenkt und alles andere sehen wir später. Und später habe ich sie auch noch zu Fuß nach Hause geschickt, weil ich meine Mannschaft nach der gelungenen Präsentation noch motivieren wollte. Die Rechnung kam prompt am anderen Tag: Meine Tochter landete im Krankenhaus und trägt seit vier Wochen einen Gips."

Während wir beim Nicht-ernst-nehmen dem anderen bzw. dem, was er uns da gerade mitteilt, keine Bedeutung beimessen, setzen wir uns beim **Ironisieren** durchaus mit der Äußerung unseres Gesprächspartners auseinander, allerdings auf dessen Kosten, was ja typisch ist für das ans Kind-Ich gerichtete Eltern-Ich-Verhalten. Wir erwarten auf unsere ironische Bemerkung zumindest ein Lächeln. Doch dieses Mitlachen setzt eine gehörige Portion Humor voraus, streng nach der verbreiteten Definition: Humor ist, wenn man trotzdem lacht. Sie haben vielleicht selbst schon gehört, daß denen Humorlosigkeit vorgeworfen wird, denen nach ironischen Äußerungen nicht zum Lachen zumute ist.

„Mein lieber Herr Braun, da ich sehe, daß Sie auf mein Angebot, Sie nach Kleckersdorf zu entsenden, nicht eingehen, muß ich annehmen, daß Ihnen Zweifel kommen, ob Sie der Urbanität und Weitläufigkeit unseres Filialstandorts gewachsen sind."
„Es grenzt wahrscheinlich an eine Zumutung, den völlig überlasteten Vater mit so einer zeitraubenden Aufgabe zu betrauen, seine Kinder nach der Arbeit bei seiner Schwester Ulla abzuholen."

Ganz ähnlich kommt auch das **Verspotten** daher. Doch hier bemühen wir uns nicht einmal mehr um die Verdrehung des Sinns, sondern machen uns ganz schamlos über den anderen lustig, der das hoffentlich witzig findet, andernfalls dies ein Beweis für mangelnden Humor wäre. Hierbei kommt den Umstehenden eine nicht unwesent-

liche Bedeutung als aufmerksame
Zuschauer und Claqueure zu.

„Na, hat unser Nesthäkchen auch
einen Vorschlag."
„Vorsicht, Augen schließen, Kollegin
Schulz versprüht Gedankenblitze."
„Bei soviel Arbeit werden Sie bald eine
Leiter brauchen, um über all das hin-
wegzuschauen, was liegen geblieben
ist."

Über einen schlecht angenähten Knopf: „Das wird gar nicht leicht gewesen
sein, bei völliger Dunkelheit diesen Knopf anzunähen."
Da müht sich eine Kollegin ab, den neuen Kopierer in Gang zu setzen: „Ehe Sie
sich umbringen, sollten Sie vielleicht einen Fachmann hinzuziehen."

Bei allen drei Formen dieses Gesprächsstörers wird vom anderen
gute Miene zum bösen Spiel erwartet. Hier wird höchstwahrscheinlich
das **angepaßte Kind-Ich** reagieren und zugleich Rabattmarken kleben,
die an anderer Stelle heimgezahlt werden. Nicht selten entstehen in
solchen Situationen Rachegedanken: „Na warte, Du kannst noch was
erleben ..."

### Lebensweisheiten zum besten geben

Im Grunde genommen stellen die **Lebensweisheiten** eine Sonder-
form des Nicht-ernst-nehmens dar. Statt einer Auseinandersetzung
über das, was der andere sagt oder meint, wird dieser mit einer pas-
senden Redewendung, einem Sprichwort oder sonst einer „Weisheit"
abgespeist. Dabei soll der Rückgriff auf Lebensweisheiten eine Unter-
mauerung des eigenen Standpunktes darstellen. Es ist ein Berufen auf
Autoritäten, denn nichts anderes stellen diese generalisierten Allgemeinplätze dar. Die drei bekanntesten Allgemeinplätze stellt die Gene-
ralisierung der eigenen Erfahrung dar:

„Das haben wir noch nie anders gemacht."
„Das haben wir schon immer so gemacht."
„Da könnte ja jeder kommen."

Aber auch das Berufen auf Bibelpassagen, bekannte Zitate oder
aktuelle Redewendungen vermeidet die konkrete Auseinandersetzung.
Das Eltern-Ich hat eine Position und will mittels Lebensweisheiten
diese stärken bzw. sich von der gebildeten, informierten Seite zeigen.

Auf den Mitarbeiterwunsch nach rascher Umgestaltung seines Arbeitsgebiets, kommt die Antwort: „Denken Sie immer an König Salomo, der uns lehrte: Alles hat seine Zeit." Oder: „Rom wurde auch nicht an einem Tag erbaut."

Auf die bedrückte Äußerung eines Kollegen, daß er in letzter Zeit ziemlichen Krach daheim habe, kommt die Erwiderung: „Schon Nietzsche gab uns den Rat: Gehst Du zum Weibe, vergiß die Peitsche nicht!"

Auch wenn es dem einen oder anderen Leser absurd konstruiert scheinen mag, folgender Reaktionsstil beginnt sich auch bei Nicht-Politikern großer Beliebtheit zu erfreuen: „Na, das hört sich nach Freisetzung Deiner Freundin an, nur fehlt Dir ein Plan, diese Maßnahme sozial verträglich abzufedern."

Das Risiko der Lebensweisheiten liegt in der möglichen Schlagfertigkeit des Gesprächspartners, der seinerseits mit einer geschliffenen Wendung uns mundtot macht. So könnte der Mitarbeiter antworten:

„Darauf kann ich nur noch erwidern: Hilf Dir selbst, so hilft Dir Gott."

## Von sich reden

Diesen Gesprächsstörer kennen Sie womöglich aus Ihrer eigenen Kindheit, jener Lebensphase, da Erwachsene, häufig die eigenen Eltern, sehr schnell das Gespräch auf ihre Lebenserfahrungen zu bringen pflegten. Wer **von sich redet,** um das begonnene Gespräch durch die eigenen Erfahrungen „zu bereichern", hat bereits für sich beschlossen, daß der eigene Standpunkt, das was es zu äußern gilt, viel wichtiger und bedeutungsschwerer ist, als alles andere. Ich bin immer wieder erstaunt, wie es Menschen gelingt, bereits nach ein, zwei Sätzen das Gespräch auf sich zu lenken.

**A:** „Unser letzter Urlaub war wirklich gut, wir hatten unglaubliches Glück mit dem Wetter und mit dem Hotel. Wahrscheinlich werden wir nächstes Jahr wieder dorthin fahren."

**B:** „Also nee, da kriegen mich keine zehn Pferde mehr hin. Unser Hotel war so etwas von schlecht. Im Prospekt stand: In einer abgelegenen kleinen Straße, ca. 5 Minuten zum Meer und 10 Minuten in die Stadt. Was uns keiner gesagt hat, daß wir in der Einflugschneise des Flughafens wohnten und das Meer aus einer Steilküste bestand. Der nächste Strand war 7 km entfernt. Usw."

Dieser Gesprächsstörer ist keineswegs typisch für private Gespräche, wie folgendes Beispiel zeigen kann:

Kundin bei einer Versicherung: „Jetzt habe ich Ihnen doch alle Unterlagen zusammengestellt, so wie Sie es mir geschrieben haben, aber jetzt habe ich immer noch nicht mein Geld. Wie lange muß ich denn noch darauf warten? Wissen Sie, die Handwerker wollen ja auch bezahlt sein."
Sachbearbeiter: „Ja liebe Frau Weber, so einfach ist das nun auch nicht. Schauen Sie, da muß ich erst einmal die Unterlagen prüfen und außerdem sehen Sie ja, wieviel hier auf meinem Schreibtisch liegt. Jeder, der zu mir kommt, will sein Geld am liebsten gleich mitnehmen, aber wie stellen Sie sich das vor. Außerdem arbeite ich bereits seit zwei Wochen für meinen erkrankten Kollegen Sauer mit. Glauben Sie, ich habe in diesem Jahr schon Urlaub genommen?"

Wie oft haben Sie sich schon die Geschichten anderer anhören müssen und überlegt, wie Sie, ohne allzuviel Unmut zu erzeugen, aus der Situation entkommen können. Aber unser wohlerzogenes und **angepaßtes Kind-Ich** schweigt nur brav und hofft auf ein baldiges Ende. Typisch ist jedoch das Nicht-hinhören, Blicke-schweifen-lassen und deutlich unterdrücktes Gähnen. Eine vielleicht unauffälligere Form, seinen **Trotz** anzumelden.

### Ursachen aufzeigen und Hintergründe deuten

Dieser Gesprächsstörer wurde bereits im 4. Kapitel (Erkennen der eigenen Gesprächshaltung) kurz behandelt und dort als Interpretieren bezeichnet. Dem anderen die **Hintergründe** für sein Verhalten zu erklären, stellt eine wunderschöne Gelegenheit dar, die eigene Menschenkenntnis, das eigene psychologische Know-how zu demonstrieren. Dem anderen zu zeigen, welche wahren **Ursachen** hinter seinen Ausführungen stecken, hat nicht nur etwas Detektivisches, sondern es unterstreicht auch die eigene diagnostische Kompetenz, die wir dem anderen, der in seinem Leben ja noch nicht so weit gekommen ist, nur schwer vorenthalten können.

Natürlich kommt auch dieser Gesprächsstörer aus unserem Eltern-Ich und ist zumeist von der Absicht geprägt, dem anderen in seinem Kind-Ich möglichst schnell zu helfen. Dabei unterliegt die Verwendung dieses Gesprächsstörers zwei Gefahren:

Entweder deuten wir in eine Äußerung zuviel hinein, dann liegen wir einfach falsch. Womöglich unterstellen wir dem anderen, daß wir trotzdem Recht haben, er nur (noch) nicht in der Lage ist, dies auch zu erkennen.

Oder wir sind tatsächlich so geschickt, die „wahren Beweggründe" zu erfassen und richtig zu benennen, dann liegen wir richtig; der andere muß deshalb noch lange nicht zugeben, daß unsere Sichtweise zutreffend ist.

Ich kann mich noch gut daran erinnern, wie einer meiner besten Freunde in einem Gespräch auf meine Situationsbeschreibung äußerte: „Mensch Christian, gib zu, Du bist doch nur total eifersüchtig!" Und ohne auch nur einen Moment zu zögern, platzte ich heraus: „Du spinnst doch, ich und eifersüchtig, also aus dem Alter bin ich nun wirklich raus." Dabei traf seine Äußerung absolut ins Schwarze. Mein Verhalten war von nichts anderem als von Eifersucht geprägt. Nur das konnte und wollte ich in dem Moment nicht öffentlich zugeben, nicht einmal diesem Freund gegenüber.

Dem anderen geistig auf die Sprünge zu helfen, mag ja eine gutgemeinte Absicht sein, verspricht aber keineswegs Erfolg, wenn dieser andere für die aufgezeigten Hintergründe nicht offen ist.

„Ihrer Ablehnung einer Versetzung nach Kleckersdorf liegt eine starke Fixierung auf unseren hiesigen Standort zugrunde. Ihre diesbezügliche mangelnde Flexibilität darf wohl darauf zurückgeführt werden, daß Sie noch nie in Ihrem Leben aus unserer Region hinausgekommen sind."

„Deine viele Arbeit ist doch nur ein Vorwand. Wenn Du die Kinder heute wieder nicht abholen willst, dann liegt das daran, daß Du Ulla nicht sehen willst, weil Du schon lange eine gestörte Beziehung zu Deiner Schwester hast."

Bei manch einer vehement abgelehnten Deutung läßt sich im Nachhinein feststellen, daß sie einfach zu früh kam. Mit etwas mehr Geduld hätte der Gesprächspartner die Chance gehabt, seine Situation zu durchschauen und sich über die Wirkung seines Verhaltens selbst klar zu werden. So betrachtet dokumentieren wir durch die Verwendung dieses Gesprächsstörers auch unsere eigene Ungeduld bzw. unseren Zweifel, daß der Gesprächspartner von selbst etwas bzw. sich erkennen kann.

## Ausfragen

Wie nötigend dieses Gesprächsverhalten sein kann, erinnern Sie wahrscheinlich noch aus Ihrer Kindheit, als Sie Mühe hatten, sich den vielen Kontrollfragen zu entziehen:

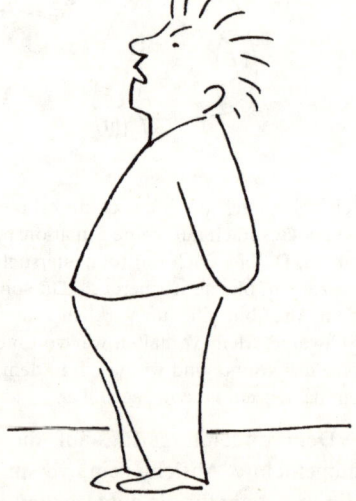

„Wo warst Du?"
„Hast Du Deine Schularbeiten gemacht?"
„Mit wem spielst Du?"
„Warum kommst Du jetzt erst?"
„Was haben denn die anderen für Noten?"

Nicht umsonst wird in Führungslehren dem Fragen breiter Raum gegeben, häufig verbunden mit der Überschrift: Wer fragt, führt. Genau diese Chance liegt im Fragen. Wer fragt, gibt dem Befragten den möglichen Antworthorizont gleich mit. Doch genau darin wird deutlich, daß wir dieses **Aus-Fragen** nur zu oft aus dem Eltern-Ich stellen, daß es uns dann mitnichten um einen Informationsaustausch auf Frage-Basis geht, sondern um eine Bestätigung dessen, was wir ohnehin schon vermuten.

Besonders beliebt sind Fragen vom Ja-Nein-Typ. Dabei wird der Befragte in das Prokrustesbett des Fragers gezwängt, das ihm nur noch gestattet, zuzustimmen oder abzulehnen. Ein Kommentar ist nicht erwünscht.

Ärztin: „Kommen die Schmerzen gleich beim Aufwachen?"
Patient: „Ja."
„Sind die Schmerzen nach dem Frühstück stärker?"
„Nein."
„Trinken Sie morgens Kaffee?"
„Ja."
„Haben Sie die Beschwerden früher auch schon gehabt?"
„Ja."
„Gibt es in Ihrer Familie Häufungen von Gastro-Intestinalleiden?"
Undsoweiterundsofort.

Der Vorteil dieser engen Fragen liegt in ihrer starken Gesprächs-**führung**. Die Verantwortung für die weitere Gesprächsentwicklung liegt ausschließlich beim Fragenden, er bestimmt, worüber gesprochen wird. Darüberhinaus werden Sie leicht prüfen können, daß die Formulierung einer engen Ja-Nein-Frage kein Nachdenken erfordert, also auch ohne jeglichen tieferen Bezug formuliert werden kann. In diesem Zusammenhang sei jedoch darauf hingewiesen, daß derartige Bestätigungsfragen in Scheinfragen abgleiten können. Durch die suggestive Formulierung, die die erwartete Antwort schon enthält oder wenigstens nahelegt, muß damit gerechnet werden, daß der Befragte nicht mehr sagt, was er weiß, sondern – aus den verschiedensten Gründen – mitteilt, was der Frager vermutlich von ihm hören will. Im Grenzfall glaubt der Befragte seine Antwort sogar selbst.

Die andere Form des Fragens stellen die W-Fragen dar. Fragewörter fangen im Deutschen alle mit dem Buchstaben „W" an. Hier enthält die Frage bereits eine Unterstellung, die möglichst nicht mehr hinterfragt werden soll. Wenn der Ober den Gast fragt, **was** dieser trinken möchte, wird ihm bereits unterstellt, daß er grundsätzlich etwas trinken möchte, er also nur noch zwischen verschiedenen Getränken wählen darf.

Derartiges Fragen befriedigt lediglich die Neugier des Fragers, führt jedoch nicht zu einem ergiebigen Gespräch.

„Ich bin ganz am Boden zerstört, ich bin gerade durch die Prüfung gefallen."
„Bei wem warst Du?" oder „Welches Fach denn?"

„Ich hatte gestern den ersten Autounfall meines Lebens, ich bin noch ganz durcheinander."
„Wie ist denn das passiert?" oder „Was für ein Auto fahren Sie denn?"
„Meine Zahnärztin hat mir gesagt, daß sie mir alle vier Weisheitszähne entfernen muß."
„Zu wem gehen Sie denn?" oder „Wie oft gehst Du denn zu der?"

Nur zu oft werden Fragen damit legitimiert, daß man schließlich dem anderen sein Interesse zeigen möchte. Nichts gegen Anteilnahme, doch wer fragt, befriedigt eher sein eigenes Interesse und stillt seine Neugierde. Vollends problematisch wird es, wenn die Antwort mit dem eigenen Bewertungsmaßstab kollidiert, wie folgendes Beispiel aus einem Kurs über Gesprächsführung illustriert:

Eine Teilnehmerin hatte sich mit einem echten Problem als Ratsuchende zur Verfügung gestellt und begann: „Es fällt mir wahnsinnig schwer, mit dem Rauchen aufzuhören. Ich versuch's zwar immer mal wieder, aber nach ein paar Tagen werde ich rückfällig. Es ist zum Auswachsen."
„Wieviel rauchen Sie denn?"
„Zwei, drei, manchmal auch vier am Tag."
„Na, das ist doch nicht viel. Manch einer wäre froh, er könnte sein Rauchen soweit reduzieren."
Das weitere Gespräch war davon geprägt, daß sich die Ratsuchende in ihrem Anliegen nicht ernst genommen fühlte, schließlich fiel es ihr schwer, auf zwei, drei Zigaretten am Tag zu verzichten; doch der Berater versuchte ihr abzusprechen, überhaupt ein Problem zu haben.

Mancher Leser wird einwenden: „Man wird doch wohl noch fragen dürfen." Ihm sei sogleich versichert: Ja, natürlich. Doch auch schlichte Informationsfragen können sehr unecht sein; sei es, daß sie eine **persönliche Aussage vermeiden** helfen, sei es, daß sie indirekte Ansprüche an den anderen stellen. **Das Interview ersetzt den Dialog.** Denn mittels Fragen können wir uns nicht nur vor persönlicher Stellungnahme bewahren, wer fragt, sagt ja noch nichts, das Fragen bewahrt auch vor dem Tun. Jeder schlecht vorbereitete Schüler weiß, wie man durch geschickte Fragen die eigene Unwissenheit verbergen kann. Und selten beobachte ich so viele scheinbar harmlose Informationsfragen zu Ablauf und Organisation, wie in den Situationen, da Seminarteilnehmer aufgefordert sind, direkt zu handeln.

Gerade bei Entscheidungs-, Problem- und Konfliktgesprächen können unsere Fragen ausdrücken, daß wir **kein Vertrauen** in die Fähigkeit unseres Gesprächspartners haben, sich mit seinem Problem selbst auseinanderzusetzen, bzw. daß wir zu ungeduldig sind, um an eine eigenständige Bewältigung zu glauben. Eine derart fragende Gesprächsführung strukturiert zwar den Prozeß, sie geht aber auch mit einer Einschränkung der Freiheit bezüglich Gesprächstempo und Gesprächsrichtung einher. Die Rollenverteilung zwischen dem aktiv Strukturierenden und dem reaktiv Folgenden begünstigt ein Abfragen von Fakten, was den Gesprächspartner nur zu leicht zu einem Objekt diagnostizierender Betrachtung macht. Dies wird ganz besonders an den **bedrängenden Warum-Fragen** deutlich, verlangen sie doch vom anderen eine Begründung, eine Rechtfertigung für sein Handeln. Entweder kennt der andere die Ursachen seines gegenwärtigen Problems, dann wird er schon einen Grund haben, wenn er sie uns nicht ungefragt mitteilt oder er kennt die Beweggründe nicht, dann wird er die Warum-Frage eher als beschämend erleben, offenbart sein Schweigen doch seine mangelnde Kompetenz in dieser Angelegenheit. Es stimmt ja keineswegs, daß man möglichst viel über einen anderen Menschen wissen muß, um ihn beraten zu können. Kenntnisse zu erlangen über einen anderen, verschafft nur zu leicht ein **Gefühl von Überlegenheit,** schafft und bewahrt Herrschaft über den anderen, entspricht also unserem **Eltern-Ich.** Im Extremfall können Fragen dazu dienen, sich den Gesprächspartner „verfügbar" zu machen. Die Wirklichkeit wird dorthin gefragt, wohin man sie haben will. Manch einer klebt nur zu leicht an seiner Idee. Dann fragt er so, daß die Antworten die Idee wiedergeben und sei es durch Inquisition.

## Vorschläge und Lösungen anbieten

Vielleicht sind Sie überrascht, daß auch dieses Verhalten zu den Gesprächsstörern gezählt werden soll und denken, daß bald gar keine Erwiderungsmöglichkeit mehr bleibe. Bei diesem Gesprächsstörer liegt die Betonung auf dem **Anbieten,** denn die meisten **Ratschläge,** die wir einander verpassen, werden zwar stets gut gemeint, aber doch zumeist ungebeten erteilt. Auch bei den **Vorschlägen** und **Lösungen** drücken wir vermittels unseres Eltern-Ichs aus, daß der andere unserer Hilfe bedarf, sich eben im Kind-Ich befindet. Wie sehr die mit der Kind-Ich Position verbundene Unterlegenheit abgelehnt wird, zeigt sich nur zu oft, in der typischen Reaktion auf ungebetene Empfehlungen: „Ja, aber ...“ Mit anderen Worten, dem Ratgeber wird seine Bemühung gedankt, das entspricht dem „Ja“, doch anschließend wird erklärt, warum gerade dieser Vorschlag nicht umgesetzt werden kann. Dabei entspinnen sich typische Dialoge:

„Seit dieses neue Gerät da ist, häufen sich die Fehler. Ich weiß bald nicht mehr wohin mit der Arbeit.“

„Ehe Sie sich auf die Fehlersuche machen, sollten Sie einmal das System-Programm laufen lassen, meistens gibt es sich dann von selbst.“

„Gute Idee, aber das hab' ich schon zweimal gemacht.“

„Drücken Sie mal auf „Wiederholen“, das hilft auch.“

„So doof bin ich ja nun auch nicht.“

„Sorry, dann hilft nur noch ein Blick in den Handbuch-Anhang.“

„Danke, das wäre die Lösung, aber leider haben die Entwickler genau für dieses Problem keine Erklärung abgedruckt.“

„Dann hilft nur noch ein Anruf beim Operator.“

„Hab' ich auch schon gedacht, aber die sind völlig überlastet und können im Moment nicht vorbeikommen.“

„Ich würde an Ihrer Stelle zur Chefin gehen und sie fragen, was Sie tun sollen.“

„Ich denke auch, das wäre wohl das beste. Da fällt mir allerdings ein, daß ich mich wegen der Sache von neulich mal ein paar Tage nicht bei der Alten sehen lasse.“

Undsoweiter.

In erster Linie vermittelt der ungebetene Rat-**Schlag,** daß wir dem anderen nicht zutrauen, von selbst auf eine passende Lösung zu kommen. Mit unseren gut gemeinten Lösungsideen demonstrieren wir nur ein weiteres Mal mehr unsere **Ungeduld** und unser **geringes Vertrauen** in die Lösungskompetenz unseres Gesprächspartners.

In vielen Übungen zur beratenden Gesprächsführung war ich immer wieder erstaunt, von den Ratsuchenden zu hören, wie gut sich ihr jeweiliger Berater mit ihrem Anliegen auseinandergesetzt hat und sich auch eine ganze Reihe von Vorschlägen hat einfallen lassen. Dabei wurden diese Vorschläge in der Regel lobend hervorgehoben. Wenn ich jedoch nachhakte, wann denn nun die gegebene Empfehlung konkret in die Tat umgesetzt werden solle, kamen fast ausschließlich nachgeschobene Erklärungen, warum das im Moment nicht ginge oder was einer sofortigen Realisierung im Weg stünde und dergleichen mehr. Mit anderen Worten, ungezählte Ratschläge werden dankend angenommen und dennoch nicht ausgeführt.

Damit sollen keineswegs Ratschläge und Lösungen generell verworfen werden, doch vor jeglicher Empfehlung gilt es zu prüfen, wieweit der andere wirklich einer Anregung unsererseits bedarf.

Mittels einer einfachen Wendung können Sie sich selbst versichern:

„Ich bin mir im Moment nicht sicher, wieweit Sie meinen Rat möchten." Oder:
„Ich frage mich gerade, ob Ihnen mit einer Empfehlung meinerseits gedient ist." Oder:
„Ich überlege mir, ob es Sie interessiert, was ich täte."

Diese reflexiven Fragen, die ja einem lauten Nachdenken gleichen, fordern den Gesprächspartner indirekt auf, sich zu äußern. Entweder ist der andere an meiner Empfehlung interessiert, dann wird er genau dieses sagen, mich anschauen und schweigen. Viel häufiger fällt die Antwort jedoch so aus:

„Ja unbedingt, deswegen wollte ich mal Ihre Meinung hören, wissen Sie, es ist nämlich folgendermaßen ..."
Und nun redet der andere und redet. Nur zu oft kommt er im weiteren Verlauf seiner Ausführungen gar nicht mehr auf das Angebot eines Ratschlags zurück.

Zugegeben, dann bleiben wir auf unseren guten Lösungen und Empfehlungen sitzen. Das hat jedoch einen entscheidenden Vorteil: Wir sind nicht schuld, wenn der andere Fehler macht. Ich will damit sagen, daß ein ungebetener Ratschlag, gerade wenn er gut ist, nur zu leicht halbherzig ausgeführt wird, was zu entsprechenden Einbußen führen kann. Die Folge ist der typische Vorwurf: „Auf Deinen Ratschlag werde ich noch 'mal hören ..."

Was den ungebetenen Vorschlag so schwer akzeptabel macht, ist das Tempo, mit dem wir die Lösung bereits aus dem Ärmel zaubern. Da hat jemand über eine anstehende Entscheidung lange nachgedacht, hat das Problem von allen Seiten beleuchtet, dabei aber keine Lösung gefunden und berichtet uns von seiner Schwierigkeit. Schwuppdiwupp ziehen wir dem Kaninchen gleich eine Lösung aus dem Zylinder. Doch mit unserer (vor-)schnellen Lösung lassen wir den anderen auch spüren, für wie inkompetent, ahnungslos, lebensfremd etc. wir ihn halten, daß er eben nicht allein darauf kommt. In dieser Kind-Ich-Zuschreibung mag eine Erklärung gefunden werden, warum so viele Menschen auch die Ratschläge verwerfen, die ihnen eigentlich Vorteile brächten. Es geht jedoch ab einem bestimmten Punkt des Gesprächsverlaufs nicht mehr um das Thema, also das anstehende Problem, sondern nur noch um den Umgang der Gesprächspartner miteinander, also wie die beiden sich gegenseitig behandeln. Dann werden selbst gute Lösungen verworfen, nur um nicht zugeben zu müssen, allein nicht so weit gekommen zu sein.

Der Gesprächsstörer **ungebetene Ratschläge** scheint vordergründig ein Bemühen um Lösungsmöglichkeiten, also um Hilfe für den anderen zu sein. Doch im tieferen Sinne demonstrieren wir mittels dieses Verhaltens unsere Schlagfertigkeit, Kompetenz, Lebenserfahrung, eben unsere Überlegenheit. Und die mag nun mal nicht jeder auf Anhieb. Schade, aber so sind wir Menschen.

Am Ende dieses Kapitels können Sie an einem kurzen Dialog das Zuordnen der Gesprächsstörer üben. Jede Aussage von B enthält mindestens einen, manchmal gleich mehrere Erwiderungen aus dem Eltern-Ich, die zu entsprechenden Reaktionen bei A führen.

Es ist Samstagabend gegen 18 Uhr. Albrecht (A) und Brigitte (B) Grau sind über Freunde zu einer Party eingeladen worden
A: „Ich finde, wir sollten nicht zu der Einladung gehen. Wir kennen die Leute doch gar nicht.“
B: „Mach Dir mal keine Sorgen, das wird sicher ganz nett.“ (1)
A: „Nein, Du, irgendwie habe ich keine rechte Lust da hinzugehen.“
B: „Eine Zusage von Lust oder Unlust abhängig zu machen, finde ich überhaupt nicht gut. Außerdem liegt Deine sogenannte Unlust doch nur daran, daß Du Dich vor fremden Leuten so leicht gehemmt fühlst!“ (2)
A: „Das hat doch damit nichts zu tun. Ich weiß wirklich nicht, was ich da soll.“
B: „Also, hör mal zu, was man zugesagt hat, muß man auch einhalten.“ (3)
A: „Das ist doch Prinzipienreiterei.“
B: „Das ist doch nun echt Blödsinn, wenn Du mir Vorhaltungen machst, bloß weil Du plötzlich keine Lust mehr hast.“ (4)
A: „Mhm“
B: „Erzähl mir lieber mal, warum hast Du denn jetzt auf einmal keine Lust mehr?“ (5)
A: „Ich weiß es nicht. Das wird bestimmt langweilig.“
B: „Ganz im Gegenteil, das wird bestimmt ganz unterhaltsam.“ (6)
A: „Also, letztes Mal bei Schulzes war's stocksteif.“
B: „Ich habe mich da köstlich amüsiert, gerade Frau Schulze war so witzig, ich kann heut' noch lachen über die Geschichte mit ihrem Goldfisch.“ (7)
A: „Ja, ja, Du und Frau Schulze ...“

**B:** „Also ich würde mich an Deiner Stelle gleich in die Nähe von Frau Schulze setzen, die kommt ganz bestimmt und Du wirst sehen, wie sie sich in ganz reizender Weise um Dich kümmern wird. Und wenn wieder Witze erzählt werden, dann kannst Du doch Deinen neuesten zum besten geben, der mit Winnetou Koslowsky, den kennt bestimmt noch keiner." (8)

**A:** „Ich mag solche Witzrunden irgendwie nicht."

**B:** „Das stimmt doch gar nicht, Du mußt nur ein wenig aus Dir herauskommen und Du wirst sehen, alles sieht plötzlich anders aus." (9)

**A:** „Mhm. Ich weiß nicht ..."

**B:** „Denk doch auch mal an das gute Essen. Es gibt bestimmt ein kaltes Buffet mit hundert Leckereien und edlen Weinen. Außerdem könnten wir dort interessante neue Leute kennenlernen, vielleicht bekomme ich dann wieder einen neuen Auftrag." (10)

**A:** „Mhm"

**B:** „Also, wenn Du nicht willst, dann gehe ich ohne Dich, und was das bedeutet, weißt Du ja wohl." (11)

Lösungsvorschlag:

(1)  Herunterspielen
(2)  Bewerten sowie Ursachen aufzeigen und Hintergründe deuten
(3)  Lebensweisheiten zum besten geben
(4)  Vorwürfe machen
(5)  Ausfragen
(6)  Gegenbehauptungen
(7)  Von sich reden
(8)  Vorschläge und Lösungen anbieten
(9)  Gegenbehauptungen sowie Vorschläge und Lösungen anbieten
(10) Überreden
(11) Warnen und Drohen

Wenn wir uns am Ende dieses Kapitels einmal überlegen, wie sich wohl Albrecht Grau in der dargestellten Situation entscheiden wird, fällt es nicht schwer, sich vorzustellen, daß Ehepaar Grau gemeinsam auf besagte Party geht. Doch um welchen Preis? Welche „Rabattmarken" könnte Herr Grau einlösen?

Auf jeden Fall dürfte es für Albrecht Grau sehr schwer, wenn nicht sogar unmöglich sein, sich auf dieser Party wohl zu fühlen und das auch noch seiner Frau gegenüber offen zuzugeben. Denn das hätte nur zur Folge, daß sie stolz feststellt: „Ich hab's Dir ja gleich gesagt."

Herr Grau könnte im einfachsten Fall erst auf dem Nachhauseweg seine Frau spüren lassen, wie sehr er sich gelangweilt hat, wobei dies nicht unbedingt in Form von Vorwürfen geschehen muß, noch subtiler wäre betontes Schweigen.

Vielleicht bekommt er jedoch noch während der Party unerträgliche Kopfschmerzen und bittet darum seine Frau, ihn möglichst umgehend nach Hause zu fahren.

Er könnte sich auch so unmöglich benehmen, so daß es seiner Frau geradezu peinlich wäre, mit ihm auf dieser Party erschienen zu sein, zum Beispiel könnte er sich einen gehörigen Schwips antrinken.

Ganz gleich wofür sich Herr Grau entscheidet, dieser kurze Dialog gleicht einem Phyrrussieg für Frau Grau. Die tatsächliche Rechnung wird ihr erst viel später eröffnet. So betrachtet, steht der kurzfristige Gewinn, der sich durch den Einsatz von Gesprächsstörern erzielen läßt, in keinem Verhältnis zum tatsächlichen Nutzen.

## 9. Gesprächsförderer

Die Auflistung der Gesprächsstörer im vorangegangenen Kapitel mag zu der Frage geführt haben, welches Gesprächsverhalten denn überhaupt noch übrig bleibt. Im folgenden will ich Ihnen eine Reihe von Möglichkeiten vorstellen, die geeignet sind, ein Gespräch zu fördern und darum **Gesprächsförderer** genannt werden. Mit diesen Verhaltensweisen können Sie Ihrem Gesprächspartner zeigen, daß Sie ihm nicht nur einfach zuhören, sondern auch an seinen Gedanken und Empfindungen teilnehmen. Ihr Gegenüber fühlt sich dadurch bestätigt und ermutigt weiterzusprechen. Die Botschaft der Gesprächsförderer lautet:

---

- **Ich möchte gern verstehen und noch besser erfassen, was Sie meinen.**
- **Ich bin interessiert an dem, was Sie sagen.**
- **Fahren Sie bitte fort!**

---

Im Gegensatz zu den Gesprächsstörern, bei denen die eigene Position in den Vordergrund gestellt wird, beziehen Sie beim Einsatz der Gesprächsförderer keine Stellung. Das Wesentliche dieser Verhaltensweisen besteht darin, sich zunächst ausschließlich auf den Gesprächspartner zu konzentrieren und sich selbst mit gutgemeinten Ratschlägen, Bewertungen, Meinungen und Ansichten noch zurückzuhalten.

Die Gesprächsstörer hatte ich als typisches Eltern-Ich-Verhalten bezeichnet. Den Gesprächsförderern ist gemeinsam, daß sie alle aus dem Erwachsenen-Ich kommen. Es ist der Austausch und das Prüfen von Informationen, mit dem Ziel, den anderen optimal zu verstehen.

### Umschreiben, mit eigenen Worten wiederholen

Diesen Gesprächsförderer haben Sie bereits im 2. Kapitel (Vier Formen des Zuhörens) kennengelernt. Häufig wird mir entgegengehalten, daß beim **Umschreiben** das Gespräch ins Stocken gerate, weil ja nichts

Neues hinzukomme und eine derartige Wiederholung für das Gegenüber wie Nachplappern, wirken könne. So entspann sich kürzlich
beim Erläutern der Gesprächsförderer folgender Dialog zwischen
einer Seminarteilnehmerin und mir:

Teilnehmerin: „Also, daß finde ich ja nun gar nicht gut, einfach alles nachzusprechen, was der andere gerade gesagt hat. Was soll das bringen?"
Weisbach: „Das wirkt auf Sie wie Nachplappern und Sie kommen sich da eher
wie ein Papagei vor, was ja wohl nichts bringen kann."
Teilnehmerin: „Ja genau, der andere fühlt sich womöglich auf den Arm genommen, oder er hält mich für ziemlich beschränkt, wenn ich nichts zu sagen weiß,
außer ihn zu wiederholen."
Weisbach: „Durch so ein beschränktes Verhalten könnte der andere Ihre Kompetenz anzweifeln."
Teilnehmerin: „Ganz richtig. Ich überleg' mir gerade, wie das für mich wäre,
wenn jemand pausenlos meine Äußerungen wiederholt. Mhm, ich glaub', ich
würde das irgendwie blöd finden."
Weisbach: „Wenn das jemand mit Ihnen machen würde, hätten Sie so ein Ge-
fühl, nicht ernst genommen zu werden."
Teilnehmerin: „Das stimmt, ich würde denken, ich bin scheint's nicht in der
Lage, mich unmißverständlich auszudrücken. Denn wenn der andere mich rich-
tig versteht, muß er mich doch nicht so blödsinnig wiederholen."
Weisbach: „So ein umschreibendes Zuhören kommt Ihnen geradezu wie eine
Kritik vor, gewissermaßen ein Angriff auf Ihr Ausdrucksvermögen."
Teilnehmerin: „Ja, ich glaub' das ist es, was mich daran so nervt."
Das Gespräch brach an dieser Stelle ab, weil die übrigen Seminarteilnehmer ihr
Lachen nicht länger unterdrücken konnten und die Teilnehmerin plötzlich ganz
verunsichert in die Runde blickte.

Obwohl mir dieser kurze Dialog im Seminar für Demonstrations-
zwecke gerade recht kam, war mir zu Beginn des Gesprächs nicht
klar, was die Teilnehmerin an diesem Gesprächsförderer so entschieden ablehnte. Erst nach und nach begann ich zu erfassen, daß hier

eine große Sorge vor Kritik vorlag, die allem weiteren Bemühen im Weg stand. Beispielhaft will ich Ihnen vorführen, wie der Dialog nach „klassischer Manier" abgelaufen wäre:

**A:** „Also, das finde ich ja nun gar nicht gut, einfach alles nachzusprechen, was der andere gerade gesagt hat. Was soll das bringen?"

**B:** „Was das bringen soll? ganz einfach: Sie zeigen damit dem anderen, wie sehr Sie bestrebt sind, ihn zu verstehen. Probieren Sie's aus, und Sie werden sehen, wie förderlich solch ein Verhalten ist."

**A:** „Was soll denn daran förderlich sein? Im Gegenteil, der andere fühlt sich doch nur verschaukelt. Also, ich würde so ein Gespräch ziemlich schnell abbrechen, wenn mich da jemand pausenlos wiederholen wollte."

**B:** „Diese Antwort höre ich oft von Leuten, die über etwas urteilen, was sie noch gar nicht kennen."

**A:** „Man muß doch nicht allen Mist selber produzieren, nur um mitreden zu dürfen."

**B:** „Solange Sie mir widersprechen, zeigen Sie nur, daß Sie mich noch nicht verstanden haben."

Es bedarf keiner großen Phantasie, sich vorzustellen, wie sich das Gespräch nicht nur in dieser Situation weiterentwickeln würde, sondern wie A und B im weiteren Verlauf miteinander umgehen werden. Ich wiederhole hier den Merksatz aus dem 2. Kapitel:

> **Während Sie beim aufnehmenden Zuhören zu erkennen geben, daß Sie zuhören, bringen Sie durch umschreibendes Zuhören zum Ausdruck, wie Sie die Äußerungen Ihres Gesprächspartners verstanden haben.**

### Zusammenfassen

Eine besondere Form des umschreibenden Zuhörens ist das **Zusammenfassen**. Manchen Menschen fällt es schwer, ihr Anliegen knapp und präzis darzustellen. Wer seine Gedanken erst beim Reden verfertigt, kommt leicht in die Situation, sehr ausschweifend zu formulieren und womöglich stellenweise den roten Faden zu verlieren. Hier erweist sich die gekürzte Wiederholung als förderlich. Mit diesem Förderer zeigen Sie nicht nur, daß Sie zugehört, sondern daß Sie auch das Wesentliche der Aussage erfaßt haben.

Dabei sei gleich auf eine Versuchung hingewiesen: Das Zusammenfassen wird von manchen Menschen eingesetzt, um partnerbezogen auf eine Aussage einzugehen, doch deren Sinn dabei so zu verzerren, daß in der gekürzten Wiederholung bereits die eigene Position zum Tragen kommt. Folgendes Beispiel soll dies verdeutlichen:

Während einer Abteilungsbesprechung äußert Herr Arndt: „Wenn ich mir die Zahlen so anschaue, dann sieht das ja alles selten rosig aus. Aber mir scheinen da doch noch ein paar Angaben zu fehlen. Zum einen haben wir den Zeitpunkt für den Projektabschluß auf den 28. März gelegt und da erinnere ich, wie Herr Sturm als Begründung den Revisionstermin genannt hat. Soweit ich weiß, wird die Revision sowieso erst im Mai kommen, weil die Prüfung in der HBV erfahrungsgemäß viel länger dauert als angenommen und weil sich die Revision vor uns bestimmt noch die DV vornimmt. Außerdem geht der Zeitplan davon aus, daß in dieser Zeit keiner Urlaub nimmt und auch keiner krank wird. Das ist ja wohl gelinde gesagt unrealistisch. Und den ganzen Streß nehmen wir auf uns, um bei der Vorgabe fürs zweite Quartal bessere Karten zu haben. Also, ich frage mich, ob es da nicht einen besseren Weg gäbe."

Abteilungsleiter Sturm: „Wenn ich Sie gerade richtig verstanden habe, Herr Arndt, dann ist Ihnen auch daran gelegen, daß wir unsere Ausgangsvoraussetzungen für das zweite Quartal deutlich verbessern. Sie führen uns dabei deutlich vor Augen, daß wir unseren Zeitplan nur werden einhalten können, wenn jeder seine persönliche Urlaubsplanung in den nächsten Wochen zurückstellt. Wenn ich außerdem noch einmal Ihre Ausführungen über den Revisionstermin zusammenfasse, dann kann es für uns von großer Bedeutung sein, noch vor der DV die Revision bei uns zu haben. Ich denke, ich werde das mit den Herren schnellstmöglich klären können. Wobei ich wiederhole, Ihre Bedenken, Herr Arndt, beziehen sich ausschließlich darauf, wie wir den 28. März einhalten und keineswegs auf die Projektvorgaben, Sie sind ja auch der Meinung, daß wir derzeit selten gute Zahlen schreiben."

Eine echte Zusammenfassung hätte so lauten können:

Abteilungsleiter Sturm: „Herr Arndt, wenn ich Sie richtig verstehe, dann halten Sie den von mir vorgeschlagenen 28. März als Abschlußtermin für äußerst unrealistisch, weil wir keinen Puffer für Urlaubs- und Krankheitstage haben. Darüberhinaus möchten Sie noch einmal überlegen, ob wir unser Ziel einer besseren Vorgabe fürs zweite Quartal nicht mit weniger Streß erreichen können."

Gerade die Moderation von Diskussionen erfordert einen sicheren Umgang mit dem Gesprächsförderer **Zusammenfassen**. Wer sich nicht dem Vorwurf der Manipulation ausgesetzt sehen möchte, wird bereits während des Zuhörens darauf bedacht sein, die Stellungnahme des Gesprächspartners und die eigene Position sauber auseinanderzuhalten. Die Leitfrage lautet ja:

> **Worum geht es dem anderen gerade und was ist ihm wichtig?**

### Klären, auf den Punkt bringen

Bei vielen Äußerungen würde eine umschreibende Wiederholung viel zu langatmig ausfallen und eine Zusammenfassung auch noch zu aufwendig sein. Hier bietet sich das **Klären** an, ein Gesprächsverhalten, das dazu dient, die Aussage des Partners, soweit dies möglich ist, **auf den Punkt** zu **bringen**. Mit diesem Gesprächsförderer können Sie die Auseinandersetzung straffen. Vielfach werden Äußerungen ausgeschmückt, Argumente aneinandergereiht oder die eigene Überzeugung mit einer Reihe von Beispielen untermauert. Doch liegt  den Aussagen meist nur ein Kern zugrunde. Wer den erfaßt, kann seinem Gesprächspartner auf kaum zu überbieten Weise signalisieren, ihn verstanden zu haben.

Im vorangegangenen Beispiel der Abteilungsbesprechung, hätte sich ein Klären und auf den Punkt bringen vielleicht so angehört:

Abteilungsleiter Sturm: „Sie, Herr Arndt, meinen, wir sollten nicht den 28. März favorisieren, sondern prüfen, ob wir nicht mit weniger Aufwand zum gleichen Ziel gelangen könnten.“

Wenn Sie sich gerade vergegenwärtigen, wie häufig in Auseinandersetzungen die einzelnen Redebeiträge mit den verschiedensten Argumenten gespickt sind und doch nur darauf abzielen, eine „Grundposition“ zum besten zu geben. Dabei können wir an uns selbst beobachten, daß die eigene Überzeugung solange wiederholt und von allen möglichen Seiten dargestellt wird, bis wir den Eindruck gewonnen haben, daß wir verstanden wurden. Ja, so paradox es klingt, wir trennen uns erst dann ohne großen Widerstand von einer Position, wenn wir sicher sind, mit unserem Anliegen verstanden worden zu sein. Und umgekehrt haben Sie auch schon feststellen können, daß eine Ansicht umso starrsinniger verteidigt wird, je weniger sie verstanden zu sein scheint.

---

**Klären und auf den Punkt bringen** trägt dazu bei, das Gespräch auf das Wesentliche zu konzentrieren. Dem anderen Verständnis zu signalisieren, meint ja keineswegs, ihm auch gleichzeitig zuzustimmen.

---

Vielleicht liegt hier eine Erklärung, warum dieser Gesprächsförderer so selten benutzt wird. Es gibt wohl eine latente Angst, daß der Gesprächspartner Verständnis mit Einverständnis oder Zustimmung verwechseln könnte und darum wird lieber gleich gegenan geredet, anstatt das Wesentliche einer Aussage herauszustellen.

### In Beziehung setzen

Wurde im vorangegangenen Abschnitt dargestellt, daß sich viele Äußerungen auf eine einzelne Kernaussage reduzieren lassen, so benötigen Sie den Gesprächsförderer **In Beziehung setzen** überall dort, wo mehrere Positionen gleichzeitig vertreten werden.

---

**Mit diesem Gesprächsverhalten ordnen Sie das Gehörte nach dem Schema:**
**einerseits – andererseits**
**teils – teils**
**sowohl – als auch**
**weder – noch**

---

Sobald Sie auf die einschränkenden Wörter „aber", „nur", „allerdings", „doch" und „jedoch" stoßen, enthält die jeweilige Äußerung mehr als einen Gedanken. Dabei muß sich der Gesprächspartner gar nicht einmal darüber klar sein, in welcher Beziehung seine Aussagen zueinander stehen. Ja manchmal entsteht der Eindruck, einem

Wunsch wird unbewußt etwas Konträres entgegengesetzt, was gewissermaßen einen Gleichgewichtszustand erzeugt, der ein Handeln weder in die eine, noch in die andere Richtung erlaubt. Der gezielte Einsatz dieses Gesprächsförderers kann dazu beitragen, das Gespräch auf das Wesentliche zu konzentrieren und die jeweiligen Teilaussagen so zu strukturieren, daß sie einer echten Klärung unterzogen werden können.

**A:** „Wir haben die einmalige Chance aufs Land zu ziehen; man hat uns in Kuhdorf ein Häuschen mit großem Garten zur Miete angeboten. Unsere Wohnung ist uns ja schon lange zu klein geworden, da kommt dieses Angebot wie gerufen. Aber das heißt auch, alle unsere Kontakte hier aufzugeben, uns neu zu orientieren und noch einmal von vorn anzufangen."
**B:** „Einerseits lockt Dich dieses einmalige Angebot, ein Haus mit Garten zu mieten, andererseits verlierst Du auch liebgewordene Kontakte."

Sie können sich vorstellen, daß es B sicherlich keine Schwierigkeit bereitet hätte, mittels eines Gesprächsstörers seine Meinung zum besten zu geben, beispielsweise so:

**B:** „Also da würden mich keine zehn Pferde hinkriegen, ausgerechnet nach Kuhdorf." (Von sich reden) Oder:
**B:** „Ihr seid doch noch jung. So schlimm ist das doch nicht, neue Freunde zu gewinnen. So ein Angebot solltet Ihr unbedingt nutzen. Wenn Ihr da noch zögert, ist das Haus weg und Ihr werdet es bitter bereuen." (Werten, Herunterspielen, ungebetene Ratschläge, Warnen und Drohen).

Doch was hilft hier B's Kommentar? A muß die Entscheidung treffen, muß herausfinden, was ihm letztlich wichtiger ist. Im Erwachsenen-Ich hat A die größten Chancen, die möglichen Folgen seiner Entscheidung zu prüfen, der Gesprächsförderer In-Beziehung-setzen kann ihn hierbei unterstützen.

### Nachfragen

Im Gegensatz zum Ausfragen wird hier der Gesprächspartner aufgefordert, seine Äußerung noch deutlicher darzulegen.

> **Beim Nachfragen beziehen Sie sich ausschließlich auf das, was der andere bereits mitgeteilt hat, was Ihnen aber im Moment Schwierigkeiten im Verständnis macht. Typische Wendungen lauten:**
> **„Können Sie mir gerade ein Beispiel geben für ...“**
> **„Was meinen Sie mit ...?“**
> **„Was bedeutet ...?“**
> **„Ich kann mir das im Moment noch nicht richtig vorstellen.“**
> **„Das habe ich gerade nicht verstanden.“**

**A:** „Seit wir in die Baracken umziehen mußten, sind wir von den Insidertips so gut wie abgeschnitten. Wenn wir uns da nicht irgendetwas einfallen lassen, sehen wir ganz schnell alt aus.“
**B:** „Was meinen Sie mit Insidertips?“

Bei dieser Erwiderung wird A aufgefordert, sich noch verständlicher auszudrücken. Ganz anders wäre das Gespräch weitergegangen, wenn sich B für eine Warum-Frage entschieden hätte:

**B:** „Warum mußte Ihre Abteilung eigentlich in die Baracken umziehen?“

Die typische Legitimation für das Ausfragen lautet: „Ich will doch den anderen besser verstehen“. Beim **Nachfragen** geht es jedoch nur darum, eine einzelne Äußerung zu verstehen. In einer Übungssituation entspann sich folgender Dialog, der mir geeignet erscheint, den Unterschied zwischen Ausfragen und Nachfragen zu verdeutlichen. A hatte das Gespräch begonnen, B durfte lediglich Gesprächsförderer verwenden, C hatte „Schiedsrichterfunktion“ und sollte die jeweils verwendeten Gesprächsförderer oder -störer benennen.

**A:** „Jetzt steht wieder Weihnachten vor der Tür und wir haben uns überlegt, ob wir dieses Mal auf den üblichen Baum verzichten und stattdessen mal einen Strauß ausprobieren.“
**B:** „Was haben Sie denn gegen einen Weihnachtsbaum?“
**C:** „Stop! Das ist Ausfragen. Jetzt muß sich A rechtfertigen.“
**B:** „Aber ich will A doch verstehen, darum wollte ich den Gesprächsförderer Nachfragen verwenden.“

**C:** „Nachfragen darf sich doch nur auf das beziehen, was A gerade geäußert hat."

**B:** „Na schön, zweiter Anlauf: Was sagt denn Ihr Mann dazu?"

**C:** „Stop! Das ist doch genauso ausgefragt. Jetzt muß A über das Gespräch mit ihrem Mann berichten."

**B:** „Ja wie soll ich denn fragen? Wenn ich jetzt frage: Was versprechen Sie sich von einem Strauß? dann ist das wahrscheinlich auch schon wieder ausgefragt."

**A:** „In der Tat."

**C:** „Ob das jetzt jeweils förderlich ist, vermag ich nicht zu beurteilen, aber folgendes Nachfragen ist mir eingefallen: Sie sagen, wir haben überlegt, wer ist das genau? Oder: Was meinen Sie mit ,üblichem Baum'? Oder: Ich kann mir unter dem Strauß noch nicht so recht etwas vorstellen."

Sie sehen, es ist allemal leichter die eigene Neugierde zu befriedigen, als den anderen zu bitten, sich noch verständlicher auszudrücken.

**Weiterführen und Denkanstoß geben**

Das **Weiterführen** geschieht auch in Form einer Frage, doch wird der Gesprächspartner aufgefordert, über seinen gedanklichen Horizont hinauszugehen. Diese Fragen werden nicht um einer erwarteten Antwort willen gestellt, sondern stellvertretend für den Gesprächspartner formuliert, ihm gewissermaßen zur reflexiven Auseinandersetzung vorgelegt.

> **Der Denkanstoß liegt darin, über die zumeist selbst auferlegten Grenzen hinauszudenken. Typische Impulse dieser Art lauten:**
>
> **Was wäre, wenn ...?**
>
> **Welche Konsequenzen hätte das?**
>
> **Wie würde es aussehen, wenn ...?**
>
> **Was würde passieren, wenn ...?**
>
> **Was könnte schlimmstenfalls geschehen, wenn ...?**

Sie können immer wieder beobachten, wie Menschen gerade in schwierigen Situationen ihr Problem von allen Seiten beleuchten, ohne auch nur einen Schritt voranzukommen. Ab einer bestimmten Stelle drehen sich die Gedanken im Kreis bzw. es taucht ein Punkt auf, über den nicht hinausgedacht wird. Der Gesprächsförderer **Wei-**

**terführen** fordert zum Nachdenken aus dem Erwachsenen-Ich auf, zum Prüfen der möglichen Folgen einer Entscheidung.

Schauen wir uns noch einmal das Beispiel mit dem Umzug aufs Land an:

**A:** „Wir haben die einmalige Chance aufs Land zu ziehen, man hat uns in Kuhdorf ein Häuschen mit großem Garten zur Miete angeboten. Unsere Wohnung ist uns ja schon lange zu klein geworden, da kommt dieses Angebot wie gerufen. Aber das heißt auch, alle unsere Kontakte hier aufzugeben, uns neu zu orientieren und noch einmal von vorn anzufangen."

**B:** „Angenommen Ihr würdet Euch für Kuhdorf entscheiden. Was wären denn dann die unangenehmsten Begleitumstände?" Oder:

**B:** „Wenn Du hier alle Kontakte aufgeben müßtest, worauf würde das Deiner Meinung nach im schlimmsten Fall hinauslaufen?" Oder:

**B:** „Wenn Du sagst: ‚Noch einmal von vorn anzufangen', welche Konsequenzen hätte das für Euch?"

Vielleicht sind Sie erstaunt, wie beharrlich diese weiterführenden Fragen am Negativen ansetzen. Ja manch einer mag sogar einwenden, daß die Menschen schon viel zu negativ gestimmt seien und er sie deswegen nicht noch stärker mit den Widrigkeiten konfrontieren wolle. Der in den weiterführenden Fragen enthaltene Denkanstoß fordert auf, sich die vorhandenen Befürchtungen einmal so konkret wie möglich vorzustellen. Es zeigt sich nur zu oft, daß hinter einer negativen Einschränkung eine unreflektierte Verallgemeinerung steckt, die erst durch Hinterfragen aufgelöst werden kann. Nicht der gut gemeinte Ratschlag hilft weiter, sondern ein bewußtes Prüfen aller befürchteten Folgen. Auch der beste Ratschlag wird mit einem „Ja, aber ..." quittiert, wenn der Empfänger irgendwo tief versteckt in seinem Innern ein Bild negativer Konsequenzen hat. Folgendes Beispiel kann verdeutlichen, wie jemand handlungsunfähig bleibt, weil er sich die möglichen Konsequenzen in den dunkelsten Farben vorstellt. So etwas wird auch Katastrophieren genannt.

Im Rahmen einer Einzelberatung bat mich eine Klientin um einen Rat in folgender Situation:

Klientin: „Sie wissen ja, ich bin jetzt seit drei Monaten in der neuen Abteilung und von der Arbeit her gefällt es mir dort wirklich gut. Letzte Woche hab' ich aber die fürchterliche Entdeckung gemacht, daß mein Kollege, mit dem ich im selben Büro zusammenarbeite, Konstruktionspläne an die Konkurrenz weitergegeben hat. Ich hab' das ganz zufällig mitbekommen, ohne daß er etwas gemerkt hat. Am liebsten würde ich sofort zu unserem Chef gehen und ihm meine

Beobachtung mitteilen. Aber so einfach geht das nicht. Ich hab' mir schon alles Mögliche überlegt. Ich finde einfach keinen Weg."

Weisbach: „Was wäre denn, wenn Sie morgen direkt zu Ihrem Chef gehen und ihm davon berichten?"

Klientin: „Nicht auszudenken! Also eher laß ich mich noch einmal in eine andere Abteilung versetzen. Nein, so geht das auf keinen Fall."

Weisbach: „Sie befürchten irgendwelche schrecklichen Konsequenzen."

Klientin: „So kann man das sagen. Ich hab' keine Lust, mir mit so einer Affäre meine Zukunft zu verbauen."

Weisbach: „Mit anderen Worten, Ihr Chef macht Sie dann einen Kopf kürzer und legt Ihnen die Kündigung nahe."

Klientin: „Nein, so schlimm wird's nun nicht gleich werden. Aber trotzdem."

Weisbach: „Ich versuche, mir das gerade vorzustellen: Sie haben geradezu panische Angst, Ihren Chef wegen dieser Beobachtung aufzusuchen. Dabei befürchten Sie keinesfalls, deswegen gekündigt zu werden. Also machen Sie sich wegen anderer Konsequenzen Sorgen. Mir geht jetzt durch den Kopf, daß Ihr Chef vielleicht ein Choleriker ist und tätlich wird."

Klientin: „Wo denken Sie hin, der Mann ist die Ruhe in Person."

Weisbach: „Also er schmeißt Sie nicht raus, wird nicht ausfallend, ja was könnte denn nun schlimmstenfalls passieren?"

Klientin: „Tja, wenn ich das nur wüßte. (Denkt nach.) Ich weiß es nicht."

Weisbach: „Wir können uns das ja mal hier zusammen ausmalen. Im Moment bräuchten Sie ja auch keine Ernstfallkonsequenzen zu fürchten. Mit welcher Reaktion Ihres Chefs könnten Sie nur ganz, ganz schlecht umgehen?"

Klientin: (Denkt nach.) „Ich glaube, wenn er gar nichts erwidern würde. Also wenn ich ihm alle meine Beobachtungen aufgetischt hätte, und er mich nur freundlich anlächelt, mit dem Kopf nickt, „so, so" sagt und mich dann zur Tür begleitet. Also das wäre echt schlimm."

Weisbach: „Wenn Sie sich diese Situation gerade so vorstellen, was wäre dann? Ich meine, Sie bekommen ja deswegen nicht gleich einen Herzinfarkt."

Klientin: „Tja, was wäre dann? Ich würde wieder an meinen Schreibtisch gehen. Was auch sonst."

Weisbach: „Ich bin sicher, daß Sie dann aber nicht mehr ganz so gelassen weiterarbeiten, wie ..."

Klientin: „Ganz gewiß nicht! Also ich würde denken: So ein Idiot, der kann mich mal."

Weisbach: „Das klingt jetzt ganz anders. Wenn Sie sich jetzt überlegen, für wie realistisch halten Sie eine derartige Chefreaktion?"

Klientin: „Also, wenn Sie so fragen, eigentlich völlig unrealistisch. Ich glaub' ich mach' mir da die ganze Zeit irgendetwas vor. – Ich erzähl' Ihnen nächste Stunde, wie mein Chef tatsächlich reagiert hat."

An diesem Beispiel kann gezeigt werden, daß die **weiterführenden Fragen und Denkanstöße** gar nicht auf rationale Antworten zielten, sondern dem Gewinnen von Einsicht dienten. Beim Einsatz dieses Gesprächsförderers ist nicht die augenblickliche Antwort bedeutungsvoll, sondern das, was im Gesprächspartner auf diese Weise angeregt wird.

**Wünsche herausarbeiten**

Im vorangegangenen Abschnitt wurde darauf hingewiesen, daß Menschen in schwierigen Situationen ihr Problem zwar von allen Seiten beleuchten, doch häufig keinen Schritt vorankommen. Ab einer bestimmten Stelle drehen sich die Gedanken im Kreis bzw. es taucht ein Punkt auf, über den nicht hinausgedacht wird. Es zeigt sich jedoch, daß wir auch in den schwierigsten Problemsituationen eine Vorstellung von einer optimalen Lösung haben. Zugegeben, diese Lösung muß uns nicht immer bewußt sein, ja selbst wenn sie uns bewußt ist, muß das noch nicht heißen, daß wir uns freimütig zu ihr bekennen, denn sonst müßten wir uns ja auch der Frage stellen, warum die Lösung nicht längst umgesetzt wurde. Denn manche Lösung steht in offensichtlichem Widerspruch zu anderen Positionen und bringt nur weitere Konflikte mit sich. Mit dem Gesprächsförderer **Wünsche herausarbeiten** bekommt der andere Gelegenheit, sich frei vom Rechtfertigungszwang seiner eigentlichen Absichten bewußt zu werden.

Im Umzugs-Beispiel aus dem vorangegangenen Abschnitt hatte A behauptet, daß ein Umzug nach Kuhdorf zwangsläufig mit der Aufgabe aller Kontakte einhergehen müsse. Vielleicht glaubt A tatsächlich, was er da gerade gesagt hat. Doch welche konkreten Befürchtungen malt sich A für diesen Umzug aus? Sieht er sich vereinsamt und isoliert ohne jegliche Ansprache am Ortsausgang von Kuhdorf sitzen, bar aller Freunde und Bekannten? Oder malt sich A vielleicht gar nichts aus, sondern ist in seinen Bildern noch viel zu sehr in der jetzigen Wohnsituation verhaftet? Wie auch immer, A hat für oder gegen Kuhdorf schon längst Stellung bezogen, auch wenn ihm das selbst nicht unbedingt klar sein muß. Am deutlichsten würde dies mit einer Zielfrage erfaßt werden:

**B:** „Wie wäre denn eine optimale Lösung?"
**A:** „Das beste wäre, wir würden in Kuhdorf schnell Anschluß finden und ab und zu käme uns jemand besuchen, damit die gewachsenen Beziehungen nicht

auf einmal abreißen. Wir würden wahrscheinlich auch hin und wieder hierher kommen."

Bei dieser Äußerung läßt A erkennen, daß der Umzug favorisiert wird, nur noch Trennung und Abschied von Freunden ungeklärt ist. Ganz anders verhält es sich aber bei folgender Erwiderung:

**B:** „Wie wäre denn eine optimale Lösung?"
**A:** „Am besten wäre es, wir würden hier ganz in der Nähe ein Häuschen mit Garten finden. Es muß ja nicht zur Miete sein, obgleich so etwas natürlich toll wäre."

Hier scheint A ein Verbleiben in den bisherigen Wohnverhältnissen zu bevorzugen, um sich beispielsweise nicht von den liebgewordenen Beziehungen trennen zu müssen. Damit sich A über seine „heimliche" Lösung klarwerden kann, muß er sich mit dem auseinandersetzen, was in seiner Äußerung wie selbstverständlich klingt, sich aber bei eingehender Betrachtung als **unreflektierte Grenze** entpuppt. Das klingt leichter gesagt als getan. Wir brauchen uns nur vorzustellen, wie die Familie von A schon seit langem von einem Häuschen im Grünen träumt, wie die Wohnverhältnisse mit jedem hinzugekommenen Kind enger werden und wie dieses Angebot, nach Kuhdorf zu gehen, förmlich eingeschlagen ist. In einer derartigen Situation seine möglichen Zweifel zu formulieren, erfordert nicht nur Bewußtheit für die eigene Lage, sondern auch eine gehörige Portion Mut. So verwundert es nicht, daß A folgende Formulierung kaum über die Lippen bringen wird:

„Also, hört mal her, mit dem Umzug nach Kuhdorf ist hier schon große Vorfreude eingetreten. Aber ich habe so meine Zweifel, ob das wirklich gut ist. Zum einen liegt Kuhdorf am Ende der Welt. Bis in die nächste Stadt sind es über dreißig Kilometer. Dann kann ich weder ins Kino noch ins Theater gehen, von Konzerten ganz zu schweigen. Zum anderen haben wir hier so tolle Freunde, daß es mir schwer fallen würde, diese Freundschaften auf ein Brief- oder Telefonniveau zu reduzieren. Also, wenn's nach mir geht, dann bin ich dafür, hier in der näheren Umgebung weiter zu suchen und vorerst so wohnen zu bleiben, wie wir das all die Jahre ja auch gekonnt haben." Undsoweiter.

---

**Wenn Sie den Gesprächsförderer Wünsche herausarbeiten einsetzen, geben Sie Ihrem Gesprächspartner die Möglichkeit, für sich herauszufinden, worauf sein Handeln eigentlich abzielt.**

Auch wenn es zunächst unverständlich klingen mag: Ein klar formulierter Wunsch muß noch lange nicht bedeuten, daß der Sprecher nun alles daran setzen wird, den Wunsch Wirklichkeit werden zu lassen. Klarheit hilft ihm aber, zwischen den vordergründigen und den eigentlichen Wünschen zu unterscheiden.

In einem Kurs über beratende Gesprächsführung stellte sich ein Teilnehmer mit folgendem echten Anliegen ratsuchend zur Verfügung:

„Also, ich steh' vor dem Problem, daß wir demnächst Nachwuchs bekommen, und dann brauchen wir ein neues Auto. Der *Golf*, den wir im Moment haben, der ist vermutlich zu klein, da bekommt man wahrscheinlich nicht mal 'nen Kinderwagen 'rein. Jetzt weiß ich nicht, ob es sinnvoll ist, gleich das neue Auto zu kaufen oder erst einmal zu warten, bis das Kind da ist. Was tun?"

Insgesamt waren vier „Berater" bemüht, hier eine hilfreiche Lösung zu finden. Wie groß war jedoch das Erstaunen der Gruppe, als im letzten Durchgang deutlich wurde, daß der Ratsuchende im Grunde genommen gar kein neues Auto wollte. Seine Abschlußbemerkung hörte sich so an:

„Ich denk', ich weiß jetzt, woran es
liegt. Eigentlich will ja meine Frau das
neue Auto. Ihr Schwager hat auch
einen größeren Wagen angeschafft, als
ihre Schwester ein Kind bekam. Aber
mir ist das im Moment zu unsicher. Ich
weiß ja nicht, welche Kosten da auf
mich zukommen. So ein Kind kostet
im ersten Jahr 'ne ganz schöne Stange
Geld und wenn ich jetzt das Auto
kaufe, dann fehlt es womöglich
woanders. Ich glaub', ich muß mal mit
meiner Frau genau darüber reden."

Es gibt einen kleinen Kniff, der an dieser Stelle verraten sei: Wenn Sie den Gesprächsförderer **Wünsche herausarbeiten** einsetzen, fordern Sie Ihren Gesprächspartner auf, sich vorzustellen, das Ziel sei bereits erreicht und er soll nun beschreiben, was dann wäre. Wer sich nichts anderes wünscht, als das, was zuvor formuliert wurde, kann ohne Zögern mit geradezu leuchtenden Augen von „seinem Ziel" erzählen. Ganz anders, wenn das genannte Ziel gar nicht die erste Priorität hat bzw. der Wunsch durch einen geheimen Konkurrenzwunsch überlagert wird. Hier wird Ihr Gesprächspartner zögern, seine Stirn legt sich in nachdenkliche Falten, die Gesichtszüge wirken gar nicht heiter und

Sie gewinnen nicht den Eindruck, daß es erstrebenswert sein könnte, das genannte Ziel zu erreichen.

Folgendes Beispiel mag dies besonders deutlich illustrieren:

Einer meiner Doktoranden kam mit seiner Dissertation nicht voran. Die Arbeit war in sich schlüssig, gut aufgebaut und alles in allem vielversprechend. Dennoch zog sich die Bearbeitung immer mehr in die Länge. Schließlich fragte ich ihn in einem der vielen Gespräche ganz direkt: „Wir reden jetzt die ganze Zeit darüber, wie wir diese und jene Schwierigkeit aus dem Weg räumen können. Ich habe mal eine ganz andere Frage. Beschreiben Sie mir doch bitte mal, was eigentlich passiert, wenn Sie Ihr Promotionsvorhaben abgeschlossen haben werden." Hatte ich erwartet, in etwa zur Antwort zu bekommen: „Na, dann schlag' ich drei Kreuze". So war ich umso überraschter, als das Gesicht meines Gesprächspartners förmlich einfiel, und er mit ziemlich belegter Stimme antwortete: „Tja, dann muß ich halt sehen, wo ich bleibe." Im weiteren Verlauf stellte sich dann heraus, daß diese Doktorarbeit zwar vordergründig fertiggestellt werden sollte, daß aber ein Nicht-Fertigstellen der Arbeit den Vorteil mit sich brächte, weiterhin an der Universität bleiben zu können. Im tiefsten Innern hatte dieser Doktorand die Vorstellung, für ein Leben außerhalb der Hochschule nicht gewappnet zu sein und auf dem freien Markt zu scheitern. Um dies zu verhindern, zögerte er das Ende seines Studiums in die Länge, ohne sich seiner merkwürdigen Taktik bewußt gewesen zu sein.

> **Wer den Gesprächsförderer Wünsche herausarbeiten einsetzt, wird nicht nur hören, was der andere verbal mitteilt, sondern auch für Zwischentöne hellhörig sein, die womöglich das Gegenteil dessen anklingen lassen, was vordergründig geäußert wird.**

### Gefühle ansprechen

Im 2. Kapitel wurde das **aktive Zuhören** näher beschrieben. Dabei ging es darum, die mitschwingenden **Gefühle anzusprechen**, die unser Gesprächspartner ja meist nicht direkt äußert. Auch bei diesem Gesprächsförderer handelt es sich um ein typisches Verhalten aus dem Erwachsenen-Ich, das zugleich auch den Partner in seinem Erwachsenen-Ich anspricht, ganz gleich in welchem emotionalen Zustand sich der andere gerade befindet. Sobald wir seine mitschwingenden Empfindungen in Worte gekleidet haben, muß er prüfen, ob und wieweit wir ihn richtig verstehen. Und Prüfen ist ja eine Funktion des Erwachsenen-Ichs.

> **Während sie durch Klären ihrem Gesprächspartner signalisieren, daß Sie ihn inhaltlich verstanden haben, zeigen Sie durch das Ansprechen der Gefühle, daß Sie nachvollziehen können, wie ihm zumute ist.**

Im 2. Kapitel wurde bereits ausgeführt, daß ein Ziel professioneller Gesprächsführung sicherlich die Schaffung einer Atmosphäre ist, in der sich der andere **verstanden fühlt**.

Das folgende Beispiel zeigt noch einmal, wie auf ein und dieselbe Einstiegsäußerung mit verschiedenen Gesprächsförderern reagiert werden kann:

„Die Zusammenarbeit mit dem Kollegen Mies wird in letzter Zeit immer schlimmer. Manchmal habe ich den Eindruck, er tut nur noch, was er will und nimmt mich nicht wahr. Er kann aber auch frech und unverschämt werden, zumal wenn ich mal eine Bitte habe. Ich weiß bald nicht mehr, wie ich mich verhalten soll."

**Gefühle ansprechen:**
„Sie sind da ganz ratlos." Oder:
„Sie fühlen sich dem Kollegen Mies gegenüber fast ausgeliefert."

**Wiederholen und mit eigenen Worten umschreiben:**
„Das Verhalten Ihres Kollegen gefällt Ihnen gar nicht, nur wissen Sie noch nicht, was Sie unternehmen sollen."

**Klären und auf den Punkt bringen:**
„Wenn ich Sie richtig verstehe, finden Sie das Verhalten von Herrn Mies völlig unkollegial."

**In Beziehung setzen:**
„Einerseits behandelt er Sie wie Luft, andererseits nutzt er Ihre Bitten, um ausfällig zu reagieren."

**Nachfragen:**

„Sie sagen, in letzter Zeit wäre es schlimmer geworden, was heißt das?" Oder:
„Sie sagen, er reagiert geradezu unverschämt, wenn Sie ihn um etwas bitten.
Können Sie mir dafür ein Beispiel geben."

**Weiterführen und Denkanstoß geben:**

„Sie sagen, daß Sie bald nicht mehr wissen, wie Sie sich verhalten sollen. Ich
frage mich gerade, was wohl passieren würde, wenn Sie sich gar nicht mehr verhalten." Oder:
„Ich weiß nicht, wieweit Sie sich die Konsequenzen überlegt haben, wenn Sie
ihn nicht mehr bitten."

**Wünsche herausarbeiten:**

„Wenn Sie sagen, Ihr Kollege tut in letzter Zeit nur noch, was er will, dann war
Ihr Verhältnis früher scheint's besser. Mir ist jetzt nicht klar, ob Sie den Zustand
von früher wieder herstellen möchten oder welches Ziel für Sie noch erstre-
benswerter wäre."

An dieser Stelle sei noch einmal auf das Übungsbeispiel aus dem
vorangegangenen Kapitel zurückgegriffen:

Es ist Samstagabend gegen 18 Uhr. Albrecht (A) und Brigitte (B) Grau sind über
Freunde zu einer Party eingeladen worden.
**A:** „Ich finde, wir sollten nicht zu der Einladung gehen. Wir kennen die Leute
doch gar nicht."
**B:** „Mach Dir mal keine Sorgen, das wird sicher ganz nett."

Wir können spekulieren, wie das Gespräch wohl verlaufen wäre,
wenn sich Brigitte Grau für eine gesprächsfördernde Reaktion entschieden hätte, beispielsweise:

**B:** „Dir wär's am liebsten, wenn wir absagen."

Mit an Sicherheit grenzender Wahrscheinlichkeit wird ihr Mann
diesen Satz bejahen. Obgleich diese Wunschbeschreibung lediglich
feststellenden Charakter hat, können wir annehmen, daß Herr Grau
nicht nur „Ja" sagen, sondern in irgendeiner Weise erklären wird, was
ihm an dieser Einladung nicht gefällt. Auf jeden Fall erhält er die
Chance, über seine Befürchtungen zu sprechen. Ob Albrecht Grau
allerdings dieses Gesprächsangebot nutzt und offen anspricht, was ihn
besorgt oder eher ausweicht und lediglich auf eine Absage drängt,
ohne diesen Wunsch näher zu erläutern, hängt in erster Linie von den

gemeinsamen Vorerfahrungen mit seiner Frau und der gesprächsför-
derlichen Atmosphäre insgesamt ab.

Zur Erläuterung sei hier eine Variante unter Verwendung von
Gesprächsförderern aufgeführt:

**B:** „Dir wär's am liebsten, wenn wir absagen."

**A:** „Ja, Du. Je länger ich über diese Einladung nachdenke, umso merkwürdiger
kommt mir das ganze vor."

**B:** „Was meinst Du mit merkwürdig?"

**A:** „Naja, zunächst einmal waren wir ja gar nicht zusammen eingeladen,
sondern Du allein. Irgendwie komme ich mir da schon komisch vor."

**B:** „Du fühlst Dich jetzt wie ein Lückenbüßer."

**A:** „So will ich das nicht sagen, obwohl ... – Weißt Du, anfangs dachte ich,
vielleicht bin ich da ja unerwünscht. Und dann habe ich mich natürlich gefragt,
wer ein Interesse daran hat, daß Du allein dahingehst."

**B:** „Du hast Dir schon ausgemalt, was sich auf der Party abspielen könnte."

**A:** „Schon. Dazu brauche ich ja wohl nicht allzu viel Phantasie. Entschuldige,
wenn ich das jetzt aufwärme, aber es ist ja noch gar nicht so lange her, daß wir
wegen Deiner Geschichte mit Carl Krach hatten."

**B:** „Für Dich ist diese Einladung wie eine erneute Bedrohung."

**A:** „Offengestanden ja. Bei dem Gedanken, daß Du dort Carl triffst, wird mir
ganz anders."

**B:** „Auf diese Party kannst Du Dich überhaupt nicht freuen, weil Du schon die
ganze Zeit befürchtest, ich könnte dort Carl treffen und mit ihm wieder 'was
anfangen."

**A:** „Stimmt. Jetzt, da Du das mal so klar aussprichst, wird mir bewußt, daß wir
darüber nie abschließend gesprochen haben."

Am Ende dieses Kapitels wird ein längeres Gespräch abgedruckt, an
dem Sie feststellen können, daß nicht jedes Nachfragen in Frageform
geschehen muß, ja daß manchmal die wörtliche Wiederholung eines
einzelnen Wortes ausreicht, den Gesprächspartner zum Weiterspre-
chen zu bewegen.

In meiner Sprechstunde erschien eine Studentin, die wegen eines Referats
Fragen hatte. Im Laufe des Gesprächs rückte sie mit ihrem eigentlichen Anliegen heraus:

Studentin: „Naja, das ist eigentlich nicht alles, also, weswegen ich gekommen
bin. Ich komme da nämlich nicht weiter."

Weisbach: „Was meinen Sie mit ‚da'?"

Studentin: „Ja, also mit meiner Diplomarbeit. Das ist nämlich so, immer wenn
ich meine, daß das irgendwie zu schaffen sei, dann kommen da diese Zweifel,
aber auch echte Selbstzweifel."

Weisbach: „Wer zweifelt denn da?"

Studentin: „Ja, zunächst einmal die anderen, aber eigentlich ich auch."

Weisbach: „Die anderen."

Studentin: „Naja, die in meiner Arbeitsgruppe. Die sagen dann so Sachen wie: Das schaffst Du doch nicht, oder: Wie willst Du das in sechs Monaten über die Runden bringen?"

Weisbach: „Sie sagten zuvor, daß Sie eigentlich auch zweifeln, was meinen Sie damit genau?"

Studentin: „Ja – (schaut aus dem Fenster) – mhm – ja, ich weiß irgendwie auch nicht, das ist nämlich so, wenn ich einige Seiten geschrieben habe und den ganzen Tag an meinem Schreibtisch gesessen bin, dann bin ich ganz zufrieden. Aber dann kommt mir irgendein Buch zwischen die Finger, und schon könnte ich alles in den Ofen schmeißen."

Weisbach: „Sobald Sie andere Bücher zur Hand nehmen, sind Sie total frustriert und Ihre anfängliche Zufriedenheit ist wie verflogen."

Studentin: „Ja, ganz genau. Die können das alles soviel besser ausdrücken. Knapp und präzise handeln die das da ab. Wozu soll ich mich selbst dann noch abmühen?"

Weisbach: „Im Grunde genommen ist Ihr Thema schon viel besser anderswo abgehandelt."

Studentin: „Nein, das nun wieder nicht. Die schreiben ja über ganz verschiedene Themen. Aber es ist doch so, daß ich mich mit denen nie messen kann."

Weisbach: „Mir ist jetzt nicht klar, worin Sie sich messen möchten."

Studentin: (schweigt, schaut auf den Fußboden) „Ja – worin eigentlich? Das sind eben die Ansprüche, also so an Stil und Form, und denen kann ich irgendwie nicht genügen."

Weisbach: „Ich frage mich gerade, wessen Ansprüche Sie da meinen."

Studentin: „Ja nun (schaut etwas verwirrt hoch und dann auf ihre Hände), na ich denke, das sind die Ansprüche an eine Diplomarbeit."

Weisbach: „Und wer hat nun diese Ansprüche an Ihre Diplomarbeit?"

Studentin: (fängt an zu lachen) „Ja, wer hat diese Ansprüche? Das ist 'ne gute Frage. Ja, vielleicht sind das Ihre Ansprüche, Herr Weisbach."

Weisbach: „Sie sagen ‚vielleicht'."

Studentin: „Nun ja, – vielleicht auch meine eigenen Ansprüche, also irgendwie besser zu sein und mich deswegen noch mehr anzustrengen und zu fordern."

Weisbach: „Wenn Sie sagen, daß Sie besser sein möchten, überlege ich mir, in bezug worauf Sie besser sein wollen."

Studentin: (lange Pause) „Ja – ich glaube, besser als die anderen."

Weisbach: „Die in Ihrer Arbeitsgruppe?"

Studentin: „Mhm. Vielleicht möchte ich besser sein als Franz und Gabi in unserer Gruppe."

Weisbach: „Mir fällt auf, daß Sie ‚vielleicht' sagen."

Studentin: „Ja, ich weiß auch nicht. Also ich denke – mhm – also, ich will besser sein als die Gabi."

Weisbach: „Damit ist aber noch nicht klar, in bezug worauf Sie besser sein möchten als Gabi."

Studentin: „Ja, worauf? (schweigt) Nun, also von der ganzen Aufmachung her muß das einfach überzeugen."

Weisbach: „Das soll einfach überzeugen."

Studentin: „Naja, der Stil und so."

Weisbach: „Können Sie mir ein Beispiel geben für: ,und so'."

Studentin: „Vom Stil her muß der ganze Gedankengang schlüssig sein, da darf kein Wort zuviel, aber erst recht keines zuwenig sein."

Weisbach: „Ich versuche mir gerade vorzustellen, wen das denn nun überzeugen soll."

Studentin: „Na Sie!"

Weisbach: „Und sonst niemanden?"

Studentin: „Ach so – ja, die Gabi will ich wahrscheinlich in erster Linie überzeugen."

Weisbach: „Sie sagen ,wahrscheinlich'."

Studentin: „Na ja, die hat mal vor 'nem halben Jahr gesagt, daß ich das nicht so gut könne."

Weisbach: „Wie wer?"

Studentin: „Ich denke, wie sie. Also nicht so gut schreiben wie sie. Dabei bildet die sich nur ganz gehörig etwas ein, denn ich finde, daß sie manchmal ganz schönen Schrott formuliert."

Weisbach: „Ich versuche mir gerade vorzustellen, wie die Gabi aussehen soll, wenn Sie Ihre Arbeit fertig haben."

Studentin: (Langes Nachsinnen) „Das klingt zwar jetzt blöd, aber wenn ich ehrlich bin, dann soll Gabi vor Neid erblassen."

Weisbach: „Mit anderen Worten, Sie rackern sich sechs Monate mit dieser Diplomarbeit ab, damit die Gabi in Ihrer Arbeitsgruppe zugibt, daß sie Ihnen das nicht zugetraut hat, so ein Werk fertigzustellen."

Studentin: „Oje – ich bin ja wohl echt bekloppt."

Weisbach: „Wenn Sie sich gerade vorstellen, diese Gabi würde es nicht geben. Hätte das irgendwelche Konsequenzen für Ihre Arbeit?"

Studentin: (denkt nach) „Ich glaub', dann würde ich jetzt fertig schreiben. Sie kennen ja meine Arbeit. Ich nehme an, ich bekomme eine Zwei. Ja, und dann würde ich zusehen, daß ich Examen mache."

Weisbach: „Na, dann bin ich nur noch gespannt, ob ich Ihre Arbeit nächste oder übernächste Woche auf den Tisch bekomme."

## 10. Von der Ursachenforschung zur Absichtsfindung

Wer sein Verhalten erklären soll, bemüht häufig die Vergangenheit. Dort wird nach Gründen, nach Ursachen für den Ist-Zustand gesucht. Beim Blick zurück lautet die Frage: Warum? und die Antwort fällt kausal aus: Weil ...

Bei dieser Betrachtungsweise wird davon ausgegangen, daß das eigene Verhalten lediglich eine Antwort, eine Reaktion auf etwas Vorangegangenes darstellt. Bei diesem simplen Erklärungsansatz nach dem Reiz-Reaktions-Prinzip liegt logischerweise die Verantwortung für das eigene Verhalten im Reiz begründet. Wer für sich beansprucht, nur auf den anderen zu reagieren, neigt häufig dazu, diesem anderen auch die Schuld für Eskalationen zu geben. Typisch für Partnerschaftskonflikte sind Szenen wie die folgende:

Er kommt nach einem anstrengendem Bürotag müde nach Hause und möchte zunächst einmal entspannen. Er läßt sich in den bequemsten Sessel fallen und greift zur Zeitung.

Sie war den ganzen Tag mit Haushalt und einem Kleinkind beschäftigt und freut sich auf Ansprache und Abwechslung.

Sie setzt sich ganz nah zu ihm und beginnt von ihrem Tag zu erzählen, nimmt ihm vorsichtig die Zeitung aus der Hand und beginnt zu schmusen. Ihm ist das gerade zuviel. Er will im Moment nur seine Ruhe haben. Tatsächlich sagt er zu ihr:

„Ich geh schnell noch in den Keller, dann kann ich das Regal vor dem Abendessen fertigstreichen."

Doch kurze Zeit nachdem er im Keller glaubt, seine Ruhe gefunden zu haben, steht sie neben ihm, schaut ihm beim Streichen zu und beginnt erneut, „ihm auf die Pelle zu rücken". Da er auch in seiner Werkstatt nicht alleingelassen wird, beschließt er, das Haus zu verlassen. Während er den Pinsel auswäscht, sagt er:

„Mir ist gerade eingefallen, daß heute Abend die Vorbereitungsrunde fürs Jubi-
läum tagt. Die warten ja in der „Rose" alle auf mich. Wir sehen uns später."
Sie ist zunächst enttäuscht und ratlos. Doch wen wundert es, daß sie wenig später in der Gastwirtschaft auftaucht und sich am Tisch der Jubiläums-Vorberei-
tungsrunde dazusetzt. Usw.

Bezeichnend für dieses durchaus plakative Beispiel ist der Erklä-
rungsmodus, das eigene Verhalten ausschließlich als notgedrungene
Folge auf das Verhalten des anderen zu erklären. Er flüchtet, **weil** sie
ihm die Luft zum Atmen nimmt und sie klettet, **weil** er sich ihr ent-
zieht.

Aus **ihrer Sicht** stellt sich die Szene so dar:

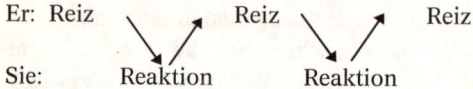

**Er** wird umgekehrt darauf beharren, daß sein Fluchtverhalten eine
notgedrungene Reaktion darstelle. Denn wenn sie nicht so kletten
würde, könnte er auch zu Hause bleiben.

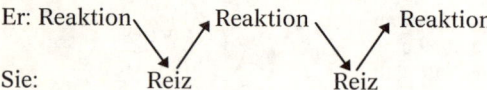

Was **beide** übersehen: Die jeweilige Reaktion stellt zugleich auch
einen Reiz für den anderen dar. Es ist müßig, darüber nachzudenken,
was zuerst da war: Das Ei oder die Henne. Mit unserem Blick zurück,
mit der uns vertrauten Ursachenforschung machen wir uns die Erklärung von Zusammenhängen einfach.

Gegenwärtiges Verhalten läßt sich jedoch auch aus der Zukunft ab-
leiten, wenn wir uns anschauen, mit welchen Absichten jemand handelt und nach welchen Zielen jemand strebt. Beim Blick nach vorn
fragen wir: Wozu? und die Antwort ist entweder: Damit ... oder: Um ...
zu ...

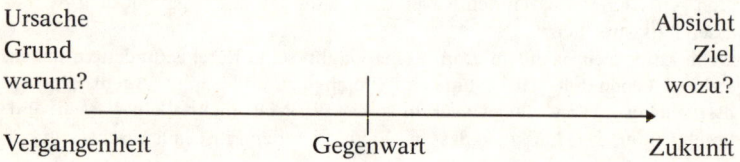

Das Erklären der Wirklichkeit
als ein Ursache-Wirkungszusam-
menhang ist uns so vertraut, daß
uns ein anderer Zugang, als der
durch die Warum-Frage, spontan
kaum einfällt. Wer sich beispielsweise mit dem Hammer auf den
Daumen haut, schreit für gewöhnlich laut: „Au!" **Warum** wird so
laut geschrien? **Weil** der Hammer
den Daumen getroffen hat und
weil der Daumen nun weh tut.
Aus eigener Erfahrung wissen Sie
jedoch, daß die Lautstärke des

„Au" davon abhängt, wer damit erreicht bzw. herbeigerufen werden
soll. So betrachtet hat der Schmerzensschrei nicht nur einen kausalen,
sondern auch einen finalen Aspekt. **Wozu** wird also so laut geschrien?
**Um** Hilfe (oder Trost) herbeizurufen. Dieses Verhalten praktizieren
Kinder und Erwachsene übrigens gleichermaßen perfekt.

Im oben erwähnten Beispiel flieht er, **um** Ruhe **zu** haben, und sie
läuft ihm geradezu hinterher, **um** seine Nähe **zu** spüren. Bei dieser Betrachtungsweise rücken die jeweiligen Ziele in den Mittelpunkt, für
die zu klären gilt, wie sie sich erreichen lassen. Wenn das Ziel Ruhe
bzw. Nähe lautet, dann stellt das tatsächlich gezeigte Verhalten lediglich ein zweitklassiges Mittel zum Zweck dar. Es darf wohl angenommen werden, daß seine Nähe in der Werkstatt nicht die Nähe ist, von
der sie den ganzen Tag träumte und umgekehrt ist seine Flucht in die
„Rose" auch nicht die Ruhe, die er sich nach einem anstrengenden
Tag so sehnlich gewünscht hat.

> **Wer das eigene Verhalten als absichtlich begreift, kann prüfen, ob
> ein anderes Verhalten womöglich ebenso oder gar noch besser geeig-
> net ist, das jeweilige Ziel zu erreichen.**

Zugegeben, das Beispiel würde sich rasch in eitel Harmonie auf-
lösen, wenn es ihm gelänge zu sagen:

„Du, ich sitze hier, um mich nach einem anstrengenden Bürotag einfach auszuspannen. Laß mich jetzt eine halbe Stunde Zeitung lesen, danach fühle ich mich bestimmt wieder fit."

Auch ihre Absicht ließe sich unmißverständlich darlegen:

„Ich war jetzt den ganzen Tag nur mit dem Kind zusammen. Außer im Supermarkt hat seit dem Frühstück noch keiner mit mir geredet. Ich möchte jetzt in Deinem Arm liegen, mich ankuscheln und klöhnen."

Wer nun wie zu seinem Recht kommt, ist nach der **Absichts**erklärung noch völlig offen. Vielleicht gönnt sie ihm seine halbe Stunde, möglicherweise verzichtet er auf seine Entspannungsphase oder sie schließen einen Kompromiß und sei es, daß sie sich in seinem Arm kuschelt und er Zeitung liest oder vorliest.

Nicht nur in Partnerschaft und Familie trägt die Absichts- bzw. Zielfindung zur Klärung und Konfliktbereinigung bei, auch im beruflichen Alltag lassen sich alle möglichen Fehler, Verstöße oder Versäumnisse auf diese Weise bearbeiten.

Es muß eingeräumt werden, daß es näher liegt, auf das wiederholte Zuspätkommen eines Mitarbeiters mit einer kausalen Frage nach den Ursachen zu reagieren, etwa:

„Warum kommen Sie schon wieder zu spät?" oder
„Warum konnten Sie zu diesem wichtigen Termin nicht einmal pünktlich erscheinen?"

als final den möglichen Absichten nachzuspüren:

„Wozu kommen Sie eigentlich zu spät?"

Letzteres klingt geradezu absurd und doch fallen die Erwiderungen ganz unterschiedlich aus.

Im ersten Fall erhalten wir logisch klingende Antworten, die das Zuspätkommen als zwingende Folge vorausgegangener Ursachen erscheinen lassen:

„Weil der Bus heute leider wieder Verspätung hatte."
„Weil auf der Autobahn ein Verkehrsstau war."
„Weil ich noch mein Kind in den Kindergarten bringen mußte."

Bei der Wozu-Frage wird der Angesprochene mit der Antwort Mühe haben, unterstellt doch die Frage, daß es sich beim Zuspätkommen um ein absichtsvolles, eben zielorientiertes Verhalten handelt. Wer

will das bei einer Verspätung
schon zugeben? Und doch könnte
es sein, daß der Mitarbeiter mit
seinem wiederholten Zuspätkommen ein Ziel verfolgt, beispielsweise zu zeigen:

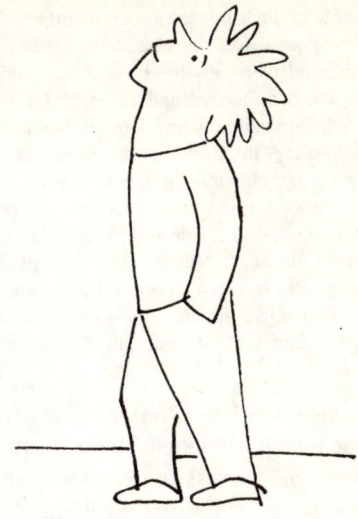

„Ich bin etwas Besonderes."
„Ich habe es bei meiner Qualifikation
(meinen Qualitäten) ja wohl nicht nötig, Regeln einzuhalten, die für den
Durchschnitt gelten."
„Ich bin hier der Dienstälteste und darf
mir die Freiheit herausnehmen."
„Bei meiner Arbeitsleistung steht mir
das zu." Oder ganz anders:
„Ob ich pünktlich oder unpünktlich
bin, ist doch egal. Hier werde ich so
wenig beachtet, daß es kaum auffällt,
wann ich komme."
„In den Augen meines Chefs bin ich sowieso ein Versager, was macht es da
noch aus, wenn ich zusätzlich noch unpünktlich bin."

Die Wozu-Frage eignet sich in diesem Beispiel nicht unbedingt für
die direkte Auseinandersetzung und doch kann ein Betrachten mögli-
cher Antworten zu einer völlig neuen Einschätzung der Situation
führen.

Nach einem Seminar schickte mir ein Verkaufsleiter einen Brief, in welchem er
protokollartig festgehalten hatte, wie ihm die finale Betrachtung geholfen hatte,
ein schon lange schwelendes Problem zu lösen:
„Herr Kleinert, Sie wissen ja, daß ich Sie schon wiederholt wegen Ihres
Zuspätkommens angesprochen habe. Bislang ohne Erfolg. Nun habe ich mir
einmal Gedanken darüber gemacht, was Sie damit beabsichtigen, bei jeder
Verkäuferbesprechung fünf bis zehn Minuten zu spät zu erscheinen. (Unruhe
bei Herrn Kleinert, der gern unterbrechen möchte.) Lassen Sie mich gerade zu
Ende sprechen. Sie sind jetzt vier Jahre bei uns und haben in dieser Zeit gezeigt,
was in Ihnen steckt. Sie wissen, daß ich Ihr verkäuferisches Talent schätze.
Vielleicht habe ich das aber in der Verkäuferrunde bislang zu wenig herausge-
stellt. Mir ist durch den Kopf gegangen, daß ich bei schwierigen Kunden gern
auf Sie zurückgreife, das aber in Gegenwart Ihrer Kollegen noch nie gesagt
habe. Zwar sind die Kollegen Ludwig, Marquart und Neumann alle älter als Sie,
aber alle drei sind noch nicht so lange dabei wie Sie. Vielleicht kann ich Ihnen
ja bei der Verwirklichung Ihrer Ziele direkt helfen. Darum möchte ich Sie für

heute einfach nur bitten, einmal darüber nachzudenken, was ich tun kann, um Sie angemessen zu behandeln. Vielleicht fällt Ihnen das eine oder andere dazu ein, und wenn es Ihnen recht ist, kommen Sie einfach morgen nach der Mittagspause noch einmal zu mir." Ohne eine Reaktion abzuwarten, erhob ich mich und zeigte damit deutlich das Ende des Gesprächs an. Herr Kleinert kam anderntags ins Büro und beteuerte, daß seine Unpünktlichkeit nichts, aber auch rein gar nichts mit irgendwelchen Absichten zu tun hätte. Er fragte jedoch anschließend, ob es möglich wäre, daß ihm ein Hauptschlüssel anvertraut werden könne, weil er wiederholt noch nach Feierabend tätig sei. Er würde sich auch bereit erklären, den Betrieb abzuschließen, wenn er als letzter ginge. Was bislang nicht möglich zu sein schien, ist mittlerweile Wirklichkeit: Herr Kleinert erscheint seit nunmehr drei Monaten pünktlich zur morgendlichen Verkäuferbesprechung und ist auch sonst sehr auf akurates Einhalten von Terminen bedacht.

Zielorientiertes Verhalten klingt nicht nur nach Absicht, sondern auch nach bewußtem Handeln. Hier muß fairerweise eingeräumt werden, daß wir uns in der Regel keine Gedanken machen, wenn es etwas zu vermeiden gilt. Vielleicht kennen Sie Szenen wie die folgende:

Kurz vor Feierabend verabreden die Kollegen einen spontanen Kegelabend. Leider hatte Ulrich Fried seiner Frau versprochen, mit ihr ins Kino zu gehen. Etwas mürrisch kommt er nach Hause und beim Abendessen rutscht ihm der Satz heraus: „Was hast Du denn da wieder zusammengekocht?" Ob der abendlichen Stimmung ohnehin leicht gereizt, platzt seine Frau heraus: „Wenn's Dir nicht schmeckt, gehst Du am besten woanders essen." Prompt steht Herr Fried auf und sagt kühl: „Bitte, wie Du willst." Er nimmt seinen Mantel, verläßt die Wohnung und geht guten Gewissens zum Kegeln, wollte doch seine Frau ihn aus dem Haus treiben.

Vielleicht war der Satz vom „zusammengekochten Essen" bewußt hervorgebracht, wahrscheinlich haben solche Szenen aber eine Eigendynamik, bei der sich die Ziele „wie von selbst" verwirklichen.

Wenn es gilt, das eigene Verhalten zu verstehen, hilft die Wozu-Frage, so ungewohnt sie sein mag, vielfach weiter; so auch bei der Erklärung mancher Unpäßlichkeit und Krankheit. Die kausale Erklärung für eine Erkältung mögen das nasse Wetter, der niesende Nachbar oder die kalten Füße sein. Bei der finalen Betrachtung tauchen möglicherweise Vermeidungsaspekte wie die folgenden auf:

Mit dem Schnupfen wird ja wohl keiner verlangen, daß ich …
Solange ich so erkältet bin, brauche ich nicht …
Den Termin bei X muß ich „leider" absagen …

> **Bei der professionellen Gesprächsführung messen Sie der Warum-Frage nur eine untergeordnete Bedeutung zu, erklärt Ihnen doch die Antwort ein Ereignis nur aus der Vergangenheit, die ja nachträglich nicht mehr zu verändern ist. Mit der Wozu-Frage lenken Sie jedoch die Aufmerksamkeit auf Ziele und Absichten, die gerade durch das Gespräch beeinflußt werden können.**

In diesem Buch stoßen Sie immer wieder auf das Stichwort von den Bildern, die wir uns fortlaufend machen. Es gibt zwar viele Menschen, die von sich überzeugt sind, ohne Bilder zu denken, doch wenn ich sie mit der kleinen Geschichte der Rheinüberquerung aus dem ersten Kapitel konfrontiere, wird ihnen schlagartig deutlich, wie sehr sie sich in ihren spontanen Vorstellungen verfangen.

Bei der Erklärung menschlichen Verhaltens aus den Zielen und Absichten kann uns folgender Gedanke weiterhelfen: Der Ausgang eines zukünftigen Ereignisses wird in der Vorstellung bereits vorweggenommen. Die sich real ereignende Wirklichkeit bestätigt lediglich die eigenen Bilder. Es ist bezeichnend, daß das dann eingetretene Ereignis laut oder auch nur in Gedanken mit dem Kommentar versehen wird: „Ich hab's ja gewußt." Auch wenn es zunächst paradox erscheint, dieses Bedürfnis, eine **Bestätigung** für die eigenen Vorstellungen zu erhalten, ist so groß, daß selbst negative Ereignisse geradezu lustvoll kommentiert werden. Typische Selbstbestätigungen lauten:

„Das mußte ja so kommen."

„Das hätte ich Ihnen auch gleich sagen können."

„Kein Wunder, daß das so passiert ist."

„Das habe ich mir gleich gedacht."

„Typisch!"

Für viele Menschen scheint die Bestätigung einer negativen Vorstellung angenehmer zu sein als das Eintreffen eines positiven Ereignisses, das sie aber so nicht vorhergesehen haben. Sobald unser Gesprächspartner über ein zukünftiges Ereignis ein Bild im Kopf hat, wird er sich bemühen – natürlich unbewußt – die reale Wirklichkeit und seine Vorstellung von der Wirklichkeit zur Deckung zu bringen. Auch die Bestätigung eines negativen Ereignisses, und sei es eine Katastrophe, wird insofern als Genugtuung erlebt, als dadurch wieder einmal bewiesen wäre, wie genau, „realistisch" und angemessen die Zukunft vorhergesagt worden war. Es ist zwar ein Zeichen von Kompetenz, das eigene Verhalten so auf die Zukunft auszurichten, daß böse Überraschungen vermieden werden, doch leicht wird dabei übersehen, daß wir mit unseren Vorannahmen über zukünftige Begebenheiten eben diese Zukunft ganz erheblich beeinflussen. Derartiges Verhalten wird auch **„sich selbst erfüllende Prophezeiung"** genannt. Der „Prophet" hat eine Vorstellung von der Zukunft und macht eine entsprechende Vorhersage. In einem zweiten Schritt sorgt er fortan unbewußt dafür, daß diese Vorhersage auch eintritt.

Als 16jähriger Schüler bekam ich eine neue Englischlehrerin. Bereits nach der ersten Stunde äußerte ich meinem Banknachbarn gegenüber: „Die mag mich nicht. Ich wette, die gibt mir zu Ostern bestimmt 'ne Fünf." Als praktische Konsequenz auf diese Vorhersage reduzierte ich mein Engagement im Unterricht und bei den Hausaufgaben ganz erheblich. Wozu mich anstrengen, wenn ich doch eine Fünf bekomme? Nahm die Lehrerin mich dran, kam es immer häufiger vor, daß ich nicht in der Lage war, richtig zu antworten. Für mich ein Beweis, daß sie mich nicht mochte. Denn warum sonst nahm sie mich ausgerechnet immer dann dran, wenn ich etwas nicht wußte? Nach einiger Zeit wurde ich immer seltener aufgerufen, was für mich ein weiterer Beweis ihrer Ablehnung war. Ich bekam tatsächlich zu Ostern (m)eine Fünf. Nicht ohne Stolz zeigte ich meinem Banknachbarn mein Zeugnis und sprach: „Ich hab's Dir ja gleich gesagt, die mag mich nicht und drückt mir 'ne Fünf rein." Es hat noch über zehn Jahre gedauert, bis mir dämmerte, daß ich an dieser Englischnote ganz erheblich mitgewirkt hatte.

Für die professionelle Gesprächsführung hat dies ganz praktische Konsequenzen. Unsere Neigung, einen anderen zu beeinflussen, begegnet rasch schier unüberwindlichen Hindernissen, wenn wir eine andere Vorstellung von einer zukünftigen Situation haben als unser Gesprächspartner. In diesem Zusammenhang können wir uns auf eine weitere Weise erklären, warum Menschen auf unsere gut gemeinten Ratschläge, Anregungen und Empfehlungen so zurückhaltend, wenn nicht offen ablehnend reagieren. Nicht der Vorschlag an sich ist schlecht, er paßt nur nicht zu dem Bild, das sich der andere bereits gemacht hat; und was nicht paßt, bezeichnen wir als unpassend. Solange das Ziel insgeheim die Bestätigung eines einmal gemachten Bildes ist, wird jede Empfehlung – und sei sie noch so geschickt formuliert – auf Widerstand stoßen.

> **Ehe Sie also daran gehen, einen anderen zu beeinflussen, ihn für etwas zu gewinnen oder von etwas zu überzeugen (was im nächsten Kapitel besprochen werden soll), gilt es herauszufinden, welche Vorstellung der Gesprächspartner von seinem Ziel hat. Bevor Sie nicht sein Bild kennen, sind Ihre möglichen Beeinflussungserfolge allerhöchstens Zufallstreffer.**

Auch bei den Menschen, deren bevorzugter Wahrnehmungskanal die Ohren oder das Be-Greifen ist, findet ein bildhaftes Denken statt. Bezeichnend dafür ist unsere Sprache, in der wir laufend Wörter aus der Welt der Vorstellung benutzen:

ein-sehen, durch-blicken, unter-malen, be-schreiben, be-trachten, durch-sichten, auf-zeigen, sich klar-werden

oder:

zuver-sichtlich, unein-sichtig, unbe-schreiblich, er-sichtlich, einleuchtend usw.

Der Satz: „Das kann ich mir nicht vorstellen." scheint unmißverständlich klar zu machen, daß für einen bestimmten Vorgang **kein** Bild vorhanden ist. Mitnichten! Die ausführliche und umständliche Formulierung müßte eigentlich lauten: „Ich kann mir das so, wie ich es mir vorstellen soll, nicht vorstellen. Mein Bild davon sieht ganz anders aus." Mit anderen Worten: Obgleich der andere behauptet, keine Vorstellung zu haben, was ja im Idealfall Offenheit und Aufnahmebereitschaft zur Folge hätte, klammert er sich geradezu verbissen an seine bereits existierende Vorstellung. Wenn es Ihnen gelingt, das Bild des anderen zu erfassen, haben Sie die Ausgangsbedingung für eine mögliche Veränderung und Beeinflussung geschaffen. Nichts anderes meint der vielzitierte Satz von *Henry Ford:*

**„Wenn es ein Geheimnis des Erfolgs gibt, dann ist es das: Den Standpunkt des anderen zu verstehen und die Dinge mit seinen Augen zu sehen."**

Das klingt leichter gesagt als getan. Denn wenn Menschen sich schon schwer tun, einzugestehen, daß sie sich über zukünftige Ereignisse ganz konkrete, visuelle Vorstellungen machen, dann werden sie wohl kaum in der Lage sein, über ihre derartigen Bilder zu sprechen. Genau da liegt die Hürde: Das, was uns als ausformulierter Wunsch mitgeteilt wird, muß noch lange nicht mit dem Bild, das sich der andere dazu macht, übereinstimmen. Häufig beinhaltet das Bild das Gegenteil des konkret formulierten Ziels, wie folgendes Beispiel zeigt:

Mit einem befreundeten Anwalt sprach ich kürzlich über die Urlaubszeiten und die diesbezüglichen Chancen bei Selbständigen. Sein konkret formuliertes Ziel lautete:

„Wir wollen im kommenden Jahr endlich einmal versuchen, sechs Wochen Urlaub zu nehmen. Das ist zwar nicht leicht, aber irgendwie wird das schon zu schaffen sein."

Mich machte die Formulierung: „Wir wollen versuchen ..." stutzig. Das im nächsten Satz geäußerte „Irgendwie" ließ mich vermuten, daß mein Gesprächspartner kein Bild von seinem Urlaub hatte, sondern sich viel mehr von der Vorstellung beeinflussen ließ, welche konkreten Schwierigkeiten der Verwirklichung im Wege stünden. Um meine Annahme zu überprüfen, äußerte ich:

„Das hört sich so an, als ob sechs Wochen Urlaub im Jahr eigentlich gar nicht gehen."

Wie aus der Pistole geschossen kam die Antwort: „Das kann man wohl sagen.

Was glaubst Du, wie mein Schreibtisch nachher aussieht. Im Prinzip bezahle ich jeden Tag Urlaub mit entsprechender Mehrarbeit."

Diese Äußerung deutete darauf hin, daß er sich sehr gut ausmalen konnte, wie seine Arbeit am Schreibtisch aussieht, aber überhaupt kein Bild davon hatte, wie seine „Nicht-Arbeit", sprich sein Urlaub aussehen sollte. Um ihm nicht zu nahe zu treten, formulierte ich recht allgemein: „Das heißt, man kann sich als Anwalt eigentlich überhaupt keinen Urlaub leisten."

Ohne zu zögern, fuhr er fort: „Im Grunde genommen ja. Die Freiheiten Deines Berufs gelten für Anwälte ganz und gar nicht."

Dieser Satz ließ mich vermuten, daß er an seiner Situation gar nichts ändern wollte, ja der Rückzug auf den Anwaltsberuf ganz allgemein wirkte auf mich wie ein Freibrief, jeden Ratschlag ungeprüft ablehnen zu dürfen. Dennoch reizte es mich, seinen Widerspruch zu kitzeln.

„Du weißt ja, daß ich jahrelang Seminare für Anwälte zum Thema „Zeitmanagement" durchgeführt habe. Ich weiß von vielen Anwälten, daß sie mit meinen Tips eine ganze Menge anfangen konnten."

Die Ablehnung folgte auf dem Fuße: „Ja, in normalen Kanzleien gibt es sicherlich etliche Möglichkeiten, seine Zeit noch sinnvoller zu nutzen, aber bei unseren Schwerpunkten und unserer Personalstruktur besteht überhaupt keine Möglichkeit, noch mehr Zeit einzusparen."

Soweit dieser Gesprächsausschnitt. Im letzten Satz wurde deutlich: Wer überhaupt keine Möglichkeit sieht, hat auch kein Bild. Da kann der Wunsch noch so präzis vorgetragen werden, am Ende setzt sich das bereits existierende Bild als vertraute Realität durch.

Dieses Kapitel befaßt sich mit der Absichtsfindung, und darum will ich auch nicht fragen, warum sich der befreundete Anwalt so vehement gegen eine Veränderung seiner Arbeits- bzw. Urlaubsregelung sträubte. Was ich allerdings fragen will, ist, welche (geheimen) Ziele er mit diesem Verhalten verfolgt. Denn irgendeinen Nutzen wird er schon haben. Nun wollte ich allerdings nicht einfach plump fragen: „Wozu machst Du das?" Eine derartige Wozu-Frage stößt in der Regel auf heftige Abwehr, unterstellt sie doch eine bewußte Absicht, die ja für gewöhnlich gar nicht gegeben ist. Sie können jedoch für sich selbst einmal spekulieren, welchen Nutzen ein übervoller Schreibtisch bringt. Die „Volltischler" unter den Lesern fühlen sich jetzt vielleicht ertappt, darum ist die Liste der möglichen Erklärungen bewußt unvollständig gehalten ...

- Ein voller Schreibtisch sieht nach viel Arbeit aus.
- Man soll sehen, daß ich nicht nur viel arbeitete, sondern auch viel Verantwortung trage.

- In dem Chaos wird ja wohl keiner erwarten, daß ich etwas finde.
- Bei der Arbeitsbelastung sind Fehler vorprogrammiert, die mir ja wohl hoffentlich keiner vorhalten will.
- Wenn ich schon mit diesem Berg nicht zu Rande komme, wird mich hoffentlich keiner mit weiteren Aufgaben beanspruchen.
- Solange ich noch so viel Arbeit liegen habe, kann ich guten Gewissens andere Verpflichtungen schleifen lassen.

Der letzte Satz birgt einen nicht zu verachtenden Nutzen. Man kann sich kaum geschickter unliebsamer Verpflichtungen entledigen als durch betontes Engagement in einem anderen, anerkannten Tätigkeitsbereich. Wer sich beispielsweise mit seinem Partner oder der Betreuung seiner Kinder schwertut, hat in unserer Gesellschaft ein vorzügliches Alibi, wenn er wegen starker Arbeitsbeanspruchung abends spät nach Hause kommt und sich am Wochenende auch noch zurückzieht, um den ein oder anderen Vorgang zu erledigen. Dem möglichen Vorwurf, nie da zu sein, kann er begegnen mit dem vielbeschworenen: „Das tue ich doch alles nur für Euch!"

Viele Menschen verknüpfen mit Intimität und Nähe eher ein negatives Bild. In ihrer Vorstellung sehen sie sich eingeengt, kontrolliert, abhängig, ausgeliefert, wehr- und sprachlos und anderes mehr. Beileibe kein erstrebenswertes Ziel. Um also zu verhindern, daß diese befürchtete Vision Wirklichkeit wird, entsteht ein weiteres Bild. Ein Bild, in dem die Befürchtungen nicht eintreten können, weil die „Horrorvision" gewissermaßen gebannt wird. Ein naheliegendes Bild enthält die berufliche Karriere, die tägliche Beanspruchung am Arbeitsplatz oder die Verpflichtungen im XY-Verein, die Verantwortung für Aufgaben und Projekte, die kein anderer so gut meistern kann und ähnliche Vorstellungen. Mit anderen Worten: Die Absicht hinter manchem hehren Engagement kann schlicht und einfach Vermeidungsverhalten sein. Daß dies viel häufiger der Fall ist, als Sie womöglich auf Anhieb vermuten, wird Ihnen an dem Umstand deutlich, daß die meisten Menschen problemlos angeben können, was sie nicht wollen. daß sie aber ihre liebe Not haben, wenn Sie beschreiben sollen, was sie genau wollen. Das läßt sich dadurch erklären, daß sich negative Bilder nur scheinbar bannen lassen. Diese befürchteten Visionen führen gewissermaßen ein Eigenleben, ohne daß uns dies bewußt wird. Unseren negativen Bildern wohnt eine magische Kraft inne, uns immer wieder zu bestätigen, daß wir mit unseren Vorstellungen Recht haben. Im obigen Beispiel der negativen Vorstellungen, die mit Intimität verknüpft werden, wird trotz aller damit einhergehenden Befürchtungen die Nähe zum anderen, zum Partner gesucht. Und im Sinne einer sich selbst erfüllenden Prophezeiung ergeben sich Situationen, besser gesagt: die Situationen werden so gestaltet, daß genau das eintritt, was ja schon immer gewußt wurde. Auf diese Weise können Sie sich erklären, wie es Menschen immer und immer wieder gelingt, die gleichen negativen Erfahrungen zu machen.

> **Wenn Sie einen anderen Menschen verstehen wollen, wenn Sie seine Ziele und Absichten nachvollziehen möchten, kann Ihnen der Denkansatz helfen, daß hinter jedem Verhalten ein Nutzen steckt. Absichtsfindung wird so zur Nutzensuche.**

Vielleicht schütteln Sie spontan den Kopf und wenden ein, daß es ja auch „echtes" Fehlverhalten gebe, ja daß man manchmal Verhalten an den Tag legt, das man bei sich ablehnt und nur zu gern ablegen möchte, wie leichtes Erröten, schnelle Tränen oder die Unfähigkeit „nein-sagen" zu können. Auch wenn es zunächst absurd erscheint, auch diese Verhaltensweisen stellten irgendwann einmal eine optimale Lösung dar und waren ein Garant für die Zielerreichung. Vielleicht haben Sie schon einmal beobachten können, wie Erwachsene auf das Erröten eines kleinen Mädchens reagieren. Da fallen Sätze wie:

„Nein, wie herzallerliebst."
„Ach, wie anmutig."
„Schau doch mal, wie niedlich sie errötet."

Zudem wird das kleine Mädchen rasch entdecken, daß die Erwachsenen dieses Erröten nicht nur begrüßen, weil sie es so „natürlich" finden, sondern daß sich Wünsche und Bitten viel leichter verwirklichen

lassen. Ebenso entdeckt jedes Kind, daß es mit Tränen die Aufmerksamkeit der Erwachsenen gezielt lenken kann. Ein weinendes Kind
braucht Unterstützung, die ihm auch prompt gewährt wird. So betrachtet ist Hilflosigkeit lernbar. Mit kaum einem anderen Verhalten
bekommt ein Kind so schnell positive Zuwendung wie mit leisen Tränen, zitternden Lippen und offen zur Schau gestellter Hilflosigkeit.
Solange diesem im Kleinkindalter erworbenen Verhalten Erfolg be-
schieden ist, steht diese Strategie dem Erwerb anderer, noch geeigne-
terer Strategien der Zielerreichung im Wege.

Ganz ähnlich verhält es sich bei der sogenannten **Unfähigkeit,**
„nein-sagen" zu können. Im Grunde genommen handelt es sich um
die **Fähigkeit,** „nicht nein-sagen" zu können, eine Fähigkeit, die manches Kind schon recht früh erwerben muß, um bei Vater oder Mutter
zu bestehen. Häufig sind Erstgeborene in der undankbaren Situation,
daß die Zuneigung der Eltern abhängig gemacht wird von der
Erledigung bestimmter Arbeiten. Um sich also Zuwendung und Wertschätzung zu erhalten, wird das Kind sein spontanes „Nein" unterdrücken. Die häufig damit einhergehende Anerkennung, zumindest
das Ausbleiben von Strafen, stabilisiert diese Fähigkeit, stets „ja" zu
sagen. Wer nun als Erwachsener auf Bitten und Wünsche anderer nur
zu leicht mit einem „Ja" antwortet, sichert sich auf gewohnte Weise
deren Anerkennung und Wertschätzung. Dieses manchmal durchaus
nützliche Verhalten verhindert allerdings den Aufbau neuer Verhaltensweisen, die ebenso geeignet sind, sich die positive Zuwendung seiner Mitmenschen zu erhalten.

> **Bevor Sie das Verhalten eines anderes Menschen beurteilen, werden Sie gut daran tun, seine Absicht(en) zu erfassen. Denn wenn Sie erkennen, welche Ziele Ihr Gesprächspartner hat, welche „guten Absichten" ihn bewegen, können Sie ihm womöglich zeigen, daß er die gleichen Ziele auf einem anderen Weg, also mit einem anderen Verhalten viel schneller, direkter oder mit viel weniger Aufwand erreichen kann.**

Mancher Leser wird hier einwenden, daß sich das alles sehr idealistisch anhört, ja daß die grundsätzliche Unterstellung von „guten Absichten" weit an der Wirklichkeit vorbeigeht. Ob etwas als positiv oder negativ eingeschätzt wird, hängt von Ihrer subjektiven Bewertung ab. Einen objektiven Maßstab mögen wir uns zwar wünschen, aber bislang haben sich die Menschen noch auf keinen absoluten Wert einigen können. Selbst der Wert des Lebens, der ja zunächst einmal als höchstes Gut erachtet wird, kann in Kriegszeiten ganz anders betrachtet werden, je nachdem, auf welcher Seite man steht. Der ehemalige römische Sklave und Stoiker *Epiktet* formulierte treffend:

**„Nicht die Tatsachen, sondern die Meinungen, die wir über die Tatsachen haben, beunruhigen uns."**

Mit unseren Meinungen verfangen wir uns leicht in kausalen Erklärungsversuchen. Wenn wir unterstellen, daß Menschen mit ihrem Verhalten Ziele verfolgen, ganz unabhängig davon, ob ihnen das bewußt ist oder auch nicht, und wir uns weiterhin vergegenwärtigen, daß dieses Verhalten lediglich einen Ausdruck einer für sie praktikablen Lösung darstellt, dann werden wir uns nicht mit der Beurteilung des Verhaltens aufhalten, sondern uns seinen Absichten zuwenden. Unsere Mitmenschen lassen sich äußerst leicht beeinflussen, wenn wir ihnen zeigen, wie sie ihre Bedürfnisse noch besser befriedigen können. Ich erlebe immer wieder in Seminaren, daß die Teilnehmer mich ausdrücklich um eine kritische Rückmeldung bitten. Die gleichen Teilnehmer sträuben sich jedoch hartnäckig, wenn ich ihnen deutlich mache, welche Fehler sie unbedingt vermeiden müssen. Gelingt es mir jedoch, ihnen zu zeigen, wie sie noch erfolgreicher werden können, wie sie auf anderen Wegen ihre Bedürfnisse noch besser befriedigen können, dann zeichnet die gleichen Teilnehmer ein faszinierender Lerneifer aus.

## 11. Vom Überreden zum Überzeugen

Überzeugungsarbeit hat viel mit Verkaufen zu tun. Wer ein Produkt vertreibt, weiß, wie wichtig es ist, den Nutzen für den Kunden herauszustellen. Denn nur das, was dem Kunden nützt, nützt auf Dauer auch dem Verkäufer. Der professionelle Verkäufer weiß, daß Kaufen ein seinem Wesen nach egozentrischer Prozeß ist, allerdings aus der Sicht des Kunden und nicht, wie es häufiges verkäuferisches Handeln vermuten läßt, aus der Sicht des Verkäufers. Professionelles Verkaufen heißt: Probleme lösen.

Das gleiche gilt auch für das „Verkaufen" von Ideen. Denn wer Ideen hat und diese allein nicht umsetzen kann, braucht Partner, die diese Ideen „abkaufen". Nichts anderes meint *Alfred Adlers* bekanntes Zitat:

**„Der erfolgreiche Mensch beschäftigt sich mit den Interessen der anderen, der erfolglose und der gewöhnliche Mensch vorwiegend mit seinen eigenen Interessen."**

Folgendes Gespräch zeigt, mit welcher Erfolglosigkeit manche Menschen ihre Ideen „verkaufen":

Eine Sekretärin spricht Mitte November ihren Chef folgendermaßen an:
„Ich habe gerade einmal Kassensturz gemacht. Wir haben noch DM 19.487,–
übrig. Die Anweisung der ZV besagt, daß wir bis zum 30. November den Jahresabschluß fertig stellen müssen. Ich schlage vor, daß wir einen Scanner anschaffen. Damit können Schreibmaschinentexte und andere Druckvorlagen direkt in den Computer eingelesen werden, und ich müßte nicht mehr das ganze Zeug von Hand eintippen. Ich habe mich bereits erkundigt, wir könnten ein preiswertes Gerät bereits für 18.000 Mark bekommen. Da wir das Geld ja ohnehin haben, wäre es doch vernünftig, wenn wir davon den Scanner anschaffen."
Chef: „Nein, nein, nein. Da gibt es Wichtigeres anzuschaffen."
Sekretärin: (Im Ton leicht pampig) „Und was? Wenn ich fragen darf."
Chef: (nun ebenfalls leicht ungehalten) „Das werden Sie dann schon merken."
Sekretärin: (maulend) „Man wird ja wohl noch fragen dürfen."

Die wenigsten Menschen machen sich klar, daß Motivieren, Präsentieren und Interessieren nicht nur die drei entscheidenden Künste sind, die jeder gute Verkäufer beherrschen muß, sondern auch für jeglichen Überzeugungsprozeß von Nöten sind. Voraussetzung ist zwar ein fundiertes Wissen um den Nutzen, den die Idee oder das Produkt dem Gesprächspartner als potentiellem Kunden bietet, doch darüber hinaus bedarf es der Fähigkeit, diesen Nutzen so darzustellen, daß das Interesse beim anderen überhaupt geweckt wird, ja daß er erkennt, daß diese Idee oder dieses Produkt ihn auf dem Weg zu seinen eigenen Zielen voranbringt. So betrachtet besteht überzeugende Gesprächsführung in der Fähigkeit, im anderen Bilder entstehen zu lassen, die dieser als seine eigenen Bilder annimmt und für erstrebenswert hält.

Im 1. Kapitel (Seite 2 ff) hatte ich ausgeführt, wie unser Gehirn auf Verneinungen reagiert. Unsere rechte Gehirnhälfte stellt sich ungeachtet der klar formulierten Negation stets etwas vor. Sie erinnern sich: „Nur **nicht** an den Bären denken ..."

Überzeugende Gesprächsführung berücksichtigt diesen Umstand, was ein „positives Sprechen" zur Folge hat. Was ist damit gemeint? Stellen sie sich folgende Szene am Frühstückstisch vor: Der Milchbecher eines dreijährigen Kindes befindet sich nur noch wenige Zentimeter von der Tischkante entfernt, während es mit seinem kleinen Bruder herumalbert. Dank Erfahrung ist das Gehirn geschult, sich auszumalen, was gleich passieren kann. Um das Eintreten dieser Vision zu verhindern, entsteht typischerweise folgender Satz: „Paß auf, daß Dein Becher **nicht** hinunterfällt." Eingedenk der Ausführungen im 1. Kapitel über Effektivität und Effizienz kann ein derartiger Satz bestenfalls effizient sein, was heißen soll, daß er aufgrund seiner Lautstärke und Dramatik große Wirkkraft hat. Im Rahmen dieses Kapitels soll uns nun beschäftigen, welche Wirkung dieser Satz im Gesprächspartner, in diesem Fall im Kind, hervorrufen kann. „Paß auf, daß Dein Becher nicht hinunterfällt" läßt im Kind just die gleiche Vision entstehen, wie zuvor in der rechten Gehirnhälfte des Erwachsenen: Ein fallender Becher. Dies muß nicht zwangsläufig dazu führen, daß der Becher tatsächlich fällt. Es ist für mich jedoch immer wieder spannend zu verfolgen, wohin Aufforderungen, die eine Negation oder gar ein Verbot enthalten, führen. Was den Becher betrifft, so ist es schon merkwürdig, daß das Kind erwidert: „Der fällt nicht." Und in dem Moment fällt der Becher tatsächlich nicht. Wie kommt es aber, daß der nämliche Milchbecher zwei Minuten später doch auf dem Boden liegt?

Dem Satz „Paß auf, daß Dein Becher **nicht** hinunterfällt" fehlt eine Zielangabe, er ist ineffektiv. Es ist ja nichts darüber ausgesagt, wo denn besagter Becher letztlich stehen soll. Und genau das wird durch „positives Sprechen" erreicht. Der Gesprächspartner erhält eine Vorstellung über das Ziel. Beispielsweise: „Kannst Du bitte den Becher vor Deinen Teller stellen." Nicht nur das Kind im Beispiel wird seinen Milchbecher kommentarlos in die Mitte des Tisches rücken, ohne dabei das Herumalbern mit dem Bruder unterbrechen zu müssen, auch Erwachsene reagieren auf „positive Bilder" überwiegend wunschgemäß. Der Satz: „Bitte in diesem Raum nicht rauchen" schränkt nicht nur die Freiheit ein (Kap. 6), sondern enthält unterschwellig eine bildhafte Aufforderung. Ganz anders die Formulierung: „Mit Rücksicht auf die Raucher unterbrechen wir das Seminar jede Stunde für knapp 10 Minuten.

Es kann für Sie eine spannende Übung werden, gezielt darauf zu achten, wie das Verhalten von Mitmenschen mittels Negationen beeinflußt werden soll. Ich sage „Übung", weil Ihnen dieser beobachtende Zwischenschritt die Möglichkeit bietet, aus der Distanz negative Aufforderungen positiv umzuformulieren. Sie werden dabei entdecken, wie wichtig es ist, Bilder entstehen zu lassen, die sofort in die gewünschte Richtung führen.

Eine Hauptschwierigkeit liegt in unserer unsteten Informationsverarbeitung. Denn unser Geist springt zwischen den gehörten Informationen und den eigenen Gedanken hin und her und formt unablässig Bilder, ganz gleich, ob alle Einzelheiten vorhanden sind oder nicht. Wie sehr uns die langsame Abfolge der Wörter eines Satzes zu schaffen macht, wurde bereits im ersten Kapitel deutlich, als Sie die Geschichte von der Rheinüberquerung lasen. Die Übermittlung der einzelnen Fakten benötigte Zeit, im Text insgesamt sechs Zeilen, vorgelesen schätzungsweise 20 Sekunden. Doch während Sie noch lasen und weitere, wichtige Informationen gegeben wurden, bildete sich in Ihrem Gehirn bereits ein Bild. Zugegeben, der erste Satz „Zwei Männer wollten nahe Koblenz den Rhein überqueren" legt ein Bild nahe, in welchem zwei Männer nebeneinander am Rheinufer stehen. Doch mit diesem Bild war die Geschichte ja nicht zu lösen. Das Haupthindernis bei der Lösung dieser Aufgabe liegt in dem Umstand begründet, daß wir in unsere Bilder geradezu „verliebt" zu sein scheinen, auf jeden Fall so an ihnen hängen, daß es uns schwer fällt, sie zu verwerfen oder gegen neue Bilder einzutauschen. Bei der Rheinüberquerungs-Aufgabe erlebe ich regelmäßig, daß entweder die Fakten der kleinen Geschichte verändert werden, beispielsweise einer rudert und einer schwimmt, oder einer trägt den anderen huckepack in dem kleinen Boot, oder es werden gar Hilfsmittel hinzugedichtet, wie ein kilometerlanges Seil oder ein zusätzliches Schiff bzw. eine Fähre und ähnliches. Manch einer hängt so an seinem einmal gefaßten Bild, daß er gar stock und steif behauptet, die Aufgabe sei nicht zu lösen.

Ich hatte Ihnen auf Seite 4 die Auflösung der Aufgabe mit den 4 Geraden, die 9 Punkte verbinden sollen, versprochen.

Wer die 9 Punkte als Ganzheit wahrnimmt, neigt dazu, die äußeren Punkte als Begrenzung aufzufassen und innerhalb dieser engen Grenzen dieses selbst definierten Systems die Aufgabe lösen zu wollen.

Die Lösung gelingt jedoch nur, wenn wir die 9 Punkte und die sie umgebende weiße Fläche der Buchseite gemeinsam wahrnehmen. Denn mit diesem Bild im Kopf fragt sich mancher womöglich, wo denn das Problem sei:

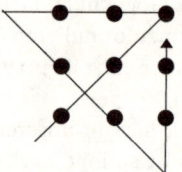

Sie kennen von optischen Täuschungen die Neigung unserer menschlichen Wahrnehmung nach Ganzheit. Obgleich der Vollmond nur für maximal eine Nacht kreisrund gesehen werden kann, ergänzen viele Menschen Tage vorher und nachher die fehlenden Teile zur Vollmond-Ganzheit. Unsere Wahrnehmung hat die Tendenz, aus unvollkommenen Bildern oder unvollständigen Informationen etwas Ganzes – eine „Gestalt" – bilden zu wollen. Typischerweise werden Sie folgenden Abbildungen einen Sinn verleihen, selbst wenn ich Sie auffordere, keinen Sinn zu suchen:

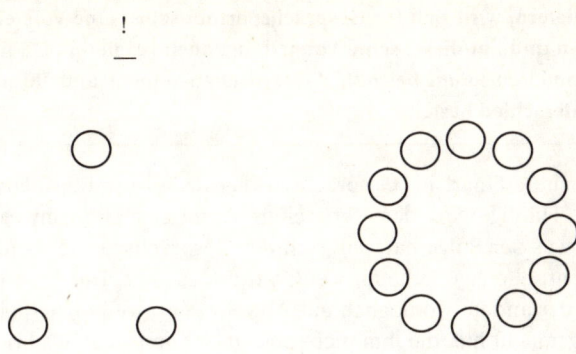

Wir sind unablässig bemüht, den Sinn von etwas zu erfassen, zu verstehen, womit wir konfrontiert werden. Dabei scheint es überhaupt keine Rolle zu spielen, ob der jeweilige Sinn „richtig", „angemessen" oder „wissenschaftlich haltbar" ist. Wer beispielsweise abergläubisch ist, wird sich den Sinn eines Unfalls damit erklären, daß an einem Freitag den Dreizehnten grundsätzlich ein erhöhtes Unfallrisiko besteht. Sie kennen die typische Frage nach einem Schicksalsschlag: „Warum gerade ich?" Das Suchen nach einer annehmbaren Erklärung entspricht unserer Suche nach Sinn. Es scheint so zu sein, daß wir die Widrigkeiten des Lebens mit einer plausiblen Erklärung leichter ertragen können. Da jedoch unsere Wahrnehmung durch unsere Vorerfahrungen geprägt wird, interpretieren wir Neues vor der Schablone des Alten. Dabei sind wir bemüht, das, was wir wahrnehmen, mit etwas in Verbindung zu bringen, was uns bereits vertraut ist. In der obigen Abbildung ist Ihnen ein Kreis, ein Dreieck oder ein Gesicht wahrscheinlich vertrauter, als eine Ansammlung von Einzelpunkten, die keinen Sinn zu machen scheinen und darum auch so nicht wahrgenommen werden.

Für die professionelle Gesprächsführung hat dies eine wichtige Konsequenz:

> Ihr Gesprächspartner ist fortlaufend bemüht, für sich Geschlossen-
> heit zu erzielen, eben das ganze Bild zu sehen. Wenn Sie ihm dieses
> Bild nicht liefern, wird sich Ihr Gesprächspartner selbst eine Vorstel-
> lung machen und auf diese, seine Vorstellung, auch reagieren. Dabei
> wird dem anderen kaum bewußt, daß zwischen seinem und Ihrem
> Bild ein Unterschied besteht.

Eine verbreitete Unart im Gespräch ist das Reden um den heißen
Brei herum. Häufig wird der Kern eines Anliegens auf Umwegen
angesteuert, was zur Folge hat, daß sich der Gesprächspartner bereits
ein Bild macht, ehe er überhaupt weiß, worum es geht. Das birgt die
Gefahr, daß der andere womöglich auf Abwehr geht, weil er sich eine
Vorstellung gemacht hat, die ihm nicht behagt, schlimmstenfalls bricht
er sogar das Gespräch ab. Im folgenden Beispiel wird deutlich, wie der
Gesprächspartner bereits in Gedanken reagiert, weil er sich pausenlos
etwas vorstellt:

Vorgesetzter: Ich habe Sie in letzter
Zeit wiederholt beobachtet. Das mache
ich natürlich mit allen Mitarbeitern,
aber Sie sind mir in letzter Zeit einfach
aufgefallen.
(MA denkt: Oje, was hab' ich denn
jetzt ausgefressen?)
Nun gibt es ja eine ganze Reihe von
jüngeren Mitarbeitern, die betrachten
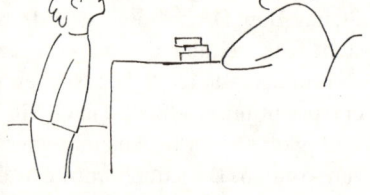
unsere Firma geradezu wie einen Selbstbedienungsladen, so nach dem Motto,
es trifft ja keinen Armen.
(MA denkt: Jetzt will er mir unterstellen, daß ich hier klaue, Sauerei!)
Das betrifft nicht nur den Umgang mit Material und Gerät, sondern auch den
Umgang mit der Arbeitszeit wie überhaupt das persönliche Engagement.
(MA denkt: Jetzt schlägt's aber 13, ich und nicht engagiert.)
Nun ist mir wie gesagt in letzter Zeit aufgefallen, daß Sie sich wohltuend von
vielen Ihrer gerade jüngeren Kollegen unterscheiden. Darum möchte ich heute
einmal Ihren Rat hören, wie wir dieses Problem in den Griff bekommen kön-
nen.

Wenn Sie verhindern wollen, daß Ihr Gesprächspartner voreilige
Schlüsse zieht, sollten Sie sein Bedürfnis nach Geschlossenheit sofort
befriedigen und ihm mitteilen, welchen Nutzen Sie ihm bieten können.

Mit dem, was SIE wollen, werden Sie in der Regel nur eine höfliche Aufmerksamkeit bei Ihrem Gegenüber erzeugen. Wirkliches Interesse entsteht, sobald Sie Ihrem Gesprächspartner verdeutlichen, welchen Nutzen er aus Ihrem Wunsch, Ihrer Idee, Ihrer Absicht ziehen kann.

Obgleich wir von uns selbst wissen, wie schwer es ist, sich eine längere Zeit zu konzentrieren und wie leicht wir abzulenken sind, halten wir das aufmunternde Kopfnicken und das beifällige „Mhm" unserer Gesprächspartner für den Ausdruck reinster Aufmerksamkeit. Doch der Schein trügt. Wie man ein interessiertes Gesicht macht, lernt jeder Schüler schon in der Grundschule. Für manchen ist es geradezu versetzungsnotwendig, Aufmerksamkeit zu heucheln, die ganz und gar nicht vorhanden ist. Das geistige Ein- und Ausblenden während eines Gesprächs ist nicht die Ausnahme, sondern die Regel.

Alfred (A) und Bettina (B) Murks unterhalten sich an einem Adventssonntag:
Alfred Murks: „Wir sollten über die Feiertage etwas mit den Kindern unternehmen, wenn ich mir noch drei Tage frei nehme, könnten wir vom 28. bis Sylvester Deine Eltern besuchen."
Bettina Murks: „Gute Idee. Da werden sich die Kinder mächtig freuen. Wann schlägst Du vor? Ich halte gleich den 26. für geschickt. Vielleicht können wir dann noch bei Deiner Schwester vorbeischauen."
A: „Wenn wir vier Tage bei Deinen Eltern sind und noch zu Inge fahren, können wir unmöglich Sylvesterabend zurück sein. Ich glaube, Du wirst die Kinder fürchterlich vor den Kopf stoßen, wenn sie auch noch zu Inge müssen."
B: „Laß das mal meine Sorge sein. Wenn ich das den Kindern schmackhaft mache, dann klappt das auch."
A: „Also, das paßt mir ja nun gar nicht. Jetzt spielst Du die Kinder gegen mich aus. Wenn das so ist, dann habe ich überhaupt keine Lust, ein paar Tage wegzufahren."
B: „Was ist denn jetzt schon wieder los? In Wirklichkeit willst Du gar nicht meine Eltern besuchen, sondern suchst nur einen Grund, wie Du wieder zu Hause bleiben kannst."

Wir können Vermutungen anstellen, wie es zu diesem Aneinandervorbeireden zwischen Herrn und Frau Murks kommt. Zunächst einmal spricht Alfred Murks von den Feiertagen, an denen er etwas unternehmen möchte. Vermutlich entsteht bei seiner Frau sogleich ein Bild, bei dem die Familie während der Weihnachtsfeiertage etwas un-

ternimmt. Die folgende Information, daß Herr Murks sich noch drei
Tage frei nehmen möchte, paßt reibungslos in dieses Bild hinein und
es entsteht eine Vorstellung von einer dreitägigen Unternehmung. Die
konkrete Zeitangabe wird „überhört". Die Erwiderung von Bettina
Murks beginnt mit: „Gute Idee." Es entsteht der Eindruck, beide hätten das gleiche Bild. Mitnichten! Der Vorschlag, bereits am 26. loszu-
fahren, wird von ihrem Mann glatt „überhört", denn er hat ja bereits
ein Bild, vom 28. bis 31. Dezember zu verreisen. Die Idee, bei der
Schwester noch vorbeizuschauen, wird von ihm als längerer Besuch
interpretiert, mit anderen Worten: Alfred Murks malt sich bereits aus,
nach dem Besuch bei den Schwiegereltern noch mindestens einen Tag
bei seiner Schwester einzukehren, was seinen Zeitplan völlig durch-
einanderbringt. Darum seine vehemente Ablehnung, die er aber hinter
dem möglichen Unmut der Kinder versteckt. Mit der nächsten Äußerung von Frau Murks wird deutlich, daß diese noch nichts an ihrem
Bild zu ändern bereit ist. Sie sieht sich weiterhin am 26. abreisen und
am 30. besagte Schwester besuchen, um rechtzeitig bis zum Sylvesterabend zurück zu sein. Dabei hat sich Frau Murks ausgeblendet, als ihr
Mann erklärte, wo er Schwierigkeiten sieht. Sie hört den Vorwurf
einer unqualifizierten Idee, weil die Kinder dagegen sein würden und
weist diesen zunächst herunterspielend zurück. Ihr Mann erlebt den
Satz: „Wenn ich das schmackhaft mache, dann klappt das." als Vorwurf und reagiert entsprechend. Die Reaktion wird umso verständlicher, wenn wir uns klar machen, daß Herr Murks glaubt, sein „liebge-
wonnenes" Sylvesterbild ändern zu müssen, weil er verstanden hat,
seine Kinder und seine Frau wollen Sylvester entweder bei den
Schwiegereltern oder der Tante zubringen. Mit der Reaktion von
Bettina Murks ist der Streit endgültig vom Zaun gebrochen. Sie
benötigt für die Reaktion ihres Mannes eine Erklärung. Das einzige,
was ihr dabei in den Sinn kommt, ist die Unterstellung, daß er in
Wirklichkeit zu Hause bleiben möchte.

Nun, eine mühsame Analyse, die Ihnen vielleicht stellenweise wie
Wortklauberei vorgekommen sein mag. Doch Alltagskommunikation
ist voll von derartigen Mißverständnissen. Eine besondere Schwierigkeit sehe ich in der latenten Mehrdeutigkeit, mit der wir uns ausdrücken.

Gerade wenn wir etwas vollkommen klar sehen, ist die Gefahr besonders groß, in unseren Formulierungen nachlässig zu werden. Wir vergessen, daß unsere Worte vom Gesprächspartner womöglich ganz anders gedeutet werden.

Was meinte Bettina Murks in dem obigen Beispiel mit der Formulierung: „Vielleicht können wir noch bei Deiner Schwester vorbeischauen."? Ich weiß nicht, welchen Zeitbegriff Sie mit „vorbeischauen" verbinden; ich stelle mir eine Besuchsdauer von ein bis zwei Stunden vor. Erscheint mir nun der Fahrtaufwand zu groß für eine so kurze Besuchszeit, liegt die Ablehnung nahe. Mir könnte dann folgender Satz herausrutschen: „Das lohnt doch nicht." Oder: „Das wird doch zu viel." Und schon habe ich den nächsten Konflikt vorprogrammiert. In meinem Bild war die Besuchszeit zu kurz für die lange Anreise. Und diese mir klare Vorstellung mündet in dem vieldeutigen Wörtchen „das". Mein Gegenüber deutet mein „Das wird doch zu viel" vor dem Hintergrund seines Bildes und hört heraus, mir seien zwei Besuche hintereinander nicht recht.

Was assoziieren Sie, wenn ich einen anderen Menschen als aktiv bezeichne? Verbinden Sie damit, daß er sportlich ist oder flexibel oder im Vereinsleben engagiert? Oder denken Sie dann an etwas ganz anderes?

Die Formulierung: „Das entspricht nicht meiner Vorstellung." belegt, wie wir zwischen der vorhandenen Wirklichkeit und unserem Bild, sprich dem, wie wir es gerne hätten, hin und herspringen. Wir machen uns in der Regel keine Gedanken darüber, daß unser Geist unablässig vergleicht. Selbst bei einem so banalen Wahrnehmungsprozeß wie der Größeneinschätzung von entfernt liegenden Objekten, vergleichen wir das, was wir sehen, mit unseren Erfahrungen. Anthropologen fanden bei Pygmäen heraus, die ja ausschließlich im Urwald leben, daß diese nicht in der Lage waren, eine am Horizont grasende Büffelherde als solche zu identifizieren. Sie waren sich sicher, daß es sich um einen Schwarm von Insekten handeln müsse. Da sie noch nie zuvor die weite Steppe gesehen hatten und große Distanzen in ihrem Erfahrungsschatz fehlten, verglichen sie das Gesehene mit dem ihnen bis dahin Bekannten, was prompt zu dem Trugschluß des Insektenschwarms führte.

Der Kunde sagt: „Das ist zu teuer." Obgleich diese Äußerung absolut, im Sinne von losgelöst, klingt, enthält sie doch einen Vergleich:
„Der Nutzen steht für mich in keinem günstigen Vergleich zu den
Kosten." Ganz ausführlich wird der Satz wohl so lauten: „Ich habe
eine Vorstellung, was ich für das Geld bekommen müßte. Was mir da
tatsächlich geboten wird, ist weit von dem entfernt, was ich mir
ausgemalt habe. Darum ist es mir zu teuer." Vielleicht wendet jetzt der
ein oder andere ein, daß doch so kein Mensch denkt, geschweige
denn spricht. Aber nichts anderes passiert, wenn Sie sich an der
nächsten Frittenbude einen Hamburger bestellen. Wenn dafür nämlich
35 DM verlangt werden, dann unterstelle ich einmal, daß Ihnen das
„zu teuer" wäre. Aber zu teuer doch nur im Verhältnis zu dem, was
Ihnen dafür geboten wird. Wenn Sie mit einen Geschäftspartner essen
gehen und eine „übersichtliche" Portion erhalten, die Sie auch nicht
mehr sättigt als der Hamburger, sind 35 DM plötzlich keineswegs „zu
teuer".

Aus der Erkenntnis, daß Wahrnehmung stets vergleichend vor sich
geht, folgt eine für die Gesprächsführung nicht zu unterschätzende
Möglichkeit des Beeinflussens, die im besten Fall geeignet erscheint,
Einwände von vornherein auszuschließen, die Gesprächsführung also
einwand-frei zu gestalten.

Üblicherweise ergeben sich Einwände aus der Diskrepanz zwischen
Wahrnehmung und persönlicher Vorstellung (= Bild). Da jedoch pausenlos Bilder im Kopf entstehen, ist es möglich, eine Tatsache allein
dadurch zu relativieren, daß sie mit etwas krasserem verglichen wird.

Die erwähnte „übersichtliche Portion" erscheint uns teuer, wenn die
Speisekarte in diesem Restaurant bei 40 DM aufhört. Die gleiche Por-
tion wird von uns anders eingeschätzt, wenn die Speisekarte ihren
Rahmen zwischen 20 und 120 DM hat.

Ein heruntergesetztes Kleidungsstück wird weniger durch den End-
preis als vielmehr durch die Spanne zwischen vormaligem Preis und
jetziger Auszeichnung attraktiv. So sieht der Kunde bei der Lederjacke, die von 1800,– DM auf 890,– DM heruntergesetzt ist, in erster
Linie die „Ersparnis" von tausend Mark; daß er immer noch knapp
900,– DM zahlen muß, erscheint nachrangig.

Nicht nur bei Preisen sind wir manipulierbar, auch Termine lassen
sich so darstellen, daß das ursprüngliche Bild gegen ein neues ersetzt
wird:

Statt: „Sie legen Wert darauf, daß ich zu Ihnen komme. Dann schlage ich vor, daß wir gleich einen Termin ausmachen. Ich kann allerdings frühestens nächsten Montagmorgen."

Besser: „Ich bin gern bereit, zu Ihnen zu kommen. Wenn Sie möchten, vereinbaren wir Ende nächster Woche. Es sei denn Sie legen großen Wert darauf, daß ich früher komme, dann ließe sich bereits der kommende Montag einrichten."

Ein weiteres Beispiel:

„Wir haben eine derzeitige Bearbeitungszeit von 7 Tagen für Auszahlungsanträge. Sie werden sich so lange gedulden müssen."

Eine ganz andere Wirkung erzielt folgende Formulierung: „Wenn Sie erfahren, daß manche Vorgänge eine Bearbeitungszeit von über 14 Tagen haben, dann sind Sie womöglich entsetzt. Zum Glück läßt sich Ihr Auszahlungantrag schneller bearbeiten, so daß Sie schon in 7 Tagen eine Antwort erhalten."

Ein Seminarteilnehmer berichtete mir von einer gelungenen Gehaltsforderung, die er in etwa so vorgetragen hatte:

„Wenn ich von Kollegen höre, daß sie gern 250 Mark im Monat mehr bekommen möchten, dann erscheint mir das in der jetzigen Situation überhöht. Mir selbst schweben darum nur 180 Mark vor. Wobei mir klar ist, daß eine derartige Erhöhung keineswegs sofort, geschweige denn rückwirkend möglich ist. Selbst wenn es erst zum dritten Quartal möglich wird, würde mir eine entsprechende Zusage weiterhelfen."

---

**Weil wir stets vergleichend wahrnehmen, sind wir leicht durch Bilder zu beeinflussen, die geeignet sind, eine einzelne Tatsache oder auch Meinung zu relativieren. Im Vergleich zum Schrecklichen erscheint das Unangenehme eher harmlos und umgekehrt relativiert sich das Gute durch die Vorstellung vom Besseren. Wenn sie professionell relativieren wollen, benötigen Sie zu Ihrer eigentlichen Aussage noch eine fundierte Ergänzung, die im besten Fall Ihren Gesprächspartner mit Erleichterung erfüllt, „so gut davongekommen" zu sein.**

---

Selbst unsere Werturteile enthalten unausgesprochen einen Vergleich. Der Satz: „Das gefällt mir" hat seine Gültigkeit nur vor dem Hintergrund dessen, womit verglichen wurde. „Das ist ein tolles Auto" meint, daß dieses Auto in seiner Ausstattung, Motorleistung, seinem Fahrkomfort oder was auch immer verglichen mit anderen Fahrzeugen zum gleichen Preis oder verglichen mit den bisherigen Autos oder dem Wagen des Nachbarn usw. „toll" ist.

Wenn Ihr Gesprächspartner sagt: „Das entspricht nicht meiner Vorstellung." tut er Ihnen einen Gefallen, denn er äußert bereits, daß er ein Bild hat. Wenn es Ihnen gelingt, seine Vorstellung kennenzulernen, sind Sie ihm ein ganzes Stück näher und womöglich sogar in der Lage, seiner Vorstellung haargenau zu entsprechen, denn das wäre wirklicher „Verkaufserfolg". Der einfachste Weg ist die Frage, beispielsweise:

„Sie sagen, daß es nicht Ihrer Vorstellung entspricht. Können Sie mir gerade etwas näher beschreiben, was Sie sich vorgestellt haben. Vielleicht kann ich Ihren Wünschen ganz genau entsprechen."

Wir nehmen nur zu oft unhinterfragt an, daß unser Gesprächspartner dieselben Vorstellungen hat, wie wir, zumal wenn er die gleichen Wörter benutzt. Naheliegenderweise erwarten wir dann vom anderen, daß er sich entsprechend verhält, eben so, wie wir es für die betreffende Situation als angemessen empfinden. Doch aus der Annahme, daß der andere etwas ganz genauso sehen, beurteilen, schätzen und empfinden muß wie wir, entstehen die alltäglichen Konflikte.

Wenn uns unsere Argumente vernünftig erscheinen, neigen wir nicht nur zu der Mutmaßung, daß wir sie auch ebenso vernünftig und klar ausdrücken, sondern daß unsere Überlegungen unseren Gesprächspartner auch überzeugen werden. Andernfalls nehmen wir gern an, der andere sei verbohrt und deswegen für unsere „wirklich gute Sache" nicht zu gewinnen. Oft richten wir in der Auseinandersetzung unsere Aufmerksamkeit nur auf unsere eigenen Argumente und verlieren den Gesprächspartner sprichwörtlich aus den Augen, wie im 3. Kapitel über die fünf gängigen Gesprächspausen ausgeführt wurde.

Wenn sich dann der andere ins Gespräch bringt und womöglich Zweifel oder Einwände äußert, dann versuchen wir zumeist, den Sinn dieser Ablehnung zu verstehen. Eine Möglichkeit bestünde darin, durch Nachfragen herauszufinden, was unser Gesprächspartner genau meint, ob seine Einwände beispielsweise Ausdruck mangelnder Information oder gar fehlenden Vertrauens in unsere Glaubwürdigkeit sind.

Doch anstatt zu fragen, stellen die meisten Menschen lieber Vermutungen über die möglichen Gründe auf. Solange wir jedoch die Äußerung des anderen aus unserer Sicht interpretieren, beschäftigen wir uns mehr mit unseren Annahmen über den anderen als mit dem anderen selbst. Wir entwickeln Vorstellungen über die möglichen Gründe für Einwände unseres Gesprächspartners und dann bringen wir im Grunde genommen Gegenargumente gegen unsere eigenen Vorstellungen vor. Natürlich ist das jetzt überspitzt formuliert, aber viele Auseinandersetzungen sind nichts anderes als zwei versetzt ablaufende Selbstgespräche.

Am Ende einer Verkaufsdemonstration äußert der Kunde: „Ich glaube nicht, daß diese neue Maschine so geeignet für uns ist wie das, was wir jetzt haben."

Der Vertriebsbeauftragte liest in den Gedanken seines Kunden und glaubt, die Gründe für die Ablehnung zu kennen. Prompt antwortet er: „Unsere Neuentwicklung ist für Sie genau das Richtige. Sie steigert die Produktivität um zwanzig Prozent, hat mehr Einsatzmöglichkeiten, ist wesentlich schneller und erschließt Ihnen ganz neue Anwendungsbereiche."

Kunde: „Eben! Das ist es ja gerade, das ist viel zu kompliziert. Das verwirrt unsere Leute nur, und wir müssen mehr Zeit in die Ausbildung investieren. Das ist nichts für uns."

In diesem Beispiel wird sich der Kunde kaum bewußt sein, daß seine Ablehnung auf Grund eines Bildes entstanden ist. Dieses Bild entwickelte sich wahrscheinlich schon während der Demonstration und ist wesentlich beeinflußt durch reale Vorerfahrungen, Vermutungen, Empfindungen und Einstellungen. Wie sich die ablehnende Vorstellung gebildet hat, muß uns nicht weiter beschäftigen. Wir können jedoch dem Kunden unterstellen, daß er sich sicher ist, alle zur Verfügung stehenden Informationen sorgfältig geprüft zu haben und daß seine Ablehnung auf rationalen Argumenten basiert. Solange jemand überzeugt ist, alle für eine Entscheidung notwendigen Informationen zu besitzen, haben Sie keine Chance, ihn zu beeinflussen. Daraus ergibt sich folgende nützliche Regel:

> **Wenn Sie einen anderen Menschen beeinflussen wollen, muß es Ihnen zunächst gelingen, seine Gewißheit zu verringern.**
>
> **Mit anderen Worten: Ihr Gesprächspartner muß erkennen, daß er keineswegs im Besitz aller erforderlichen Informationen ist. Denn sobald Sie ihn erkennen lassen, daß er nicht genug über eine Angelegenheit weiß, um ihren Nutzen bewerten zu können, vergrößern Sie seine Ungewißheit. Das macht ihn neugierig, und er wird Sie fragen. Wenn Sie ihn jetzt informieren, geben Sie ihm lediglich, worum er gebeten hat. Die gleiche Information kann das Gegenteil bewirken, wenn Sie diese bereits geben, bevor Ihr Gesprächspartner danach verlangt hat.**

In meiner Stammkneipe trug sich folgende Begebenheit zu: Am Nachbartisch ließ ein ca. 50jähriger Mann verlauten: „Ich weiß nicht, was diese blöde Gedenktafel soll. Es hat doch gar keine Judenverfolgung gegeben." Zwei junge Männer an seinem Tisch waren sogleich bereit, sich auf ein Streitgespräch einzulassen, um zu beweisen, daß es sehr wohl eine Judenverfolgung gegeben hätte. Doch jedes Argument prallte ab. So sagte einer der jungen Männer: „Das können Sie doch nun in jedem Geschichtsbuch nachlesen, was mit den Juden gemacht wurde."

„Schreiben kann man viel. Ich für meinen Teil glaube nichts von dem, was da geschrieben steht. Das sind alles alliierte Greuelmärchen, die uns aufdiktiert wurden."

„Ich bin mal in Dachau gewesen. Also wer das gesehen hat, dem kommen nie wieder Zweifel."

„Ich hör ja wohl nicht richtig, Dachau! Wissen Sie nicht, daß die Amis im Frühjahr 45 Dachau gebaut haben. Alles Propaganda der Alliierten."

„Nun hört's aber auf. Da gibt es doch sogar Filmdokumente, wie das KZ befreit wurde."

„Das ich nicht lache. Diese sogenannten Dokumente sind in Hollywood gedreht. Und wissen Sie mit welchen Schauspielern? Mit deutschen Kriegsgefangenen. Das muß man sich mal vorstellen."

„Aber es gibt doch Überlebende. Bei dem Schwammberger-Prozeß sind die doch sogar angereist und haben erzählt, wie es damals zugegangen ist."

„Ja genau, die haben erzählt. Erzählen tut man Märchen, junger Mann. Nein, nein, die sind doch alle gekauft."

Das Gespräch ging noch eine Weile so weiter, ohne daß sich etwas bewegte. Ich konnte mir beim Gehen nicht verkneifen, die Gewißheit des Tischnachbarn zu reduzieren. Dabei entstand folgender Dialog:

„Mich fasziniert Ihre Sicherheit."

„Wieso?"

„Nun, ich weiß nicht, woher Sie Ihr Wissen haben, aber auf jeden Fall macht es Sie über jeden Zweifel erhaben."

„Stimmt. Ich glaub' nämlich nicht den Blödsinn, der uns seit über vierzig Jahren eingeredet wird. Ich habe mir meine Unabhängigkeit bewahrt. Wenn noch mehr so denken würden wie ich, dann wäre es um Deutschland besser bestellt."

„Sie sind sich auf ungewöhnliche Weise Ihrer Sache gewiß."

„Wie meinen Sie das?"

„Sie sagten ja, daß leider nicht genügend Menschen so denken wie Sie. Das heißt, Ihre Informationen, warum es keine Judenverfolgung gegeben haben kann, hat die Mehrzahl noch nicht erreicht."

„Dabei kann das jeder nachlesen, wenn er nur will."

„Sie sagten vorhin, daß man viel schreiben könne. Wahrscheinlich ist es gar nicht so leicht, das Wahre vom Falschen zu trennen."

„Da haben Sie recht."

„Aber Ihnen scheint das ja grundsätzlich keine Schwierigkeiten zu machen."

„Naja, so will ich das mal nicht sagen, ich habe mich auch schon mal getäuscht. Aber das hat mich gelehrt, noch vorsichtiger zu sein."

„Jetzt erstaunen Sie mich. Unter einem vorsichtigen Menschen hatte ich mir bislang jemanden vorgestellt, der unentwegt auf der Suche nach neuen Informationen ist. Gerade bei diesem Thema gibt es ja brisante Erkenntnisse."

„Wieso? Was gibt es da Neues? Erzählen Sie mal!"

„Von Ihnen hab' ich vorhin gelernt, daß man nur Märchen erzählt. Nein, Märchen habe ich nicht zu erzählen. Ich habe schon bezahlt und wollte längst gehen. Ich bin sicher, Sie finden die für Sie neuen Informationen."

Ich war froh, das Gespräch hier abbrechen zu können, hatte ich doch inhaltlich nichts aufzutischen und im wahrsten Sinne des Wortes geblufft.

Wie sehr dieses kurze Gespräch den Gast verunsichert haben muß, berichtete mir die Wirtin bei meinem nächsten Besuch. Er wollte unbedingt von ihr erfahren, was ich mache, ob ich vom Fach sei, ob sie wisse, welche Informationen ich gemeint haben könnte usw. Zur Überraschung der Wirtin und der beiden jungen Männer am Tisch äußerte mein Gesprächspartner im weiteren Verlauf des Abends nichts mehr zum Thema Judenverfolgung.

Die bisherigen Ausführungen ergeben eine für die professionelle Gesprächsführung wichtige Schlußfolgerung:

> Menschen bilden sich zu allen möglichen Themen Vorstellungen und
> haben ein großes Bedürfnis, sich diese Bilder zu bestätigen. Wenn Sie
> dieses latente Bedürfnis nach Bestätigung befriedigen, zeigen Sie
> dem anderen nicht nur, daß Sie bemüht sind, ihn zu verstehen, son-
> dern Sie veranlassen Ihren Gesprächspartner auch zwangsläufig da-
> zu, „Ja" zu sagen, Sie bringen ihn auf die „Ja-Schiene".

Folgende Formulierungen eignen sich besonders gut:

„Ihnen ist wichtig, daß ..."
„Sie legen Wert auf ..."
„Für Sie kommt es sehr darauf an, daß ..."
„Sie wünchen sich ..."
„Du möchtest gern ..."
„Dir ist daran gelegen, daß ..."
„Nach Deiner Meinung sollten ..."
„Dir liegt am Herzen, daß ..."

Seminarteilnehmer haben mir in Aufbau-Seminaren berichtet, wie
hilfreich es sei, diese Formulierungen stets im Blickfeld zu haben und
wie einfach gerade beim Telefonieren auf einen derartigen „Spick-
zettel" zurückgegriffen werden kann.

Um den Gesprächspartner zu der Erkenntnis zu führen, daß er
noch nicht genug weiß, werden ihm so lange Fragen gestellt, bis er
entdeckt, daß er keine Antwort parat hat, sich also seiner Sache nicht
mehr so sicher ist. Damit die Fragen aber nicht verunsichern, folgt auf
jede Frage sofort eine Begründung. Denn andernfalls besteht die
Gefahr, daß die Frage im Gesprächspartner Angst oder Unsicherheit
auslöst, weil er nicht weiß, wie er reagieren soll. Im 8. Kapitel „Gesprächsstörer" habe ich das Ausfragen ja ausführlich erörtert.

> **Überzeugende Gesprächsführung bedient sich eines Dreischritts aus
> Bestätigung, Frage und Begründung:**
> • **Die Bestätigung holt den Gesprächspartner dort ab, wo er gerade
>   steht.**
> • **Die Frage führt ihn in die gewünschte Richtung.**
> • **Die Begründung gibt ihm die nötige Sicherheit.**

Im Beispiel am Beginn dieses Kapitels versuchte eine Sekretärin ihren Chef für die Anschaffung eines Scanners zu gewinnen. Wie sich zeigte, ohne Erfolg. Ich hatte Gelegenheit, mit der Sekretärin den Dreischritt aus Bestätigung, Frage und Begründung zu üben. Was ein Vierteljahr später dabei herauskam, hörte sich dann so an:

Sekretärin: „Ihnen ist es doch wichtig, daß ich Schreibarbeiten so erledige, daß die Sekretariatsverwaltung nicht darunter leidet."

Chef: „Ganz genau. Das Sekretariat hat Vorrang vor allen anderen Arbeiten."

Sekretärin: „Wieviel Zeit soll ich für Schreibarbeiten reservieren? Ich frage das deswegen, weil in den letzten Wochen durch das Tippen verschiedener Manuskripte einiges liegengeblieben ist."

Chef: „Also das darf eigentlich nicht vorkommen. Wenn das Sekretariat nicht ordentlich funktioniert, dann können wir einpacken."

Sekretärin: „Die Sekretariatsverwaltung hat also Vorrang vor allen anderen Aufgaben. – (Bestätigendes „Ja") – Wie soll ich dann mit eiligen Schreibarbeiten verfahren? Mir ist nämlich nicht klar, wann etwas so dringlich ist, daß ich andere Dinge liegen lassen darf."

Chef: „Wenn Sie so fragen, es darf eigentlich gar nichts liegen bleiben. Wobei es natürlich immer wieder Ausnahmen geben wird. Zum Beispiel habe ich noch ein Manuskript, das ich Ihnen nachher noch hinlege. Ich möchte es gern übers Wochenende bearbeiten. Das ist nicht so viel, ca. 30 Seiten. Das muß auch nicht sofort sein, es reicht bis morgen Mittag."

Sekretärin: „Ihnen wäre es am liebsten, die Schreibarbeiten würden so unauffällig erledigt, daß die übliche Sekretariatsarbeit reibungslos weiterläuft."

Chef: „Naja, das muß doch irgendwie zu schaffen sein."

Sekretärin: „Ich weiß nicht, ob Sie eine Vermutung haben, wie viele Stunden ich in der vergangenen Woche am Computer saß. Ich frage das, weil ich mal für vierzehn Tage darüber Buch geführt habe und selbst ganz überrascht war."

Chef: „Soweit ich weiß, hatte ich lediglich ein paar Briefe."

Sekretärin: „Stimmt. Doch da waren noch zwei Aufsätze der Kollegen, sowie ein Projektbericht und eine Abschlußdokumentation. Ich wollte es selbst nicht glauben, aber das ergab zusammen knapp 24 Stunden. In der Woche zuvor waren es weniger, da habe ich 18 Stunden gezählt."

Chef: (räuspert sich) „Das ist allerdings 'ne ganze Menge. Aber daran werden wir im Moment nichts ändern können. Denn ich sehe überhaupt keine Möglichkeit, noch eine zusätzliche Schreibkraft einzustellen. Völlig ausgeschlossen!"

Sekretärin: „Eine personalaufwendige Lösung kommt für Sie überhaupt nicht in Frage. – (Beifälliges Kopfnicken) – Wie teuer dürfte denn eine Lösung sein, mit der sich das Problem ein für allemal lösen ließe? Ich frage, weil man bei einem Einsatz von DM 18.000 einen großen Teil unserer Manuskripte so erledigen könnte, ohne daß das Sekretariat darunter leidet."

Chef: „Kommen Sie mir nicht mit Aushilfskräften."

Sekretärin: „Nein. Ihnen ist doch wichtig, daß wir eine personalneutrale Lösung finden, bei der keine Folgekosten entstehen. – („Ganz genau!") – Was halten Sie davon, wenn ich mich voll und ganz auf die Verwaltung konzentriere und gleichzeitig dafür sorge, daß die Manuskripte pünktlich erstellt werden? Es gibt ja mittlerweile Geräte, gegen die nicht einmal eine gute Schreibkraft ankommt."

Chef: „Was für Geräte?"

Sekretärin: „Ein großer Teil der hier anfallenden Schreibarbeiten wird mir bereits als Schreibmaschinenvorlage oder Textauszug vorgelegt. So etwas kann ein spezielles Lesegerät direkt auf Diskette speichern, damit der Text anschließend weiterverarbeitet werden kann."

Chef: „Das ist ja interessant. Wo kann man so etwas mal sehen? Und was soll der Spaß kosten?"

Sekretärin: „Ein Gerät für unsere Ansprüche kostet DM 18.000. Und Ihnen ist es wichtig, daß wir uns so etwas vorher mal zur Ansicht kommen lassen."

Chef: „Ja, das wäre wohl das Beste. Sehen Sie mal zu, daß uns irgendeine Firma so etwas hier aufstellt. Dann können wir das mal vierzehn Tage auf Herz und Nieren prüfen. So können wir am ehesten sehen, ob so ein Gerät wirklich hält, was es verspricht."

Sie können sich denken, daß der Scanner angeschafft wurde.

Ich will einräumen, daß eine derartige Gesprächsführung zunächst einmal sehr, sehr umständlich wirkt. Welche Haken müssen da geschlagen werden, um endlich auf den Punkt zu kommen. Machen wir uns jedoch klar, welches Ziel die Sekretärin verfolgt hatte, dann war sie mit diesem zweiten Gespräch wirklich erfolgreich. Im Unterschied zum ersten Anlauf, hat sie ihren Vorgesetzten dort abgeholt, wo er stand. Sie hat sich seine Wunschvorstellung von reibungsloser Sekretariatsverwaltung bei gleichzeitigem Schreibdienst zu eigen gemacht und mit ihrer Argumentation dort angesetzt. Er brauchte sein Wunschbild nicht aufzugeben, es wurde lediglich um einige konkrete Daten ergänzt. Dabei entstand jedoch sogleich das Bild einer möglichen Lösung, die sofort entschieden abgelehnt wurde. Zusätzliches Personal und Aushilfskräfte kamen nicht in Frage. Erst bei der Erwähnung von den Geräten, gegen die nicht einmal eine tüchtige Schreibkraft ankommen könne, fehlte ihm die klare Vorstellung und prompt kam die Frage, was das denn sei. Erst hier beginnt die Information, gewissermaßen als erbetene Dienstleistung. Erst auf der Basis dieser erwünschten Information wird sich der Vorgesetzte ein neues Bild machen. Ein Bild, in dem er sich als Prüfenden, als „Geräteteste" sieht. Ob ein anderes Vorgehen auch zum Ziel geführt hätte, weiß ich nicht. Ich wage aber zu bezweifeln, daß sich der Vorgesetzte so für diese Lösung erwärmt hätte, wenn sie nicht gewissermaßen in Form seiner Anweisung gegeben worden wäre.

Mir wurde von einem Seminarteilnehmer entgegengehalten, daß diese Beispiele ja alle schön und gut seien, aber wenn es wirklich darauf ankäme, dann müßte man doch mit Druck arbeiten. Als Beispiel nannte er wiederholte Verstöße gegen die Unfallverhütungsvorschrift, insbesondere das Tragen des Schutzhelms. Ein Teilnehmer war sogleich bereit, im Rollenspiel den Dreischritt des Überzeugens auszuprobieren. So entstand folgender Dialog:

Vorgesetzter: „Ich sehe, daß Sie Ihren Helm nicht aufgesetzt haben. Ich nehme an, daß er Sie irgendwie bei der Arbeit stört."
Mitarbeiter: „Das kann man wohl sagen."
Vorgesetzter: „Unter welchen Bedingungen würden Sie den Helm eigentlich tragen? Ich frage das, weil ich sicher bin, daß Sie sich nicht leichtfertig in Gefahr bringen."
Mitarbeiter: „Chef, machen Sie sich mal keine Sorgen. Wenn es wirklich gefährlich wird, dann setz' ich mir das Ding schon auf. Ich bin ja nicht lebensmüde. Aber so, bei der normalen Arbeit, behindert einen das irgendwie."
Vorgesetzter: „Mit dem Helm auf dem Kopf sind Sie nicht so frei. Inwieweit können Sie stets voraussehen, ob's gefährlich werden könnte? Ich denke da einfach an Unfälle, die sich von hinten ereignen."
Mitarbeiter: „Da paß ich schon auf. Ich kenn' schließlich die Abläufe hier aus dem ff."
Vorgesetzter: „Sie sagen, mit dem Helm auf dem Kopf fühlen Sie sich eingeschränkt. Mir ist noch nicht klar, worin Sie genau behindert werden. Denn wenn's gefährlich wird, dann setzen sie ihn ja auf. Und ich hoffe nicht, daß Sie sich in Gefahrensituationen irgendwie beengt fühlen."
Mitarbeiter: „Das ist auch was anderes. Außerdem, wie sieht denn das aus. Ich bin hier der Älteste und mache den Job fürwahr schon 'ne Weile. Also da brauche ich nun wirklich keinen Schutz mehr."

Vorgesetzter: „Diese Schutzvorschrift erleben Sie eher wie eine Bevormundung. Mit dem Helm auf dem Kopf könnte man Sie glatt für einen Anfänger halten."

Mitarbeiter: „So will ich das nun nicht sagen. Aber es muß doch noch 'nen Unterschied geben zwischen den Neuen, die wirklich noch gefährliche Fehler machen und uns alten Hasen, die Ihr Handwerk verstehen."

Vorgesetzter: „Das heißt, daß Sie bei den jüngeren drauf achten, daß hier keiner ohne Helm 'rumspringt."

Mitarbeiter: „Da achte ich sogar drauf, daß mir keiner ohne Sicherheitsschuhe rumläuft. Ne, ne, da fühle ich mich schon verantwortlich."

Vorgesetzter: „Sie sorgen gewissenhaft dafür, daß hier alle die Schutzbestimmungen einhalten. Inwieweit bringen Sie gerade die jüngeren Kollegen in Versuchung? Ich kann mir vorstellen, daß es der eine oder andere Ihnen gern gleichtun möchte und darum schon mal den Helm absetzt, wenn er glaubt, daß keine Gefahr bestünde."

Mitarbeiter: „Das können die noch gar nicht beurteilen. Bis man mit den Maschinen wirklich vertraut ist, vergehen Jahre. Also da versteh' ich keinen Spaß."

Vorgesetzter: „Einerseits sind Sie sehr auf die Sicherheit jedes einzelnen bedacht, andererseits fällt es Ihnen schwer, in diesem einen Punkt mit gutem Beispiel voranzugehen. Wie würden die Kollegen reagieren, wenn Sie als Vorbild auch dann die Schutzkleidung tragen, wenn's mal nicht so gefährlich zu sein scheint? Ich weiß nicht, wieweit sich gerade die jüngeren Kollegen an Ihnen orientieren."

Mitarbeiter: „Naja, wahrscheinlich würde dann keiner mehr ohne Helm 'rumlaufen. Egal, was gerade ansteht. Und wenn doch, dann würde ich ihm aber eins pfeifen!"

Vorgesetzter: „Mit anderen Worten: Sie hätten deutlich mehr Durchsetzungskraft und könnten sich wesentlich glaubhafter Gehör verschaffen. Das ist allemal besser, als wenn Sie mit den Vorschriften der Berufsgenossenschaft daherkommen."

Mitarbeiter: „Also wenn wir all das machen, was da drin steht, dann kommen wir überhaupt nicht mehr zum Arbeiten."

Vorgesetzter: „Darum gebe ich Ihrem Vorbildverhalten auch allemal den Vorzug. Wenn Sie als erfahrener Kollege den umsichtigen Umgang mit den alltäglichen Gefahren vorleben können, haben wir die besten Voraussetzungen für einen reibungslosen und hoffentlich unfallfreien Arbeitsablauf."

Mitarbeiter: „Das sehe ich eigentlich auch so."

Nach diesem Gespräch ging ein Aufstöhnen durch die Runde der Zuhörer. Es fielen Äußerungen wie folgende:

„Wenn ich das mit jedem Mitarbeiter machen wollte."
„Also, mir wäre das zu umständlich. Wenn der Mann nicht spurt, dann muß er gehen."

„Wo kommen wir denn dahin, wenn man nicht mal mehr bei eindeutigen Vorschriften Druck machen darf."
„Wenn ich solche Gespräche führen würde, dann käme ich zu gar nichts mehr."
„Es fehlt ja noch, daß der Vorgesetzte in Zukunft selbst mit 'nem Helm herumläuft."

Große Nachdenklichkeit trat jedoch ein, als der Teilnehmer, der den Mitarbeiter gespielt hatte, zu Wort kam:

„Vor diesem Rollenspiel hätte ich dasselbe gesagt wie Sie. Aber ich muß Ihnen gestehen, daß ich mich schon lange nicht mehr auf die Seite meiner Mitarbeiter gestellt habe. Es stimmt, das Gespräch war lang. Ich selbst hätte wahrscheinlich schon viel früher mit der Faust auf den Tisch gehauen und gesagt, entweder halten Sie jetzt die Bestimmung ein, oder Sie kriegen eine Abmahnung. Aber nach diesem Gespräch sehe ich das anders. Denn jetzt würde ich den Helm fortan aufsetzen und zwar freiwillig, weil ich Vorbild sein will. Ich war mit der festen Absicht in das Rollenspiel gegangen, in klarer Opposition zu verharren. Doch so, wie das Gespräch dann verlief, hatte ich gar keine Möglichkeit mehr für irgendwelche Trotzreaktion. Vielleicht glauben Sie mir das jetzt nicht, aber mich hat das Gespräch überzeugt."

Mit dem Bild im Kopf, keinen Helm zu tragen, wird jedes Gespräch für den Mitarbeiter ein Akt des Überredens bleiben und sei es das „Überreden" durch Drohen. Um das Bild zu ergänzen und zu verändern bzw. dem vorhandenen Bild noch ein weiteres Bild hinzuzufügen, nämlich das, in dem er sich helmtragend sieht, muß der Vorgesetzte zunächst das alte Bild erfassen und akzeptieren.

Auch wenn diese Vorgehensweise umständlich und zeitraubend wirken mag, so ist sie im hier besprochenen Sinne **effektiv**. Effektiv im Sinne von Zielorientierung meint ja, den Mitarbeiter so zu motivieren, daß er sich ohne weitere Maßnahmen für die gemeinsamen Ziele engagiert. Wenn dazu ein ungewöhnlich langes Gespräch notwendig ist, sich der Mitarbeiter jedoch anschließend den Zielen verpflichtet fühlt, so ist die einmal aufgewendete Gesprächszeit gering im Vergleich zu fortlaufenden Kontroll- und „Motivations"-Maßnahmen üblicher Art.

Ich will an dieser Stelle noch einmal das Zitat von *Henry Ford* wiederholen:

**„Wenn es ein Geheimnis des Erfolgs gibt, so ist es das, den Standpunkt des anderen zu verstehen und die Dinge mit seinen Augen zu sehen."**

Verstehen heißt nicht gutheißen. Wir können durchaus etwas verstehen und gleichzeitig ablehnen, so wie wir ja auch manche Dinge gutheißen oder ablehnen, die wir ganz und gar nicht verstehen. Akzeptieren meint hier, einen Standpunkt, eine Vorstellung des Gesprächspartners zunächst einmal als gegeben hinzunehmen. Spürt der andere, daß wir die Dinge mit seinen Augen sehen, wird seine Neigung, das einmal gefaßte Bild zu verteidigen, merklich nachlassen. Wenn wir seinen Standpunkt bestätigen, hat dies nichts mit Einverständnis und Bewertung zu tun. Wir bestätigen ihm lediglich, daß wir nachzuvollziehen bemüht sind, wo er steht. Alles weitere ist dem sich daraus ergebenden Gespräch vorbehalten.

Wer jedoch schon vorab weiß, wie die Lösung auszusehen hat, der ist gut beraten, weiterhin sein Glück im Überreden und Druck machen zu suchen. Die Folgen eines derartig autoritären Gesprächsführungsstils gegenüber einer partnerschaftlichen Gesprächsführung sollen im folgenden Kapitel erörtert werden.

## 12. Unangenehmes mitteilen

In den vorangegangenen Kapiteln ging es in erster Linie um den angemessenen Umgang, das bessere Verständnis unserer Gesprächspartner und wie wir ihre und unsere Zielvorstellungen in Einklang bringen. Manche Gespräche haben einen eher unerfreulichen Anlaß, der Inhalt ist zunächst einmal für den anderen eine negative Mitteilung. Oft fällt es schwer Kritik zu üben, Beanstandungen und Beschwerden vorzubringen oder Absagen und enttäuschende Entscheidungen mitzuteilen. In der professionellen Gesprächsführung erleben Sie diese Situationen keineswegs mißlich und fühlen sich auch nicht genötigt, auf Ausreden zu verfallen.

Wenn Sie sich gerade einmal folgende Situation vorstellen: Sie sind voll konzentriert auf Ihre Arbeit, da kommt ein Kollege zu Ihnen und bittet Sie kurz um Ihre Hilfe. Was sich anfangs wie eine knappe Frage anhörte, entwickelt sich nun aber zu einem längeren Gespräch. Wie kann dem Kollegen verdeutlicht werden, daß er stört, daß Sie im Moment kein Interesse verspüren, mit ihm zu klönen und daß er Sie, bitteschön, weiterarbeiten lassen soll?

Folgende Reaktionen werden Ihnen bekannt vorkommen:

Unauffällig auffälliger Blick zur Uhr.
Betonte Einsilbigkeit bis hin zum Wegschauen.
Weiterarbeiten bzw. Aufräumen der Unterlagen.
„Es tut mir echt leid, aber ich hab' gleich noch einen Termin ..."
„Entschuldigung, aber wenn ich das hier nicht fertigkriege, dann ist ein Donnerwetter los, Sie wissen ja ..."
„Oh je, es geht ja schon auf drei Uhr zu, Mensch, wo bleibt bloß die Zeit?"
„Also, ich würde jetzt wirklich gern mit Dir weiterreden, aber ich kann das jetzt unmöglich mit diesem wahnsinnigen Pensum."
„Können wir ein andermal weiterreden. Ich bekomme gleich Besuch."
Aufstehen und zur Tür gehen: „Ich muß gerade zum ..."

Diese Liste läßt sich wahrscheinlich noch eine Weile fortsetzen. Was macht es so schwer, dem Kollegen in dieser Situation offen die Wahrheit zu sagen und ihm zu erklären, daß er im Moment wahrlich stört? Die typische Antwort lautet: Ich will ihn doch nicht kränken, ihm wehtun oder vor den Kopf stoßen.

Diese Antwort enthüllt eine faustdicke Unterstellung. Wissen wir denn so genau, wie der andere reagieren wird? Ja, woraus schöpfen wir denn den Verdacht, daß er die Wahrheit nicht ertragen könnte und wir sie darum nett verpacken müssen? Wenn wir Zweifel haben, daß unser Gesprächspartner mit einer Abfuhr umgehen kann, dann haben wir wahrlich kein besonders positives Bild vom anderen.

Und schon bin ich wieder beim Stichwort: Bilder.

Wie ich in den vorangegangenen Kapiteln immer wieder ausgeführt habe, machen wir uns fortlaufend Bilder über zukünftige Ereignisse und stellen uns mögliche Reaktionen unserer Mitmenschen im Geiste vor. Es sei in diesem Zusammenhang noch einmal das Zitat des Stoikers *Epiktet* wiederholt:

**„Nicht die Dinge, sondern die Meinungen, die wir über die Dinge haben, beunruhigen uns."**

Die Klassifizierung einer Mitteilung in angenehm oder unangenehm stellt bereits eine rein subjektive Einschätzung dar, die nicht ohne Folgen bleibt. Man muß schon ziemlich kaltblütig sein, um gänzlich unbefangen zu bleiben, während man einem anderen Menschen etwas mitteilt, von dem man selber annimmt, daß es den anderen unangenehm berühren wird. Nein, wer Unangenehmes mitteilt, neigt bereits im Vorfeld dazu, sich gegen mögliche Reaktionen zu wappnen; sei es, daß man besonders vorsichtig oder leise spricht, sei es daß man dem anderen gegenüber ganz besonders forsch auftritt. Dabei wird allerdings außer acht gelassen, daß gerade dieses Verhalten bewirken kann, die befürchtete Reaktion zu provozieren, wie folgendes typische Beispiel belegt:

Nach langem Warten erhält der Gast endlich sein Mittagessen. Leider ist es nur noch mäßig warm, ja auf der Sauce befindet sich bereits eine Haut. Der Gast möchte reklamieren, aber er befürchtet, mit seinem Anliegen nicht durchzudringen und im schlimmsten Fall verbalen Angriffen ausgesetzt zu sein. Dennoch spricht er die vorbeieilende Bedienung zaghaft an:
„Entschuldigung, daß ich Sie gerade aufhalte, aber eigentlich hatte ich ein warmes Essen bestellt."
Ohne anzuhalten erwidert der Ober:
„Oh, das tut mir leid. Aber Sie sehen ja, was heute los ist. Seien Sie froh, daß Sie überhaupt 'was gekriegt haben."
Der Gast denkt: ‚Hätte ich bloß nichts gesagt.'

Solange wir uns nicht klar machen, daß unser Verhalten durch den Sog unserer Bilder beeinflußt wird, übersehen wir auch, daß womöglich unangenehme Mitteilungen und die damit einhergehenden Ausreden im Grunde genommen eine Reaktion auf unsere „Horrorphantasien" darstellen.

Nehmen wir an, der Gast, der das lauwarme Essen bekam, wäre in der Lage, sich vorzustellen, wie der Ober den Teller wieder mitnimmt, um ihm kurze Zeit später mit höflicher Entschuldigung ein warmes Essen zu servieren. Mit freundlichen Worten würde er die Bedienung anhalten und vielleicht folgendes sagen:

„Es ist unübersehbar, daß Sie heute besonders viel zu tun und für Sonderwünsche nicht gerade ein offenes Ohr haben. Sie machen mir eine Freude, wenn Sie trotzdem dieses abgekühlte Essen gegen ein warmes Gericht eintauschen."

Ich komme noch einmal auf das obige Beispiel mit dem Kollegen zurück, der mittels Ausreden zum Aufstehen bewegt werden soll. Mit unseren Ausflüchten setzen wir uns dem Verdacht aus, selbst nicht stark genug zu sein, um eine mögliche Abfuhr zu verarbeiten. Mit unseren gut gemeinten Ausreden werfen wir fürwahr kein besonders günstiges Licht auf uns selbst.

Manch einer mag einwenden, daß ihm selbst ein ehrliches Gesprächsende am liebsten wäre, doch andere Menschen da sehr empfindlich und nachtragend reagieren. Mit anderen Worten: Diese Ausreden sollen vor unliebsamen Reaktionen des Gesprächspartners schützen, frei nach dem Motto: Man kennt schließlich seine Pappenheimer. Hier sei gleich nachgehakt: Woher eigentlich? Worauf gründet die Vermutung, der andere könnte beleidigt, eingeschnappt oder gekränkt reagieren? Natürlich werden wir uns bemühen, diesbezügliche negative Erfahrungen tunlichst zu vermeiden. Sie werden diese Ausreden jedoch auch dort beobachten können, wo noch gar keine Erfahrungen vorliegen, wo also auf Grund von Vermutungen reagiert wird. Unsere Fähigkeit, vom Einzelerlebnis auf die Gesamtheit zu schließen, also zu verallgemeinern, birgt die Gefahr, die Mehrzahl unserer Mitmenschen über denselben Leisten zu schlagen.

Um nicht in den Verdacht zu geraten, hier eine Moralpredigt zu halten, will ich mich der positiven Seite dieser Vermutungen zuwenden. Wenn Sie, statt zu verallgemeinern, sich konkret vorstellen, was Ihr Gesprächspartner auf Grund Ihrer Äußerung empfinden und wie er reagieren wird, fühlen Sie sich tatsächlich in die Lage des anderen ein. Dieses Einfühlungsvermögen, auch Empathie genannt, wirkt wie ein Schlüssel zum anderen. Welche besondere Bedeutung dieser Einfühlung zukommt, habe ich im 2. Kapitel im Abschnitt über das „aktive Zuhören" ausgeführt.

> **Da es zur professionellen Gesprächsführung dazugehört, Ihrem Gesprächspartner Verständnis entgegenzubringen, können Sie das, was Sie im Begriffe stehen, beim anderen auszulösen, bereits sprachlich vorwegnehmen.**

Wir stellen uns also vor, daß sich der Kollege im obigen Beispiel vor den Kopf gestoßen fühlt oder enttäuscht sein könnte. Wenn wir ihm diese Vermutung mitteilen, zeigen wir unsere Einfühlung:

„Vielleicht stoße ich Sie jetzt vor den Kopf, wenn ich mich jetzt wieder meiner Arbeit zuwende. Ich möchte gern hiermit fertig werden." Oder:
„Ich weiß nicht, wieweit ich Sie jetzt enttäusche: Ich möchte hier gern abbrechen und mit meiner Arbeit fortfahren."

Manch einer wird jetzt sagen: „So unverblümt und direkt kann man das doch niemandem sagen." Ja, warum denn nicht? Sind die obigen Ausreden denn so viel weniger kränkend und enttäuschend? Glauben wir denn wirklich, daß der andere auch nur eine dieser Ausreden wirklich glaubt. Ganz im Gegenteil. Jeder von uns ist selbst schon das eine oder andere Mal Opfer derartiger Ausflüchte geworden. Waren Sie dann stets dankbar, daß man Ihnen die Wahrheit erspart hat? oder blieb womöglich das schale Gefühl zurück, das sich einstellt, wenn man Unaufrichtigkeit spürt?

Wenn Sie sich in Ihren Gesprächspartner einfühlen und das ansprechen, was sie sowieso auslösen, werden Sie über die Reaktion womöglich überrascht sein. Denn der andere wird mit großer Wahrscheinlichkeit sagen:

„Nein, Sie stoßen mich damit doch nicht vor den Kopf, ich wollte Sie auch nicht länger aufhalten ...“
„Ach was, Sie enttäuschen mich doch nicht. Ich wollte sowieso nicht so lange bleiben ...“

Aber manch einer befürchtet Schlimmeres, wähnt schon den Gesprächspartner eingeschnappt oder beleidigt. Ja, was spricht denn dann dagegen, daß wir diese Befürchtung genau so aussprechen, wie wir sie nun einmal im Kopf haben. Denn wenn wir uns soweit in den anderen hineingefühlt haben, daß wir mit einer beleidigten Reaktion rechnen, dann tun wir gut daran, ihn an unserer Sorge teilnehmen zu lassen.

„Ich befürchte, daß Sie womöglich beleidigt reagieren, wenn ich unser Gespräch hier abbreche. Ich möchte gern mit meiner Arbeit fortfahren.“ Oder:
„Ich bin mir unsicher, ob Sie eingeschnappt sind, wenn ich Sie bitte, mich mit meiner Arbeit wieder allein zu lassen. Im Moment wird mir das zuviel und ich komme mit dem, was ich hier gerade mache, nicht voran.“

Gerade bei diesen Beispielsätzen habe ich bislang noch keinen Gesprächspartner erlebt, der je geantwortet hätte:

„Also, das beleidigt mich schon.“ Oder:
„Doch, da schnappe ich ein. Sie wollen mich wohl vor den Kopf stoßen.“

Auch hier wird der Partner eher abwimmeln und erklären, daß das nicht so schlimm sei. Sollten Sie jedoch mit diesem Kollegen bereits einschlägige Vorerfahrungen haben und dennoch das Gespräch beenden wollen, wäre es allemal ehrlicher, ihm zu erklären, daß Sie sich bewußt sind, welches Risiko Sie da gerade eingehen.

„Auch auf die Gefahr hin, daß Sie eingeschnappt sind ...“
„Auch auf das Risiko hin, daß Sie mit mir jetzt eine Woche nicht mehr sprechen ...“

„Womöglich trete ich Ihnen jetzt zu nahe, so daß Sie mich für absolut unkollegial halten und mit mir am liebsten nichts mehr zu tun haben wollen. Mir ist es im Moment wichtig, hier abzubrechen und mich wieder meiner Arbeit zuwenden."

Die Offenheit und Bereitschaft zur Einfühlung macht diese Gesprächsstrategie so unschlagbar. Ehrlichkeit hat nun einmal etwas Entwaffnendes. Gerade dadurch, daß Sie Ihrem Gesprächspartner ausdrücklich einräumen, eingeschnappt, beleidigt oder gekränkt zu reagieren, geben Sie ihm die Möglichkeit, auch ein anderes Verhalten an den Tag zu legen. Ja, um sich nicht so zu verhalten, wie Sie ihm gewissermaßen unterstellen, wird er Ihre Befürchtung eher zerstreuen als Ihnen zustimmen.

Mich erreichte folgender Brief eines Seminarteilnehmers:
Ich habe Ihre Methode, „Unangenehmes mitzuteilen", bei unserer Abteilungsmimose mit großem Erfolg angewendet. Seit mehreren Jahren lassen wir uns von dieser Kollegin tyrannisieren. Alles, was ihr nicht ins Konzept paßt, schiebt sie den anderen Kollegen zu, und wer nicht hurtig springt, wird so eisig behandelt, daß der Rest der Abteilung froh ist, wenn der Friede wieder halbwegs hergestellt ist. Kürzlich wollte sie sich davor drücken, ihre Folien und Unterlagen für eine Präsentation selbst zu erstellen und so bat sie mich, ihr die Arbeit abzunehmen, da ihr wieder einmal alles zuviel wurde. Zum Glück hatte ich im Geiste bereits geübt, so daß ich nicht groß nachzudenken brauchte, um ihr zu erwidern:
„Auch auf die Gefahr hin, daß Sie mich für fürchterlich unkollegial halten, gehe ich auf Ihren Wunsch nicht ein. Ich habe im Moment so viel zu tun, was dann liegenbliebe, da riskiere ich es lieber, daß Sie mich eine Woche schneiden."

Zu meinem großen Erstaunen erwiderte Sie ganz und gar nicht eingeschnappt:
„Wie kommen Sie denn darauf, daß ich Sie schneiden könnte?"
Diese Frage hatte ich nicht erwartet, dennoch bemühte ich mich, ehrlich zu
antworten:
„Das war auch mehr als Befürchtung gemeint. Im Gegenteil, mir ist es am aller-
liebsten, wenn wir reibungslos, ja harmonisch miteinander auskommen."
Ich hätte es zuvor nicht für möglich gehalten, daß unsere oberempfindliche Kollegin ruhig und freundlich erwidern könnte:
„Da bin ich ganz Ihrer Meinung. Das mit den Folien kriege ich schon hin. Ich
wußte nicht, daß Sie selbst so viel um die Ohren haben, sonst hätte ich Sie
selbstverständlich gar nicht erst gefragt. Aber da Sie mir das so klar gesagt
haben, bin ich Ihnen ganz und gar nicht böse."
Mittlerweile komme ich mit unserer „beleidigten Leberwurst", wie wir sie auch
schon genannt haben, bestens zurecht. Mir gegenüber ist sie ausgesprochen
freundlich. Sie zeigt sich von einer für mich völlig ungewohnten, kooperativen
Seite und hat bereits Anflüge von Hilfsbereitschaft, die mich geradezu verpflich-
ten, Ihr auch entgegenzukommen.
Zu meinem großen Staunen verhält sie sich jedoch gegenüber den übrigen Kollegen wie eh und je. Ich bin gespannt, wann die anderen mein Verhalten übernehmen werden.

Wohlgemerkt, diese Form, Unangenehmes mitzuteilen, ist keine
Masche und stellt auch keinen Trick dar. Sie ist Ausdruck ganz persönlicher, ehrlicher Einfühlung. Wer lieber die hier aufgeführten Formulierungen auswendig lernt, anstatt sich in die momentane Befind-
lichkeit des Gegenübers einzufühlen, wird schneller durchschaut, als
ihm lieb sein könnte.

Ich kann mich gut erinnern, wie unwillig ich auf einen Kollegen reagierte, der
Verspätungen und kurzfristige Terminabsagen für gewöhnlich mit den Worten
einleitete:
„Wahrscheinlich bist Du jetzt sauer, ich kann unmöglich den 14-Uhr-Termin
einhalten." Oder:
„Du bist vermutlich stocksauer, daß ich erst jetzt komme. Tut mir echt leid, aber
es ging nicht früher."
Mit diesen stereotypen, dahingeworfenen Wendungen fühlte ich mich ganz und
gar nicht verstanden. Nach längerem Nachdenken wurde mir deutlich, mit welchen Wendungen er tatsächlich Einfühlung hätte ausdrücken können und womit es mir zugleich schwer geworden wäre, meinen Ärger auszuleben. Mit folgenden Sätzen hätte er echte Empathie ausgedrückt:
„Ich kann den 14-Uhr-Termin unmöglich einhalten. Wahrscheinlich vermittele
ich Dir den Eindruck, Verabredungen mit Dir nicht ernst zu nehmen, ja, ich riskiere sogar, Dich damit zu kränken." Oder:

„Wenn Dich mein Zuspätkommen verletzt, dann kann ich das gut nachvollziehen. Ich scheine Dir damit ganz offensichtlich zu zeigen, daß mir im Moment alles andere wichtiger ist als die Verabredung mit Dir."

An diesem Beispiel wird deutlich, daß Echtheit und Glaubwürdigkeit ganz stark mit einem offenen Verhalten zusammenhängen. Denn nach diesem Gesprächseinstieg wird nicht mehr über Termine und verstrichene Minuten geredet, sondern über die erlebten Empfindungen und die damit einhergehenden tatsächlichen Vermutungen. Ein konstruktiver Dialog könnte beispielsweise so fortgesetzt werden:

„Da ist schon etwas dran. Mir war der Termin mit Dir wirklich wichtig und deswegen habe ich andere Sachen extra umorganisiert, und bei Dir gewinne ich den Eindruck, ich laufe unter fernerliefen. Zumal ich das ja schon wiederholt so erlebt habe."

Was von da an stattfindet, stellt eine Beziehungsklärung dar. Der Kollege hätte die Chance zu erläutern, wie er seine Prioritäten setzt, wie wichtig oder unwichtig ich ihm bin und wie er meine Ansprüche an ihn wahrnimmt und ihnen begegnet. Und umgekehrt hätte ich Gelegenheit, zu klären, was denn meine Ziele sind, für die ich diesen Kollegen benötige.

In diesem Zusammenhang sei noch einmal darauf hingewiesen, daß unsere rechte Gehirnhälfte sich negative Aufforderungen nicht vorstellen kann. In Seminarübungen fällt mir immer wieder auf, daß den Teilnehmern einleuchtet, daß Einfühlung einen guten Zugang zum Gesprächspartner ermöglicht, dennoch wollen sie mögliche negative Reaktionen vermeiden, was zu folgenden typischen Wendungen führt:

„Bitte seien Sie jetzt nicht enttäuscht, aber ..."
„Ich hoffe, Sie sind jetzt nicht sauer, wenn ..."
„Bitte regen Sie sich nicht auf, aber ..."

Derartige Formulierungen bieten ein emotionales Bild (z.B. Enttäuschung), daß man sich bitte nicht vorstellen soll. Wen wundert es, wenn die Reaktion entsprechend ausfällt: „Ich rege mich überhaupt nicht auf, nur daß das mal klar ist, ja?!!!"

Vielleicht ist Ihnen aufgefallen, daß in den Beispielsätzen auf das kleine Wörtchen „aber" verzichtet wurde. Mit dem „Aber" werden Einschränkungen und Gegensätze gekennzeichnet. Andere restriktive bzw. adversative Wörter mit gleicher Bedeutung sind die Konjunktionen „doch" und „jedoch", „nur", „allein" sowie „sondern". Auf einen kurzen Nenner gebracht können wir uns für die professionelle Gesprächsführung merken:

---

**Die Wörter „aber", „doch" und „jedoch", „nur", „allein" sowie „sondern" drücken stets aus, daß etwas eingeschränkt wird, daß etwas im Gegensatz zu dem zuvor Geäußerten steht.**
**Der Aber-Satz verneint den vorangegangenen Satz.**

---

Sie werden häufig beobachten können, daß dem Aber-Satz eine Äußerung vorangeht, die mehr oder weniger „Verpackungs-Charakter" hat. Die allbekannte „Ja, aber"-Technik bedient sich bei der Einwand-Behandlung dieses Tricks. Der Gesprächspartner soll durch den zustimmenden Vordersatz gewissermaßen eingelullt werden, damit er die Verneinung bzw. Einschränkung nicht mehr so direkt wahrnimmt.

„Ja, da haben Sie vollkommen recht, aber in diesem Fall verhält es sich doch ganz anders ..."
„Ich stimme Ihnen zu, nur müssen Sie folgendes bedenken ..."
„Ja natürlich, das sehe ich ganz genauso, doch haben Sie dabei übersehen, daß ..."

Manche Sätze bestehen aus mehr Verpackung als Inhalt. Es ist immer wieder erstaunlich, wie wir ein „Aber" bereits ahnen, selbst wenn der Vordersatz sich wortgewaltig in die Länge zieht. Dazu wird mir die Seminarkritik eines Teilnehmers unvergeßlich bleiben:

„Dieses Seminar war ausgesprochen unterhaltsam, also nicht nur von unserer abendlichen Freizeitgestaltung, sondern auch durch die verschiedenen Inhalte und Präsentationen. Ich habe in diesen drei Tagen eine ganze Menge Neues gehört und war erstaunt, was Sie aus einer einzelnen Videoanalyse alles herausholen. Vieles wird sich wahrscheinlich in einem veränderten Verhalten ausdrücken, wobei ich jetzt noch gar nicht sagen kann, was das im einzelnen alles sein wird. Aber wenn ich mich frage, was ich gelernt habe, dann muß ich antworten: Nichts, also so gut wie nichts."
Nach diesem vernichtenden Urteil lehnte sich der Teilnehmer zufrieden, wenn nicht gar selbstgefällig zurück und überließ das Wort dem Nachbarn.

Sie mögen unter Umständen einwenden, daß solche gekünstelten Worthülsen doch in der Alltagskommunikation eher selten sind. Ich sehe das anders. Die in vielen Büchern zu lesende Empfehlung, zu Beginn eines Gesprächs für eine positive Atmosphäre zu sorgen, wird

vielfach mißverstanden. Gerade beim Mitteilen von Nachrichten, die man für unangenehm hält, gibt es die verbreitete Unart, zunächst dem Gegenüber ein paar Nettigkeiten zu sagen, ehe der Knüppel aus dem Sack geholt wird.

Ein Geschäftsführer hat einen Außendienstmitarbeiter zu sich gebeten:
„Sie wissen ja, daß ich bislang mit Ihren Leistungen immer zufrieden war. Also, da hat es eigentlich nie einen Grund zur Klage gegeben. Gerade Ihr Engagement hebt Sie in der Abteilung positiv hervor. Wenn es mal einen Engpaß gibt und wir nur durch einen besonderen Einsatz die uns gestellten Aufgaben bewältigen können, dann weiß ich, daß ich mich auf Sie stets verlassen kann. Außerdem schätzen wir alle Ihren Humor und die wirklich kollegiale Art, mit der Sie unser ganzes Team Tag für Tag bereichern, **aber** was Sie sich bei der Firma Kunze geleistet haben, das ist mehr als ein noch nachsehbarer Fehler, das grenzt ja geradezu an Vorsatz. Ich habe hier ein dreiseitiges Schreiben. Was Ihnen da vorgeworfen wird, das müßte mich eigentlich veranlassen, mich von Ihnen zu trennen, Sie zumindest abzumahnen. **Aber** ich will mal nicht so sein. Sie fahren jetzt zur Firma Kunze und sorgen dafür, daß alles wieder ins Lot kommt und dann Schwamm drüber. **Aber** sollte ich noch einmal Klagen hören, dann ist der Ofen aus. Ich hoffe wir verstehen uns."

Sie können sich vorstellen, daß dem Mitarbeiter nach dieser Standpauke nichts mehr von den anerkennenden Worten seines Vorgesetzten in Erinnerung bleibt, die er zu Beginn hören konnte.

Der umgekehrte Fall tritt übrigens auch hin und wieder auf. Gerade bei Kritikgesprächen neigen manche Vorgesetzte dazu, gleich zur Sache zu kommen. Reagiert der Mitarbeiter jedoch stark betroffen, wird durch ein „Aber" alles zuvor Geäußerte eingeschränkt.

Ein Abteilungsleiter kritisierte eine Sachbearbeiterin mit folgenden Worten:
„Sagen Sie mal, was haben Sie sich eigentlich dabei gedacht, diesen Vorgang selbst zu unterschreiben und in den Postausgang zu legen. Sie wissen doch ganz

genau, daß wir eine Regel haben, die klipp und klar vorschreibt, daß solche Angelegenheiten über meinen Schreibtisch gehen. Sie können von Glück sagen, daß ich gestern Abend zufällig noch den Postausgang durchgesehen habe. Was Sie sich da geleistet haben, das grenzt geradezu an Anmaßung, und ich hätte nicht übel Lust, hier einmal ein Exempel zu statuieren."
(Die völlig verschreckte und versteinert dasitzende Mitarbeiterin greift nach ihrem Taschentuch und beginnt lautlos zu weinen. Mit tränenerstickter Stimme beginnt sie: „Ich wollte nur ..." Ihr Chef läßt sie jedoch nicht zu Wort kommen, sondern fährt mit deutlich milderer Stimme fort:)
Sie brauchen keine Angst zu haben, ich werde Sie deswegen nicht gleich rauswerfen. Außerdem wissen Sie ja, daß ich Ihre Arbeit stets schätze. Im Gegenteil, Sie sind in unserer Abteilung dank Ihrer enormen Erfahrung durch niemanden zu ersetzen. Außerdem bin ich immer wieder über Ihre Hilfsbereitschaft und Loyalität erfreut. Da könnte sich manch anderer Kollege an Ihnen ein Beispiel nehmen. Naja, Sie wissen ja jetzt, worauf ich hinaus wollte. Ich denke, ich kann mich auch in Zukunft voll und ganz auf Sie verlassen."

Hier wird die Mitarbeiterin mit ziemlicher Sicherheit die harschen Worte zu Beginn des Gesprächs verdrängen und sich an dem hochziehen, was Ihr Vorgesetzter Ihr an Wohlwollen und Anerkennung zum Schluß zuteil werden ließ.

Die Empfehlung, zu Beginn eines Gesprächs für eine positive Atmosphäre zu sorgen, meint gerade im Mitarbeitergespräch, aber auch bei Verkaufs- und Kundenkontakten, dem Gegenüber die nötige emotionale Sicherheit zu geben, die dieser braucht, um sich entspannt auf das Gespräch einzustellen. Was mag einen Mitarbeiter bewegen, der zu seinen Vorgesetzten gerufen wurde. Was mag ihm durch den Kopf gehen?

„Was will er von mir?"
„Habe ich 'was verbockt?"
„Für was sucht er nun schon wieder einen Schuldigen?"
„Wozu will er mich jetzt wohl 'rumkriegen?"
„Wie lange werde ich vermutlich hier sitzen müssen?"
„Wann werde ich meine begonnene Arbeit wieder fortsetzen können?"
Usw.

Wir können uns für die professionelle Gesprächsführung merken, daß wir mit **drei** Punkten zur emotionalen Sicherheit unserer Gesprächspartner optimal beitragen können.

---

**Klären Sie zu Beginn eines Gesprächs Ihr Gegenüber über den Gesprächsumfang, Ihre Ziele und Ihre konkreten Erwartungen auf. Also:**
**Wieviele Punkte bzw. wie lange wird das Gespräch voraussichtlich dauern?**
**Worauf zielt dieses Gespräch ab?**
**Was wird vom Gesprächspartner konkret erwartet?**

---

**Falls Sie vermuten, daß Ihr Gesprächspartner irgendwelche Befürchtungen bezüglich dieser Zusammenkunft hegt, beginnen Sie mit einer entsprechend einfühlenden Formulierung. Dadurch können Sie den anderen dort abholen, wo er gerade steht, und Sie werden ihn mit weniger Aufwand dazu bewegen können, sich mit Ihren Zielen und Erwartungen auseinanderzusetzen.**

---

Für die obigen Beispiele ergibt sich dann folgende Formulierung:

Der Geschäftsführer bittet seinen Außendienstmitarbeiter zum Gespräch und eröffnet ihm sogleich:

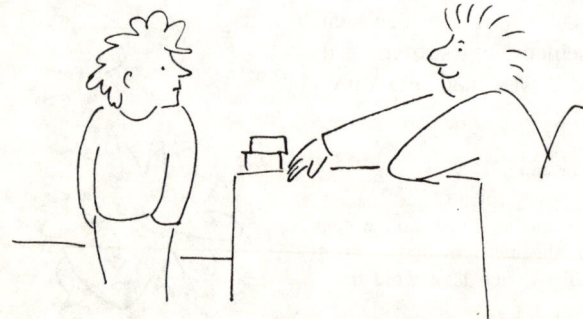

„Ehe Sie sich irgendwelche Sorgen wegen dieses Gesprächs machen, will ich Ihnen vorab erklären, worum es mir geht: Ich möchte gern in den nächsten 10 Minuten mit Ihnen über ein Schreiben der Firma Kunze sprechen, in welchem Ihnen fünf gravierende Vorwürfe gemacht werden. Mit diesem Gespräch möchte ich erreichen, daß unser wirklich gutes Vertrauensverhältnis für unsere zukünftige Zusammenarbeit ungetrübt bleibt. Konkret möchte ich, daß Sie zu den einzelnen Vorwürfen Stellung nehmen und wir anschließend gemeinsam überlegen, was Sie und ich tun können, um in Zukunft derartige Kundenreaktionen zu vermeiden."

Der Abteilungsleiter bittet die Sachbearbeiterin zum Gespräch und beginnt gleich nach dem „Bitte setzen Sie sich" mit den Worten:

„Vielleicht sind Sie überrascht, ja womöglich verunsichert, daß ich Sie auf so ungewöhnliche Weise zu diesem Gespräch gebeten habe. Ich möchte mit Ihnen in den nächsten fünf Minuten über einen Punkt unserer Dienstvorschrift sprechen, den Sie offensichtlich anders interpretieren als ich. Dieses Gespräch zielt darauf ab, Ihre Kompetenzen so klar festzulegen, daß weder ich mich über Sie ärgern muß, noch Sie den Eindruck gewinnen, ich mische mich in Ihr Arbeits- und Aufgabengebiet ein. Konkret geht es um den von Ihnen unterschriebenen Vertrag mit der Firma Schubart, dessen Abschlußsumme ja weit über den Umfang dessen hinausgeht, was Sie sonst unterschreiben."

Diese Gesprächsanfänge geben dem Mitarbeiter eine klare Orientierung und ermöglichen ihm, sich auf das anstehende Gespräch einzurichten. Diese Orientierung wird insbesondere durch die Nennung des Ziels gegeben, da ja das jeweilige Ziel weit über das Gespräch selbst hinausgeht, andernfalls das Gespräch zum Selbstzweck geführt würde. Gerade bei Kritikgesprächen fehlt häufig die entsprechende Erklärung, worauf denn das Gespräch letztlich abzielt. Dies ist um so wichtiger, da unsichere Mitarbeiter leicht zum Katastrophieren neigen und nur allzu schnell befürchten, wegen eines Fehlverhaltens abgemahnt oder gar gekündigt zu werden. In diesem Zusammenhang muß allerdings darauf hingewiesen werden, daß sich viele Vorgesetzte, Lehrer und auch Eltern am Ausgeliefertsein ihrer Gesprächspartner ergötzen. Beispiele wie das folgende werden Sie womöglich selbst schon erlebt haben.

„Ich nehme an, Sie wissen, warum ich Sie zu mir gerufen habe." (Pause)
„Ehrlich gesagt: Nein."
„Na, dann denken Sie mal nach." (Pause)
„Also, offengestanden, mir fällt im Moment nichts ein."
„Sie möchten wohl gern, daß ich Ihnen auf die Sprünge helfe. Na, nun schießen Sie mal los, was Ihnen spontan durch den Kopf gegangen ist, als Sie in mein Büro traten."

„Naja, ich hab' irgendwie gedacht, daß Sie mit mir vielleicht nicht ganz zufrieden sind, daß ich irgend etwas falsch gemacht habe."
„So so. Nicht ganz zufrieden ..., irgend etwas falsch gemacht ... So so."

Mancher Leser wird hier ablehnend reagieren und sagen, daß er sich nicht vorstellen kann, daß jemand seine Mitarbeiter so behandelt. Wahrscheinlich wird dieser Leser sogleich hinzufügen, daß es ihm selbst mit Sicherheit nicht einmal im Traum einfallen würde, so mit anderen Menschen umzugehen. Wenn ich jedoch in Seminarsituationen darum bitte, sich an die eigene Kindheit, Schul- und Ausbildungszeit zu erinnern, werden erschreckende Erinnerungen wach. Plötzlich hat jemand seinen längst gestorbenen Vater wieder vor Augen, der genau so die gefürchteten Standpauken begann. Einem anderen fallen Lehrer ein, die ihre gräßlichen Verhöre in diesem Stil abhielten und so mancher Ausbilder, ob während der Lehrzeit oder bei der Bundeswehr, war auch nicht besser. Und wenn ich in dieser aktuellen Betroffenheit schließlich frage, womit diese Teilnehmer bei ihren momentanen Vorgesetzten am schwersten umgehen können, dann kommen Antworten wie folgende:

„Ich weiß bei ihm nie, woran ich bin."
„Wenn er mir mal sagen würde, was er wirklich von meiner Arbeit hält, dann wäre mir wirklich wohler."
„Wenn ich mal etwas gemacht habe, was nicht seinen Vorstellungen entspricht, dann wird mir das so lange vorgehalten, bis ich ganz kleinlaut werde. Aber wie ich es besser oder richtig machen soll, das muß ich selbst herausfinden."
„Ich habe mal zu unserem Bereichsleiter gesagt: ‚Schön und gut, daß Ihnen das nicht gefällt, habe ich vernommen, aber sagen Sie mir mal, wie ich es in Zukunft anders machen soll.' Da kam doch glatt die Antwort: ‚Na, dann fangen Sie mal an nachzudenken. Wofür werden Sie hier eigentlich bezahlt?'"
„Wenn mein jetziger Chef nicht gut drauf ist, dann kann er einen echt zur Sau machen. Da wird auf Details so lange rumgeritten, bis man nicht mehr weiß, wo vorn und hinten ist. Und wenn man glaubt, jetzt sei es endlich vorbei, dann holt er noch einmal aus und sagt: ‚Stop. Das war noch nicht alles ...' Und dann fängt er wieder von vorn an."

Kritikgespräche unterliegen der ständigen Gefahr, nach den Ursachen zu forschen und den Blick auf die Vergangenheit zu richten. Damit einher gehen latente Vorwürfe, sich eben nicht wunschgemäß verhalten zu haben. Wer sich auf das Niveau der Faktenanalyse begibt, gerät leicht in den Strudel gegenseitiger Schuldzuweisungen und Rechthaberei.

Ein konstruktives Kritikge-
spräch darf nur ein Ziel verfolgen:
Wie kommt der Gesprächspartner
dort (wieder) hin, so zu sein, wie
wir uns das vorstellen? Wie können bestimmte Vorfälle in Zukunft
vermieden werden? Ein Lamento
über abgeschlossene Vorgänge, die
ja in der Vergangenheit liegen und
ohnehin nicht mehr zu beeinflussen sind, ist vom Ergebnis her
unbefriedigend, wenn man einmal
von der sadistischen Lust absieht,
es dem anderen mal wieder so
richtig gegeben zu haben. Nörgelei wirkt leicht wie die Suche nach
einem Anlaß für eine „bedeutende Rede".

Wer konstruktiv kritisiert, wendet sich zunächst einmal seinen eigenen Bildern zu, überlegt sich das wünschenswerte Zielverhalten und
prüft, ob die Kritik geeignet ist, dorthin zu führen. Wo das nicht der
Fall ist, lohnt die Kritik nicht die aufgewendete Energie. In diesem
Fall wäre es sinnvoll zu prüfen, ob womöglich die jeweiligen Formulierungen geeignet sind, das kritisierte Verhalten aufrecht zu erhalten
anstatt es abzustellen. Im 6. Kapitel „Widerstand beim Gesprächspartner" habe ich ausgeführt, wie wir mit ganz unscheinbaren Wendungen
bei unseren Gesprächspartnern Reaktanz erzeugen, ohne daß wir uns
dessen bewußt sind, geschweige denn dies gar bezwecken.

Nun habe ich über die Kritikgespräche ausführlich geschrieben und
es mag der Eindruck entstanden sein, als ob nur Vorgesetzte ihren
Mitarbeitern Mitteilungen machen, die für unangenehm gehalten
werden können. Die folgenden Beispiele sollen die breite Palette der
Anwendungsmöglichkeiten der hier besprochenen Gesprächsregeln
für andere Bereiche zeigen.

Von Anwälten, Steuerberatern und Wirtschaftsprüfern höre ich immer wieder, wie schwer es ihnen falle, den zeitlichen Rahmen für ein
Gespräch vorzustrukturieren. Wie der Teufel das Weihwasser scheut,
so wird hier die offene Auseinandersetzung umgangen, aus der Sorge
heraus, der Mandant könnte sich womöglich einem Konkurrenten zuwenden. Die Betroffenen nehmen lieber den daraus resultierenden

Zeitverlust und Streß in Kauf, als sich auf das befürchtete Glatteis einer Konfrontation zu begeben. Nun gibt es Menschen (Mandanten, Kunden, Patienten usw.), die in der fehlenden Gesprächsstruktur eine willkommene Aufforderung sehen, ihre Erlebnisse und Gedanken ausführlich, ja weitschweifig darzulegen und vom Hundertsten zum Tausendsten zu kommen.

Ich rufe Ihnen noch einmal ins Gedächtnis zurück, was Ihren Gesprächspartner zunächst einmal interessiert:

---

**Klären Sie zu Beginn eines Gesprächs Ihr Gegenüber über den Gesprächsumfang, Ihre Ziele und Ihre konkreten Erwartungen auf. Also:**

- **Wieviele Punkte bzw. wie lange wird das Gespräch voraussichtlich dauern?**
- **Worauf zielt dieses Gespräch ab?**
- **Was wird vom Gesprächspartner konkret erwartet?**

---

So könnte der Gesprächspartner auf dem Weg ins Besprechungszimmer oder während man ihn von der Tür zum Stuhl begleitet, etwa mit folgenden Worten begrüßt werden:

„Ich habe mir gerade noch einmal den Schriftwechsel angesehen. Ich nehme an, daß Ihnen sehr daran gelegen ist, daß wir in den nächsten zwanzig Minuten folgende vier Punkte so gründlich erörtern, daß Sie hernach eine Entscheidung treffen können, mit der Sie dann auch wirklich zufrieden sind ...“

Ein Steuerberater berichtete mir auf einem Folgeseminar, daß er sich bei neuen Mandanten folgender Formulierung bedient:

„Sie sind neu in unserer Kanzlei. Ich gehe darum davon aus, daß es für Sie zunächst einmal von größter Wichtigkeit ist, für sich zu klären, ob Sie mir überhaupt das Mandat übertragen wollen. Darum möchte ich mich in der nächsten viertel Stunde sehr sorgfältig Ihren Erwartungen zuwenden, damit Sie vor einem Einstieg in mögliche Details prüfen können, wieweit hier Ihre Vorstellungen erfüllt werden. Ich denke, daß Ihnen folgende drei Fragen auf dem Weg dorthin behilflich sein können ...“

Gelegentlich wird mir vorgehalten, daß derartige Zeitangaben eine gefährliche Einschränkung darstellen und dem Gesprächspartner gegenüber einen Affront darstellen, weil ihm doch mehr oder weniger der Rauswurf bereits anfangs angekündigt wird. Mitnichten! Zunächst einmal handelt es sich um eine durch und durch suggestive Formulierung wie sie im 6. Kapitel „Widerstand beim Gesprächspartner" erörtert wurde. Die Wendung „In den nächsten zwanzig Minuten" ist nicht nur Ausdruck einer klaren Zielvorstellung, sondern hilft auch dem Gegenüber, sich ein Bild von den **nächsten** zwanzig Minuten zu machen. Wie es anschließend weitergeht, darüber ist nichts gesagt. Es gibt Gespräche mit Kunden, die im Anschluß an die sachliche Besprechung mehr oder weniger herzlich und privat weitergehen.

Wer mit den geschätzten zwanzig Minuten auskommt, hat jetzt eine gute Möglichkeit, sich beim Gesprächspartner für die aktive Mitarbeit zu bedanken:

„Respekt! Ich sehe gerade, daß wir mit Ihrer Zeit genau hingekommen sind. Damit Sie sich jetzt vorstellen können, wie es nun weitergeht, will ich Ihnen

die nächsten Schritte erläutern /

mit Ihnen sogleich einen weiteren Termin vereinbaren /

die Erwiderung der Gegenseite zukommen lassen, sobald diese hier eingeht /

einen meiner Mitarbeiter vorstellen, der die Sachbearbeitung Ihrer Angelegenheit übernimmt."

Wer wider Erwarten schneller fertig wird, braucht nicht die vorgesehene Zeitspanne abzusitzen, sondern kann sich nach einem unbefangenen Blick zur Uhr etwa so äußern:

„Ich sehe gerade, daß wir deutlich schneller diese Punkte einer gründlichen Klärung unterziehen konnten, als ich geahnt hatte. Ich denke, das liegt auch ganz wesentlich an Ihnen, herzlichen Dank."
Ob man sich anschließend erhebt und das Gespräch auch körpersprachlich zum Schluß bringt, oder mit dem Gegenüber noch über andere Ereignisse redet, ist nicht nur eine Geschmacksfrage, sondern hängt auch von den weiteren Absichten ab, die mit diesem Gesprächspartner verbunden werden.

Und wer entgegen seiner Annahme mit der angesetzten Zeit doch nicht auskommt, hat nach einem ebenso klaren Blick zur Uhr die Gelegenheit, den Partner in die weitere Zeitplanung einzubinden und beispielsweise folgendes zu formulieren:

„Ich sehe gerade, daß wir mit der Zeit nicht auskommen. Macht es Ihnen etwas aus, wenn wir noch zehn Minuten dranhängen, um diesen Punkt wirklich sorgfältig zum Abschluß zu bringen?"

Diese formelle Bitte bringt den anderen dazu, freiwillig seine weitere Zeit zur Verfügung zu stellen. Sein höchstwahrscheinliches „Ja, natürlich" ist zugleich auch ein „Ja" für zehn Minuten und nicht mehr.

In diesem letzten Kapitel möchte ich noch einmal auf *Epiktets* „Handbüchlein der Moral" eingehen und vollständig den fünften Abschnitt zitieren, in dem es um die Verwechslung der Dinge mit den eigenen Vorstellungen geht:

**„Nicht die Dinge selbst beunruhigen die Menschen, sondern die Vorstellungen von den Dingen. So ist zum Beispiel der Tod nichts Furchtbares – sonst hätte er auch dem Sokrates furchtbar erscheinen müssen –, sondern die Vorstellung, er sei etwas Furchtbares, das ist das Furchtbare. Wenn wir also bedrängt, unruhig oder betrübt sind, wollen wir die Ursache nicht in etwas anderem suchen, sondern in uns, das heißt in unseren Vorstellungen. Der Ungebildete macht anderen Vorwürfe, wenn es ihm übel ergeht. Der philosophische Anfänger macht sich selber Vorwürfe. Der wahrhaft Gebildete tut weder das eine noch das andere."**

Die Kapitelüberschrift „Unangenehmes mitteilen" muß nun umformuliert werden in „Etwas mitteilen, von dem man die Vorstellung hat, es wirke auf andere unangenehm." Sie werden zustimmen, daß eine derartige Formulierung recht barock klingt und zugunsten des kurzen Titels weichen mußte. *Epiktet* lehrt uns, zu bedenken, daß nichts aus sich heraus in der Lage ist, uns zu reizen. Es sind allein unsere Vorstellungen, die uns reagieren lassen und uns mit sich fortreißen.

Mancher wird lächelnd abwiegeln und aufgrund seiner täglichen Erfahrung einwenden: „Ja, wenn das alles einfach so wäre, dann dürfte es doch überhaupt keine Probleme auf der Welt geben." Diesem Kritiker will ich das Wortspiel entgegenhalten:

> **Was einfach so ist, ist noch lange nicht so einfach.**

Warum wir uns so schwer tun, zwischen den Dingen und den Vorstellungen über diese Dinge sauber zu trennen, hängt mit unserer Sprache zusammen. Da unser Denken in wesentlichen Bereichen sprachlich abläuft, gibt es einen Zusammenhang zwischen dem, was die Sprache an Strukturen bereithält und dem, was „normalerweise" gedacht wird. Ich möchte Ihre Aufmerksamkeit auf ein kleines, völlig unscheinbares Wort unserer Sprache lenken, auf das Wort: ist (sowie andere Formen des Tätigkeitsworts „sein").

Die Verwendung des **Ist als Hilfszeitwort** verursacht keinerlei Probleme.

Er ist gekommen.
Sie ist verreist.
Es ist geschehen.

Ebensowenig werden wir über das **Ist als Vollverb** stolpern, wenn wir das Vorhandensein, die Existenz von etwas ausdrücken wollen.

Es ist vorhanden.
Sie ist daheim.
Er ist da.

Doch verwenden wir das „Ist" in unserer Sprache ähnlich einem Gleichheitszeichen in der Mathematik, d.h. wir stellen zwischen einem Ding und dem es bezeichnenden Wort eine Gleichung auf. Wir schaffen Identität.

Das ist ein Haus.
Sie ist zwanzig.
Er ist Verkäufer.

In dieses zunächst völlig neutral erscheinende **Ist der Identität** mischen sich aber ganz schnell unsere subjektiven Einstellungen und unsere Vorurteile. Sie können selbst einmal überprüfen, welches Bild Sie bei den folgenden Beispielsätzen spontan entwickeln:

Das ist ein Homosexueller.
Der ist ein Dealer.
Sie ist eine Schlampe.

Sie merken, wie Ihr jeweiliges Bild gefühlsmäßig mitbestimmt wird. Die neutrale Klassifizierung wird unter der Hand zur Meinungsmache und kann auch ganz gezielt eingesetzt werden. Sie können gerade selbst die Probe machen:

Was assoziieren Sie mit der Äußerung:
„Das ist ein **Bei**kraut."?
Und welches Bild entsteht, wenn Sie lesen:
„Das ist ein **Un**kraut."?

Ganz fatal wird es jedoch bei der vierten Anwendung unseres so unscheinbar ausschauenden Ist:

Das Bild ist schön.
Sie ist eine herzensgute Mutter.
Er ist ein schlechter Redner.

Im Unterschied zum klassifizierenden **Ist der Identität** handelt es sich hier um ein **Ist der Meinungsdarstellung**. Leider ist den wenigsten Menschen der Unterschied zwischen den verschiedenen Ist-Formen bewußt. Im Gegenteil, es gibt eine weit verbreitete Ansicht, daß etwas, das so ist, auch so ist. Doch im Unterschied zu dem Satz: „Dies ist ein Stein" hat der Satz: „Er ist ein schlechter Redner" geradezu dramatische Konsequenzen. Stellen Sie sich das Streitgespräch mit jemanden vor, der sagt, dieser Redner sei hinreißend und sei nun wirklich mit *Cicero* zu vergleichen.

So wie *Shakespeare* in Anlehnung an *Epiktet* formuliert:

**„An sich ist kein Ding weder gut noch schlecht; das Denken macht es erst dazu."**

so schleichen sich in unsere neutral klingenden „Das ist"-Formulierungen ganz private Projektionen ein. Daß Wasser weder heiß noch kalt ist, kennen Sie aus dem Physikexperiment, bei dem Sie eine Hand in eine Schüssel mit zehngrädigem Wasser tauchen, während gleichzeitig die andere Hand in dreißiggrädigem Wasser ruht. Wenn Sie anschließend beide Hände in eine Schüssel mit zwanziggrädigem Wasser legen, meldet Ihnen die eine Hand „sehr warm", während das gleiche Wasser von der anderen Hand als „recht kühl" eingestuft wird. Wie ich schon mehrfach ausgeführt habe, vergleichen wir fortlaufend die Realität mit den abgespeicherten Eindrücken oder Bildern. Dieser fürwahr komplizierte Prozeß unserer Wahrnehmung findet jedoch in unserer Sprache keinen Niederschlag, ja wir leugnen diese Komplexität mit unseren „Das ist einfach so"-Sätzen. Nun werden wir unsere Sprache nicht einfach verändern können, denken wir doch schon seit der Antike in den primitiven Subjekt-Prädikat-Sätzen. Wir können uns aber der Beschränktheit unserer Sprache, besonders des so sehr vereinfachenden Ist bewußt werden und dann Sätze formulieren, die wirklich den subjektiven Charakter einer Aussage zur Geltung bringen, beispielsweise:

„Mir gefiel der Redner ganz und gar nicht." Oder:
„Das rhetorische Geschick des Redners erschien mir mittelmäßig."
Und die Erwiderung könnte lauten:
„Ich habe selten einen so hinreißenden Redner gehört." Oder:
„Ich glaube, daß Cicero nicht besser geredet hat als dieser Redner."

Der Unterschied zu den vorangegangenen Ist-Äußerungen besteht darin, daß in der ausdrücklichen Formulierung einer persönlichen An-

sicht viel weniger stark der Anspruch auf Recht haben wollen mitschwingt.

Dieser Exkurs in die Welt unserer Sprache sollte verdeutlichen, daß
es an uns liegt, ob wir Mitteilungen für unangenehm halten oder ob
wir die darin enthaltene Chance zur Veränderung sehen. Jeder kann
für sich selbst prüfen, wieweit er die Verantwortung für seine Bilder,
die damit verbundenen Meinungen und die daraus resultierenden
Reaktionen zu tragen gewillt ist.

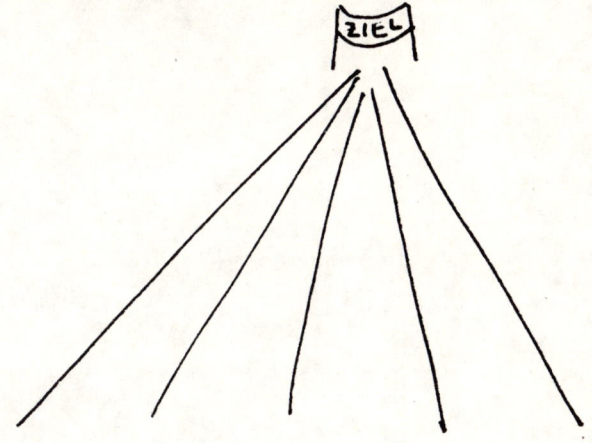

# Nachwort

Dieses Buch birgt hinter dem Kompetenz versprechenden Titel „professionelle Gesprächsführung" eine Reihe von unbequemen Aussagen. Sie wurden mit einem Verständnis von Gesprächsführung konfrontiert, das sehr ausgeprägt Ihre Eigenverantwortung für den Gesprächsprozeß voraussetzt und ich will einräumen, daß dies nicht jedermanns Sache ist.

Da der Hintergrund dieses Buches sehr stark durch die philosophische Lebensauffassung der *Stoa* beeinflußt wurde, erlaube ich mir zum Schluß eine lange Passage aus den „Unterredungen" des Stoikers *Epiktet* zu zitieren und zwar das 9. Fragment:

„Die Vorstellungen, die den Geist des Menschen beim ersten Innewerden eines äußeren Vorzugs bewegen, entspringen nicht willentlicher Entscheidung, sondern sie drängen sich dem Menschen sozusagen mit Gewalt ins Bewußtsein, während die Zustimmung, wodurch diese Vorstellungen als berechtigt anerkannt werden, auf freiem Willen und bewußter Entscheidung des Menschen beruht. Darum wird auch der Geist eines Weisen mit Notwendigkeit für einen Augenblick erschüttert und beklommen, wenn ein heftiges Geräusch, z.B. beim Gewitter oder beim Einsturz eines Gebäudes, an sein Ohr schlägt, oder wenn ihn plötzlich die Nachricht von einer drohenden Gefahr oder etwas Ähnlichem trifft. Das kommt nicht daher, weil er etwa die Meinung gefaßt hat, es stehe ihm etwas Schlimmes bevor, sondern daher, daß gewisse plötzliche und unwillkürliche Bewegungen dem Dienst des Geistes und der Vernunft zuvorkommen. Aber sofort unterdrückt der Weise solche Vorstellungen; er findet nichts Fürchterliches an diesen Erscheinungen. Und darauf beruht der Unterschied zwischen dem Unweisen und dem Weisen: Der Unweise glaubt, daß die Dinge in Wahrheit so schlimm seien, wie sie ihm beim ersten Eindruck erscheinen, und befestigt die zuerst gefaßten Vorstellungen nachträglich noch durch seine bewußte Zustimmung. Der Weise dagegen – mag er auch für einen Augenblick die Farbe gewechselt haben – versagt jenen ersten Eindrücken seine Zustimmung und bewahrt seine Fassung, die er solchen Vorstellungen gegenüber immer angenommen hat. Vorstellungen, die durchaus nicht ernst zu nehmen sind, sondern nur durch eine Maske erschrecken, hinter der nichts ist."

# Weiterführende Literatur

Immer wieder werde ich in Seminaren gefragt, ob es Literatur gebe, in der der ein oder andere Punkt vertiefend behandelt wird. Im folgenden habe ich einige Bücher zusammengestellt, durch die ich mich beeinflußt fühle. Um Ihnen die Orientierung zu erleichtern, habe ich dem jeweiligen Titel meinen ganz persönlichen Kommentar hinzugefügt.

*Augustinus, A.:* Der Lehrer. Verlag Ferdinand Schönigh, Paderborn 1974.

Aurelius Augustinus (354–430 n.Chr.) hat in dieser revolutionären Schrift bereits vor über eintausendfünfhundert Jahren den Beweis dafür angetreten, daß die menschliche Lautsprache unmöglich die Wahrheit vermitteln könne. Das als Gespräch zwischen Augustinus und seinem Sohn Adeodat abgefaßte Lehrwerk beschäftigt sich mit dem Unterschied zwischen Wort und Wirklichkeit. Augustinus geht ausführlich auf die Wichtigkeit der eigenen Erfahrung beim Verstehen ein und macht deutlich, wie wichtig es ist, auf die Erfahrungen des Angesprochenen zurückzugreifen, um selbst verstanden zu werden.

*Bandler, R.; Grinder, J.:* Neue Wege der Kurzzeit-Therapie. Neurolinguistisches Programmieren. Junfermann-Verlag, Paderborn 1981.

Das Buch ist die Abschrift der Tonbandaufzeichnung einer Einführungsveranstaltung für junge Therapeuten und ist dadurch ausgesprochen verständlich geschrieben. An vielen Stellen wirkt es (vielleicht deswegen) oberflächlich und vermittelt den Eindruck, daß es bei Anwendung der von den Autoren vorgestellten Methode nie wieder Probleme geben wird. Das Buch behandelt Muster und Regeln therapeutischen Handelns. Sie werden dort Hintergrundwissen finden über die individuelle Wahrnehmung von Wirklichkeit und den Problemen, die entstehen, wenn der Versuch unternommen wird, die wahrgenommene Wirklichkeit verständlich zu vermitteln.

*Bandler, R.; Grinder, J.:* Metasprache und Psychotherapie. Struktur der Magie I. Junfermann-Verlag, Paderborn 1981.

Die beiden Autoren wenden sich mit ihrem Buch an Therapeuten und bieten ein kurz gefaßtes Trainingsprogramm an, die Sprache des Klienten „neu" zu betrachten. Ein durch die Allgemeine Semantik von Alfred Korzybski stark beeinflußtes Buch, in dem es immer wieder darum geht, daß die Landkarte nicht das Gelände ist. Die Erläuterung ihrer Gedanken mit Hilfe der Sprachtheorie von Chomsky erschwert das Lesen allerdings sehr.

*Bandler, R.; Grinder, J.:* Reframing. Ein ökologischer Ansatz in der Psychotherapie (NLP). Junfermann-Verlag, Paderborn 1990.

Das Buch stellt die Abschrift von Tonbandmitschnitten verschiedener Trainingsseminare dar, wobei eben nur der sprachliche Teil dieser Seminare gedruckt vorliegt, was die Autoren jedoch tatsächlich unternommen haben und wie sie gesprochen haben, muß der Leser zwischen den Zeilen erschließen. Das Umdeuten (Reframing) ist eine zentrale Methode des Neurolinguistischen Programmierens (NLP). Ein Verhalten kann nur innerhalb eines gegebenen Kontextes als angemessen oder unangemessen eingeschätzt werden. Sobald sich der Kontext ändert, verändert sich auch die Einschätzung. Die diesem Buch zugrundeliegenden Seminare setzten bereits voraus, daß die Teilnehmer mit dem Reframing vertraut sind.

*Bodenheimer, A.R.:* Warum? Von der Obszönität des Fragens. Reclam Verlag, Stuttgart 1984.

Der Autor widmet sich in diesem Büchlein unserer „Fragekultur", jenem miteinander Sprechen, ohne etwas gesagt zu haben. Er konfrontiert den Leser mit Alltagssprachgebrauch und provoziert, weil er uns den Spiegel vorhält. Ein kurzweilig geschriebenes Büchlein, dessen tiefer Hintersinn sich vielleicht erst beim zweiten Lesen erschließt.

*Bodenheimer, A.R.:* Verstehen heißt Antworten. Verlag im Waldgut, Frauenfeld 1987.

Der Psychiater Bodenheimer zeigt an gewöhnlichen und ungewöhnlichen Alltagsbeispielen, wie Menschen miteinander umgehen. Ein Buch, das unbedingt dazu beiträgt, eigenes Verhalten besser zu verstehen. Der Autor begnügt sich mit wenig Theorie, es geht ihm um ein plausibles Aufzeigen von Verstehen und Mißverstehen, um Begleiten und Zerstören. Der Leser wird in den dynamischen Prozeß von Anrede und Antwort hineingezogen, dem er sich so schnell nicht wird entziehen können.

*Buber, M.:* Das dialogische Prinzip. Verlag Lambert Schneider, Heidelberg 1973.

In diesem Band befinden sich vier Schriften, die von verschiedenen Standpunkten aus der Frage des Verstehens und Verstandenwerdens nachgehen. Buber geht es um „Zwiesprache", um das „Zwischenmenschliche", um das Bild, das wir uns vom anderen machen und immer wieder um die Frage: „Wie wird mir ein anderer zum Du?"

*Epiktet:* Handbüchlein der Moral und Unterredungen. Alfred Kröner Verlag, Stuttgart 1984.

Epiktet, ein um 50 n.Chr. geborener ehemaliger Sklave gilt als einer der späten Vertreter der stoischen Philosophie. Beim Lesen seiner „Unterredungen" muß man sich immer wieder vor Augen halten, daß diese Zeilen nicht von einem Gegenwartsautoren, sondern bereits vor knapp zweitausend Jahren niedergeschrieben wurden. Für Epiktet bleiben die meisten Menschen Toren, weil sie sich falsche Bilder über die Dinge machen, bzw. die Dinge nur flüchtig, ungenau und falsch auffassen und doch an ihren Vorstellungen beharrlich festhalten und nicht auf die Idee kommen, sie einer Korrektur zu unterziehen.

*Grinder, J.; Bandler, R.:* Kommunikation und Veränderung. Struktur der Magie II. Junfermann-Verlag, Paderborn 1982.

Ausgehend von Korzybskis Allgemeiner Semantik führen die beiden Autoren ihr Trainingsprogramm für Therapeuten in diesem zweiten Band fort. Der schwer verständliche Stil von Band I wird durchgängig fortgesetzt; immer wieder beziehen sich die beiden Autoren auf Sprachtheorien und lassen ihre Gedanken recht formal erscheinen.

*Harris, T. A.:* Ich bin o.k. Du bist o.k. Wie wir uns selbst besser verstehen und unsere Einstellung zu anderen verändern können – Ein Einführung in die Transaktionsanalyse. Rowohlt Verlag, Reinbek 1975.

Eine praktische, leicht verständliche Einführung in die Transaktionsanalyse. Die Lektüre dieses Buches kann dazu verhelfen, sich selbst besser zu verstehen; das ist eine notwendige Voraussetzung, um die eigene Einstellung zu anderen ändern zu können. Der Autor erklärt an anschaulichen, alltäglichen Beispielen, wie unser Verhalten durch bestimmte Grundeinstellungen beeinflußt wird.

*Kopp, S. B.:* Triffst du Buddha unterwegs ... Psychotherapie und Selbsterfahrung. Fischer Verlag, Frankfurt am Main 1978.

Das Erzählen von Geschichten aus der psychotherapeutischen Praxis bildet den Kern dieses Buches. Der Autor zieht dabei einen großen Bogen von den altchinesischen Weisheiten über das Gilgamesch-Epos bis hin zu Hermann Hesse und Franz Kafka. Auf den ersten Blick hat dieses Buch herzlich wenig mit Gesprächsführung zu tun, ich habe es dennoch hier aufgeführt, weil der Autor das Sich-Selbst-Verstehen in den Mittelpunkt rückt und durchgängig der Frage nachgeht: Was tun wir, um verstanden zu werden? Und was tun wir, um uns selbst aus dem Weg zu gehen, um alles so lassen zu können, wie es nun einmal ist?

*Ornstein, R.:* Multimind. Ein neues Modell des menschlichen Geistes. Junfermann-Verlag, Paderborn 1989.

Der Autor trägt die Ergebnisse aus knapp fünfzig Jahren Hirnforschung zusammen und entwirft ein differenziertes Modell des menschlichen Geistes. In seiner einfachen Lesart bietet dieses Buch eine Fülle von Anregungen bei dem Bemühen, uns selbst und andere besser zu verstehen.

*Rapoport, A.:* Bedeutungslehre. Eine semantische Kritik. Verlag Darmstädter Blätter, Darmstadt 1972.

Mit einer Fülle von Anekdoten aus der Weltliteratur, aus Geschichte und Wissenschaft macht der Verfasser deutlich, daß die Sprache nicht nur ein Mittel der

Erkenntnis ist, sondern auch Einfluß auf unser alltägliches Verhalten hat. Rapoport, der sehr stark durch Alfred Korzybski beeinflußt wurde, erweitert dessen Allgemeine Semantik um die philosophische Auffassung von Sprache und behandelt die Sprache in ihrer Beziehung zu anderen Seiten des menschlichen Lebens. An vielen Beispielen macht der Verfasser deutlich, wie Verallgemeinerungen zu einer verzerrten Wahrnehmung der Wirklichkeit führen.

*Rogers, C.R.:* Encounter-Gruppen. Das Erlebnis der menschlichen Begegnung. Kindler-Verlag, München 1974.

An Hand einer großen Zahl von Beispielen schildert der Autor die Möglichkeiten von Begegnungs-Gruppen: Erweiterung und Vertiefung zwischenmenschlicher Beziehungen, Selbstverwirklichung und Selbstbefreiung, Kreativität und Spontaneität. Durch die vielen Beispiele (die ab und zu sehr amerikanisch wirken) liest sich dieses Buch spannend und kann beim Lesen einige Betroffenheit auslösen.

*Rogers, C.R.:* Entwicklung der Persönlichkeit. Klett Verlag, Stuttgart 1976.

In dieser Sammlung von Aufsätzen und Vorträgen, die im einzelnen teilweise sehr schwer zugänglich sind, entwickelt der Autor die Möglichkeiten seines Verfahren mit anderen Menschen therapeutisch zu arbeiten. In weiten Teilen dieses Buches zeigt Rogers jedoch, welche tiefgreifenden Implikationen sein Vorgehen für die zwischenmenschliche Kommunikation überhaupt darstellt.

*Schwarz, G.* (Hrsg.): Wort und Wirklichkeit. Beiträge zur Allgemeinen Semantik. Verlag Darmstädter Blätter, Darmstadt 1968.

In diesem Buch befinden sich 16 aus dem amerikanischen übersetzte Aufsätze, die im einzelnen nur schwer zugänglich sind. Die Autoren befassen sich mit konkreten Problemen der Kommunikation und befassen sich mit der Beziehung zwischen Sprache, Denken und Verhalten. Die zwölf Autoren vermitteln durch ihre verschiedenen Standpunkte einen breitgefächerten Einblick in die Allgemeine Semantik.

*Watzlawick, P.; Beavin, H.J.; Jackson, D.D.:* Menschliche Kommunikation. Formen, Störungen, Paradoxien. Verlag Hans Huber, Bern 1969

Ein in der ersten Hälfte sehr anspruchsvoll geschriebenes Buch, das von den verhaltensmäßigen Wirkungen der menschlichen Kommunikation handelt. Das Augenmerk der drei Verfasser liegt allerdings bei den Verhaltensstörungen; eine der wichtigsten Fragen, die hierbei auftauchen, lautet: Wieweit führt eine verzerrte Kommunikation zu Verhaltensstörungen? In Kapitel 5 untersuchen die Autoren das Theaterstück: „Wer hat Angst vor Virginia Woolf?" von Edward Albee, unterhaltsam und spannend zu lesen.

*Watzlawick, P.; Weakland, J. H.; Fisch, R.:* Lösungen. Zur Theorie und Praxis menschlichen Wandels. Verlag Hans Huber Bern 1974

Ein Buch über Problementstehungen und Problemlösungen. In fesselnder Weise verdeutlichen die Autoren, wie sehr wir durch die Art und Weise, wie wir unsere Sprache benutzen, die Aufrechterhaltung mancher Probleme selbst zu verantworten haben. „Die sanfte Kunst des Umdeutens" befaßt sich mit Ursache-Wirkungs-Zusammenhängen und den Möglichkeiten, Umkehrungen dieses Zusammenhangs vorzunehmen.

*Watzlawick, P.:* Die Möglichkeit des Andersseins. Zur Technik der therapeutischen Kommunikation. Verlag Hans Huber, Bern 1978.

Der durch Milton Erickson stark beeinflußte Autor führt hier aus, wie Sprachbeherrschung zu einer Veränderung von Wirklichkeit führen kann. Der schon von Aristoteles formulierte Gedanke, daß die Schwere und Lösbarkeit eines Problems von der Wirklichkeitsauffassung dessen abhinge, der betroffen sei, wird hier zu einem ganzen Gebäude von sprachlichen Tricks und Techniken aufgebaut, die an einer Vielzahl von Alltagsbeispielen verdeutlicht werden.

*Whorf, B. L.:* Sprache-Denken-Wirklichkeit. Beiträge zur Metalinguistik und Sprachphilosophie. Rowohlts Enzyklopädie, Reinbek 1963.

Das Buch behandelt die Beziehungen zwischen einer Sprache und der gesamten übrigen Kultur der Gesellschaft, die diese Sprache spricht. Der Verfasser wendet einen großen Teil des Buches für Betrachtungen über primitive Gemeinschaften (wozu er auch Indianer zählt) auf. An einer Vielzahl von Alltagsbeispielen wird deutlich, wie stark unser Handeln und Denken durch Sprache und Sprachstruktur bestimmt wird.

**Buchanzeigen**

# WIRTSCHAFT UND

**Käßl**
**Das Wechsel-ABC**
Ein praktischer Ratgeber in allen Wechselfragen.
(dtv-Band 5800)

**Herrling**
**Der Kredit-Ratgeber**
Grundfragen der Finanzierung, Kreditwürdigkeitsprüfung, Kreditvertrag, Verbraucherkreditgesetz, Kleines Kredit-ABC.
(dtv-Band 5801)

**Herrling**
**Der Wertpapier- und Anlage-Ratgeber**
Aktien, Festverzinsliche Wertpapiere, Investmentanteile, Anleihen, Spareinlagen, Festgelder, ABC der Geldanlage.
(dtv-Band 5802)

**Bestmann**
**Börsen und Effekten von A–Z**
Die Fachsprache der klassischen und modernen Finanzmärkte.
(dtv-Band 5803)

**Schäfer**
**Financial Dictionary**
Fachwörterbuch Finanzen, Banken, Börse.
Teil I: Englisch-Deutsch
(dtv-Band 5804)
Teil II: Deutsch-Englisch
(dtv-Band 5805)

**Perk**
**Professionelle Aktienanalyse für jedermann**
Technische Aktienanalyse, Charts, Programmierte Unterweisung für Kauf- und Verkaufssignale.
(dtv-Band 5806)

**Dichtl (Hrsg.) · Schritte zum Europäischen Binnenmarkt**
(dtv-Band 5807)

**Uszczapowski · Optionen und Futures verstehen**
Grundlagen und neuere Entwicklungen.
(dtv-Band 5808)

**Wicke/de Maizière/de Maizière**
**Öko-Soziale Marktwirtschaft für Ost und West**
Der Weg aus Wirtschafts- und Umweltkrise.
(dtv-Band 5809)

**Schneck**
**Lexikon der Betriebswirtschaft**
Rund 2500 grundlegende und aktuelle Begriffe für Studium und Beruf.
(dtv-Band 5810)

**Risse · Ratgeber für Unternehmerfrauen**
Frau und Betriebsführung, Einkommens-, Alters- und Vermögenssicherung, Scheidung, Ausfall und Tod des Partners, Eintritt in das Unternehmen, die selbständige Unternehmerin.
(dtv-Band 5811)

**Horváth & Partner**
**Das Controllingkonzept**
Der Weg zu einem wirkungsvollen Controllingsystem.
(dtv-Band 5812)

**Dieterle/Winckler (Hrsg.)**
**Gründungsfinanzierung**
(dtv-Band 5813)

**Rota · PR- und Medienarbeit im Unternehmen**
Instrumente und Wege effizienter Öffentlichkeitsarbeit.
(dtv-Band 5814)

# FINANZEN im

Beck-Wirtschafts-
berater im

# WIRTSCHAFT UND

# FINANZEN im dtv

**Hammer · Soll ich mich selbständig machen?**
(dtv-Band 5853)

**Schmitt · Streß erkennen und bewältigen**
Streß in der Arbeitswelt, Aspekte des Stresses, Streßmanagement in der Praxis.
(dtv-Band 5855)

**Sinn/Sinn · Kaltstart**
Volkswirtschaftliche Aspekte der deutschen Vereinigung.
(dtv-Band 5856)

**Pauk/Lüdecke Schlüsselfertiges Bauen**
Der einfache Weg zum Eigenheim.
(dtv-Band 5857)

**Witt/Witt · Controlling für Mittel- und Kleinbetriebe**
Bausteine und Handwerkszeug für Ihren Controllingleitstand.
(dtv-Band 5858)

**Wilkening Rezessionsmanagement**
Grundlagen einer konjunkturorientierten Unternehmenspolitik.
(dtv-Band 5859)

**Deuker Kostenrechnung für Praktiker**
Betriebsabrechnung, Kalkulation, Deckungsbeitragsrechnung, Investitionsrechnung, Test- und Prüfungsfragen.
(dtv-Band 5860)

**Kleine-Doepke Management-Basiswissen**
Strategische Planung, Kostenrechnung, Investitionsrechnung, Bilanzanalyse.
(dtv-Band 5861)

**Hauptmann · Alles über den Versorgungsausgleich**
So regeln Sie Rentenansprüche und -verpflichtungen bei einer Scheidung.
(dtv-Band 5863)

**Hauptmann Die gesetzlichen Renten**
Ihr Wegweiser durch das Rentenlabyrinth.
(dtv-Band 5864)

**Diwald Zinsfutures und Zinsoptionen**
Erfolgreicher Einsatz an DTB und LIFFE.
(dtv-Band 5866)

**Mehrmann/Plaetrich Der Veranstaltungs-Manager**
Organisation von betrieblichen Veranstaltungen, Messen, Ausstellungen, Kongressen und Tagungen.
(dtv-Band 5867)

**Pauli Leitfaden für die Pressearbeit**
Anregungen, Beispiele, Checklisten.
(dtv-Band 5868)

**Neuhäuser-Metternich Kommunikation im Berufsalltag**
Verstehen und verstanden werden.
(dtv-Band 5869)

**Schulz/Schulz Ökomanagement**
So nutzen Sie den Umweltschutz im Betrieb.
(dtv-Band 5870)

**Rohr /Hrsg.) Management und Markt**
Unternehmensführung und gesamtwirtschaftlicher Rahmen.
(dtv-Band 5871)

**Beck-Wirtschaftsberater im**

# Hugo-Becker/Becker
# Psychologisches Konfliktmanagement

Menschenkenntnis – Konfliktfähigkeit – Kooperation

Von Annegret Hugo-Becker und
Prof. Dr. Henning Becker

**dtv-Band 5829**

**1992. VIII, 231 Seiten. Kartoniert DM 12.80**

Im Management und Verwaltung, insbesondere im Personalführungsbereich wird erwartet, daß Führungskräfte in der Lage sind, Konflikte zu regeln bzw. deren Eskalation zu vermeiden, die eigenen Kräfte und Fähigkeiten zur Entfaltung zu bringen und die Mitarbeiter zu motivieren, das gleiche zu tun.

In diesem Buch wird erstmals tiefenpsychologisches Gedankengut in die Managementlehre eingeführt und praxisnah mit vielen Beispielen in einer auch für den psychologischen Laien verständlichen Form vermittelt. Die Ausführungen münden in ganz konkret umsetzbare Handlungshinweise zur sozial kompetenten Personalführung.

**Zu den Autoren:** Annegret Hugo-Becker ist Diplom-Psychologin und Psychoanalytikerin. Dr. Henning Becker ist Professor an der Fachhochschule für Verwaltung und Rechtspflege Berlin. Beide Autoren führen psychologisch ausgerichtete Personalführungsseminare durch.

# Neuhäuser-Metternich

# Kommunikation im Berufsalltag

Verstehen und Verstanden werden

Von Dr. Sylvia Neuhäuser-Metternich

**dtv-Band 5869**
**1992. XIII, 287 Seiten. Kartoniert DM 16.80**

Soziale Kompetenz zählt zu den Schlüsselqualifikationen für Erfolg im Beruf. Kommunikatives Verhalten spielt dabei eine entscheidende Rolle. Die Autorein zeigt detailliert und konkret die Elemente auf, durch deren Kenntnis sich kompetente Kommunikation verwirklichen läßt:

- die verschiedenen Kommunikationswege im nicht-sprachlichen (Körpersprache, Symbole und Rituale) und sprachlichen Bereich anhand zahlreicher Abbildungen
- stimmiges Kommunikationsverhalten als Grundlage tragfähiger Beziehungen und damit des Abbaus von Mißtrauen und mangelnder Leistungsbereitschaft (mit vielen Fallbeispielen)

Im Umgang mit Kunden, Kollegen, Mitarbeitern und Vorgesetzten kann jeder diese wertvollen Informationen und Anregungen nutzen.

**Aus den Rezensionen:**

„. . . verdeutlicht dem Leser schrittweise nicht allein die ganze Bandbreite, sondern auch das vielschichtige Wirkungsspektrum der Kommunikation . . .“
(Hartmut Volk, Blick durch die Wirtschaft vom 22. 3. 1994)

**Die Autorin** Dr. Sylvia Neuhäuser-Metternich ist Dipl.-Psychologin und Lehrbeauftragte an der Fachhochschule Rheinland-Pfalz.